JN290101

現代人の社会とこころ

............家族・メディア教育・文化

佐藤典子【編】

弘文堂

序
「こころ」はどれほど社会的か

1……こころを考える

　私たちは、日々の生活の中で、嬉しいこと、悲しいこと、頭に来たりすることがあるとき、どのように思い、どう行動するか。それは、個人的なこころの反応と思われているが、それは、あなたに特有の反応なのだろうか。
　最近よく耳にするのが「こころが折れた」という表現である。気持ちの状態を表わす一つの表現であるが、これまで日本語でこのような表現は存在しなかった。果たして、こころは折れるものなのか、こころが折れるとはどのようなことなのだろうか。それは、こころが傷ついた状況を示した表現であるが、こころは折れるような形状のものかどうかは分からないし、そもそも、こころとはどのようなものなのか。確かに、私たちは、日々、何かを感じている。それを感じている場所、それがこころだと答えることができるであろう。しかし、あらためて、そのこころの動きがどのように生じ、なぜ、そのように感じるのかについて一つ一つ考えることはあるだろうか。本書では、さまざまな研究によって、その答えを明らかにしていきたいと思う。

【研究の視点】

　たとえば、あなたが通学に使うターミナル駅のすぐ近くで強盗事件が起き、たくさんの人がそばに居合わせたのに、被害者は、金品を取られた挙げ句、そばにあったパイプを振り回されて、けがを負ってしまったとしよう。このような事件が起きた時、学問によって、その説明・分析の仕方が異なる[1]。それは、何に重点を置いてみているか、分析の枠組みは何であるか、といった違いである。具体的に見てみよう。
　社会学的な研究なら、こうした事件が起きる理由を、都市化が進み、他者との物理的な距離によってしっかりとした人間関係を作れなくなり、人の気持ちが冷たくなったと分析するなどして、人口が増加した地域と犯罪発生率

---

[1] こうしてみてみると、ある現象には、何らかの、唯一の正解があるということではなくて、説明する方法としてもっとも妥当な説明は何かという視点でそれぞれの研究がおこなわれていることがわかるであろう。

の関係を調査し、相関を実証しようとするだろう。このように社会学は、マクロレベルの社会の変化と人間の関係を考えるものである。

　また、臨床心理学者がこの事件の分析を行ったら、これとは対照的な結果になるであろう。この学問分野では、個人と事件との関連を中心に見ることに特徴がある。関与したすべての人の個人的特徴、人格形成に着目し、その時期にどのような家庭環境でどのように育ったかを考える。このような事件が起きた理由は、犯罪を行った個人にすべて帰せられ、個人の人格に何か問題があったと考えられ、とりわけ、個人の過去に原因があったと考える傾向があり、あくまで、個人の精神状態と動機の解明に焦点があてられる。

　では、社会心理学[2]ならどうか。社会心理学では、まず、事件の起きた状況に注目する。たとえば、犯人が犯行直前に暴力的な映像を見ていたのではないか、あるいは、そこに、パイプがなかったら事件は起きなかったのか、など、同じ人物でも、状況が異なれば、同じ行動をとらないのではないかと仮説を立てる。たとえば、ダーリーとラタネは「傍観者効果」という概念を使って、傍観者がいることによって自分が助けなくても大丈夫という心理が働き、大勢が目撃していた事件こそ、人々は責任を分散し、傍観者となってしまい、適切な援助ができなくなるというように、大勢の目撃者がいても被害にあうといった事件を説明する。このように、出来事の原因を行為者本人だけではなく、周囲の社会的・物理的状況に求め、個人との相互作用がそこにあったからこそ起きたと見ることが特徴だ。このように見てくるとたとえば、凶悪事件が起きたときのニュースやワイドショーのコメンテーターの発言が、どの立場に立って発言しているのか考えてみるとその分析の妥当性がわかるだろう。

　また、社会心理学で重要なのは、状況がいかにその現象に影響を及ぼしているかということである。レヴィン[3]（1951）は、物理学から援用した「場」という概念を用い、その現象をそれが起きている空間内に存在する多様な変数の総体ととらえ、力学的なものとみなし、行為の主体である個人とその周りにある状況全体は切り離せないと考えた。個人一人の考えや感情によってその現象が起きるのではなく、個人を取り巻く環境全体が、そのあり方を規定し、外からの力と個人の欲求が相互に作用した結果、その行動が起こると考

---

[2]　社会心理学の手法として、2つあるいはそれ以上の事象（変数）の間の関係を調べる相関的研究や、ある現象の原因となっている変数を独立変数、独立変数が操作されたことにより変動する変数を従属変数として考える実験的研究がある。
[3]　レヴィン．猪股佐登留．1956『社会科学における場の理論』誠信書房．

えるのである。また、集団内において、個人の行動が一人でいる時とは異なって見られることも場の理論で説明している。

一方、社会学でも「場」の理論を提唱する研究者がいる。社会学者のピエール・ブルデュー[4]は、どのような「場」に生まれるかによって、社会の中で、個人の生まれや育ちが決定してくると述べている。レヴィンのように、個人と場の相互作用というよりも、むしろ、社会によって決定される力が強いと考えていると言えるだろう。というのも、社会の中で、一定の在り方が決定すると、それは、常識となって固定化、構造化し、再生産されると考えるからである。このように、社会心理学と社会学は、同じ言葉を使っても、その研究枠組みのちがいによって力点の置き方に違いがあることが分かるであろう。

あらためて定義すると、社会心理学とは、人間の社会的行動、社会的影響過程について実証的な科学的研究を行なう学問の一分野であり、社会的状況下での個人の行動、また、個人と個人のコミュニケーションや相互作用過程、集団における個人の行動、集団間の行動などを主に研究の対象としている。特徴的なことは、「長さ」や「重さ」などの実体と結びついた概念ではなく、研究者によって作られた言葉、「構成概念」によってものごとを説明しようとする点である。そして研究対象は、組織、制度、社会体制などにおける経済的行動（消費者行動など）、政治的行動（選挙と投票行動など）や異文化間での人間行動の比較研究などミクロからマクロまで多岐にわたっている。

1. 社会とこころの動き
①態度とは何か

「相手の気持ちが分からない」という思いを抱くことがしばしばある。では、私たちは、それを分からないままにしておくだろうか。何とかして分かろうとするのではないか。それでは、どのようにして分かろうとしているのだろうか。たとえば、相手が微笑んだら、相手は自分に好意を抱いていると思い、相手ににらみつけられたら、それは相手が怒っている証拠であると、たいていの人がそう思っているだろう。それゆえ、相手への好意を示すときには、微笑み、相手を怒っているときには、にらみつける。このように、こころの動きは「態度」となって表われると考えられている。態度とは、個人が関わっている対象に対する個人の反応や行動を一定に方向づける心的準備

---
[4] ブルデュー．加藤晴久編訳．1990『ピエール・ブルデュー——超領域の人間学』藤原書店．

状態を言う。微笑や怒りという態度は、自然と（計算や考えもなく、また学習することもなく）それがなされているように思われているが、本当にそうなのだろうか。まわりに影響されることなく、感情を持ち、そしてそれを態度にして表わしているといえるのだろうか。

②状況が与える影響

　集団や社会がこころを動かした結果、こころの動きが態度になって表われることはよくあることである。たとえば、今日は就職活動の日だからネクタイをして行こうという行動は、社会活動の一つである就職活動にとってその社会活動にふさわしい行いをするという態度の表われである。とりわけ、社会心理学が人間のこころの動きを分析する場合、他者をどう評価するか、あるいは、それに対してどのような態度をとるかを考えてみると、たとえば、社会の動きに合わせて、経済（誰が何を購入・消費するか）や経営（人的資源＝社員をどう配置し、動かすかなど）のあり方、つまり、私たちのこころの動きがどう変わるか、という課題について考える方法を提供する。また、多すぎる情報が態度決定時には邪魔になるとされているが、その際に、いかにして情報を絞り込むかということも重要な要素である。たとえば、今日、就職活動にはいわゆるリクルートスーツに黒いかばんで行くことが定番となっていることなどである。私たちは、最初から自らで考えることをせず、「フィルターを掛ける」、「レッテルを貼る」、「先入観を持つ」などして、時には、偏見を持ったり、ブランドや権威を盲目的に受けいれ、判断せずに信じるということを行なっている。たとえば、ロングセラーにはロングセラーになるだけの意味があると考えられる。というのも、「やはりこれだね」と言って選ばれるものは、本質的にそれが良い商品であるということ以外にも、売れ続けることによって、安定した評判が得られ、それによってさらに売れ続けるという循環を持つからである。

③態度の決まり方

　毎日、朝起きてからあなたはどのような行動を取るだろうか。顔を洗って歯を磨いてご飯を食べずに家を出る。こうした毎日の習慣も態度の1つである。また、人に朝食を食べる重要性を説得されて、簡単な朝食をとることにした。このように、人に説得されて態度を変えることもある。こころが動かされたから習慣が変わったのだ。日々、自分の考えや感情だけでなく、周り

に影響されながら私たちは生きている。

　また、同じ状況に対しても態度は人によって異なる。たとえば、通りで配布されるティッシュペーパーをもらう人ともらわない人がいる。このように態度が違ってくる場合、それは、どのような状況でそれが生じているのか考えてみると、態度は判断、つまり、実際の行動のためのフィルターであるがゆえに、いろいろな規則性が見えてくる。こうした考えは、教育において、どのような教え方が適しているか、メディアを使用する場合、どのような使い方が有効か、また、消費者行動においては、マーケティングのあり方にも反映させることができるであろう。

2. 本能はどこまで本能か——生まれたときからすべて決まっているのか
①本能について考える意味

　私たちの態度や行動は、状況に応じて変わるという。しかし、そこに、生来のものとして、すでにその個人の中にプログラムされていることはないのだろうか。ある状況に対して、人間であるなら誰もがそうするような共通の行動が存在していて、どのように外的な環境が変わっても揺らがないものというのは存在しないのだろうか。

　たとえば、家族をテーマに考えてみると、日本では、多くの人が家族は両性の結婚によって始まると考えており、性＝身体の問題と直結しているので、「母親が子どもの面倒を見るのは当然だ」、「男性が働くのは当たり前だ」などのように、「もともとそうなのではないか」、「本質がそうなのではないか」、「そうあるように決まっている＝本能」なのではないか、で終わってしまうことが多い。確かにそうかもしれない。しかし、本当にそうなのか確かめたのか。そして、その検証は、適切に行なわれ、どのような妥当性があるのか。私たちは、全員がそこまで行なって判断しているのであろうか。

　そこで、ここでは、本能について考えてみたい。本能とは、どのようなもので、それによって何が分かり、あるいは分からないのか、『本能はどこまで本能か』[5] という、アイオワ大学心理学部の教授で、心理学や動物行動学における行動と認識を研究している神経科学者のブランバーグの研究をもとに考えておきたい。

5　ブランバーグ. 塩原通緒訳. 2006『本能はどこまで本能か―ヒトと動物の行動の起源』早川書房.

②**本能の定義**

　広辞苑によれば、本能とは、「①生まれつき持っている性質、能力、特に、性質や能力のうち、非理性的で感覚的なもの。②動物のそれぞれの種に固有の生得的行動。学習された行動に対して言う。固体の生存と維持に関係する基本的欲求・衝動と密接に結びついている。下等動物ほど本能に基づく行動が多く、昆虫の巣作り行動のように極めて巧妙なものもある」と書かれている。これらを読めば、本能は、一種の行動様式であると分かる。しかし、一般に本能と言うとき、多くの人は、①の意味で使っているのではないか。身体のどこかに本能が潜んでいて、それが、人間を含めた動物に何らかの行動をさせ、特に人間において非理性的な行動をさせるのであると。しかし、具体的に本能というが実際に存在していると言い切ることは難しい。というのも、ブランバーグによれば、本能を行動様式ととらえたとしても、本能による行動とそうでない行動をいかにして分けるか、何を何から隔離して証明すればよいのか判断することはなかなか困難であるからである。つまり、「それがそうであるというときの基準は何なのか」客観的な指標、誰もが納得する答えを示すことは不可能だ。たとえば、母親が子どもに無私の愛情を注ぐ行為が「母性本能」であるかのように言われるが、それに対して、無私の愛情とはいったい何か（何がどうあれば、無私の愛情といえるのか）、母親の行動はいつの時代もどの地域でも一定ではないのに、その歴史的事実をどう解釈すればよいのか定まっていない。先日、医療関係者から聞いたのは、看護師に女性が多い、すなわち、女性が適しているのは（とその人が言った。事実かどうかは、拙著『看護職の社会学』を読んでいただきたい）授乳中の女性からあるホルモンが出ていて、それが子どもをいつくしむのだ、だから、女性が看護をするのに適しているというのだが、それでは、ホルモンの分泌とそのいつくしむ（ように見える）行動との因果関係は何か。何がどうであればそこに因果関係があると言えるのか。そもそも、授乳中の看護師は産休中なのではないか、生得的な事柄が業務内容にダイレクトに影響するのであれば、授乳期間しか女性看護師は看護業務に向いていないのではないか、大勢の独身女性看護師はどうなのか、という疑問がわいてくる。

③**それが本能だと思える行動の実例とその実態**

　ブランバーグは、本能的とされる行動が本当に本能的な行動であるのか、すなわち、生得なのか、多くの事例研究を挙げて、各種行動の起源を丹念に

検証した。

　たとえば、のどが渇いて水を飲む行動というのは、多くの生物は身体に渇きを覚えたら、水を飲む行動を当たり前にする、それは、本能だからとまことしやかに言われている。経験や学習による後天的な要素など関係なく、誰もがそこに水がある限り、それを考えることなく（まさに本能的に！）飲み干すのだと。しかし、ブランバーグが紹介する、ほぼ1世紀前に行なわれたウォレス・クレイグのジュズカケバトのヒナの飲水行動の発達実験の研究結果は、その仮説を大いに裏切るものであった。長い間、水を与えなかったヒナに水の入った鉢を差し出してみても、水を飲もうとしない。鉢の中に立たせてやってもまだ飲まない。クレイグによれば、これらの動物は、「たまたま水にくちばしが触れた」あと初めて水を飲む行動を「学習」するという。ハトの場合、水の入った皿のそこにある種子をついばもうとして皿にくちばしを浸したときに、皿に入っていた水を反射的に飲み込んで飲む行動を覚えるのだそうだ。本能より、「反射」が渇きに対して有効な行動のきっかけとなっていることに注目したい。つまり、渇きという、生物として最も危険にさらされる状況においても、「本能的には」行動することができない。学習せずには、それらの行動を取ることができないのである。他にも、ニホンザルが蛇に対して示す強い恐怖は、人間と同じサルの本能だと思われているが、それは、発達の初期段階で生きた虫を手で捕まえて食べたことのあるサルにしか見られない（よって本能ではない）。恐怖についての他の研究も私たちが本能であると思っていることが本当でないことを明らかにしている。たとえば、ジョエル・バーガーらの研究によれば、この1世紀の間に、北アメリカとヨーロッパにおけるオオカミとヒグマの生息範囲は、95％以上も減少した。これらの捕食動物がいなくなるにつれて、ヘラジカやバイソンなどの被食者は、捕食動物に遭遇したことのあるものたち、特に、自分の子に攻撃を受けた経験があるものは警戒をするが、その経験がないものは、その泣き声や匂いに「本能的に」反応することができない（よって本能ではない）。対捕食者行動は、学習するものであり、文化として次世代に伝達されるのである。また、動物ばかりでなく、人間においても、発達心理学者のポール・クインらが示した、幼児が女性の顔のほうが男性の顔より好きだという実験結果があるが、女性の顔と男性のそれは、構造的に異なることが分かっているから、その造りの違いを感じ取っているとしても、それは、女性が母性本能

を持っているからそれを子どもが敏感に察知しているのではなく、実際に養育している母親が好きだという証明にしかならない。また、多くの子どもは、女性、そして、自分の母親に育てられており、実験者が人間の子どもの親との接触を実験的に操作できないと考えれば、それは、男性と女性のどちらが好きか、という問いの答えとしては成立しえないことになる。また、人間の子どもの実験は倫理的な制約があるからであろうが、被験者になるのは、どんなに早くても生まれて3か月以降が一般的である。ということは、それまでの3か月間のヒトとしての経験を、ゼロとみなしているということである。生まれてから3か月までの間、彼らの発達、つまり、生得的な何かの学習に費やされており、その後、いくら実験をしても、子どもの生得の性質を明らかにすることはできないのではないだろうか。これらのことから、本能について研究したつもりでいても、その3か月間、全くヒトとしての発達に何も学習していなかったという証拠がなくては、この実験は成立しないのである。

④結論　こころの動きは本能で決まるのか

　ここで本能を取り上げたのは、「生まれか育ちか」論争に関する無数の本に見られるさまざまな主張を体系的に論破することではない。そうではなくて、生得論者（生まれつき、つまり、生後の学習をせずに、何かの能力を持っていると信じている人々）の多くが、人間がある種の知識や概念を生まれながらに持っているという考えに固執するあまり、行動における発達、学習の要素を考慮に入れておらず、科学的実験の手法や結果の解釈を自分たちに都合のよいように歪めてしまっている可能性があるということを知っておかなければならないからだ。短絡的に結論を言えるほど、私たちの社会は単純ではないし、検証されつくしてもいない。

　そこで、本能と言ってしまうことで思考停止を開始することなく、その先の思考へと向かって行きたいと思う。

2………「社会とこころ」の関係を考えるために
1．何をどこまで知るのか
①近接因と究極因

　例えば、あなたが「なぜ飛行機に乗らないの」と聞かれたとしよう。それに対して「飛行機が嫌いだから」と応えた場合、質問した側が、あなたの飛行機嫌いを知って聞いていた場合、この答えでは十分なこたえだとは言えな

いだろう。相手は、飛行機の好き嫌いかではなく、なぜ、嫌いなのかということを聞きたいのである。この「飛行機に乗らない」といったことは、その行動あるいは現象の近接因に過ぎない。さらに一歩ふみこんで、なぜ、「飛行機嫌い」なのかというところまで聞いてはじめて納得できるだろう。なぜならこれが近接因を説明した究極因だからである。つまり、注意しなくてはいけないことはなぜの説明には、近接因による場合と究極因による場合があるということである。

　さらに、究極因にも、さしあたっての究極因とも言うべき答えとその、さしあたっての究極因がなぜ究極因となったのかという、さらなる究極因が考えられる。たとえば、なぜ飛行機嫌いなのかということへの答えとして、「一度、飛行機に乗ったときに乱気流で揺れて怖い目に遭ったから」と言われたとしよう。しかし、それならなぜ、「かつて飛行機に乗って乱気流で揺れて怖い目に遭った」人は他にも大勢いるのに、この人がそれで飛行機嫌いになったのかというさらなる疑問がわいてくる。この場合、この怖い目に合ったという答えは、さらなる疑問に対する近接因に過ぎない。このように、近接因と究極因は相対的な関係にある。

　しかし、このまま進んでいくと、何が真の究極因なのかは答えが出てこない。それでは、研究を行なう際に、この答えでよい、という基準は何なのか、考えてみたいと思う。

②**最終的な答え**

　社会心理学では、究極因、つまり、問いの最終的な答えをどこに置くのかという点で、いくつかの理論のスタイルがある。これを、理論の大枠を考える理論としてメタ理論と呼ぶ。ここでは、主なものとして3点取り上げてみよう。1つ目は、こころの働きにみられる規則性を明らかにすることを目的にした理論で、たとえば、暴力に関する映像を見ることによって人が暴力的な振る舞いに及ぶという仮説においては、暴力映像と実際の暴力行為の間にある規則性に基づいた関係が生じていることを明らかにできればよいと考える理論である。2つ目は、こころの働きの規則性を明らかにするだけでなく、その規則性がいかなるこころのメカニズムによって生じるのか、その情報処理はどのように行われているのかというところまで考える。この理論では、人のこころのあり方を情報処理の機械のようにとらえ、そのようにこころの働きを再現できると考えていることが特徴である。3つ目は、1つ目のここ

ろの働きの規測性や2つ目の情報処理的なメカニズムが当たり前のものとして存在するのではなく、なぜ存在するのかという視点に立って仮説を立てる。たとえば、そのようなこころの性質をもつことを可能にした何かが社会的環境の中にあり、それにこころの性質が適応したからだと考え、何に適応したのかを考えるものである。

2. 根拠と基準の話

　上記のメタ理論の分類から、社会心理学が何を目指し、どのような方向性で研究がなされているか見えてきたが、次に、実際、私たちがこれらを実践する上で重要な心構えについてまとめてみよう。

①根拠とは何か

　「その答えの根拠は何なのか」という問いは、私たちが相手の疑問に対して十分に応えたと思っていても、相手は納得していない場合によく出される問いだ。同じテーマについて話しているにも関わらず、両者の議論が平行線になり、交わらない場合、それは、互いが出す答えの根拠となっているものやことが異なっていることがその原因である。

　たとえば、「家族は血がつながっているから気持ちが分かって当然」、「友達は友情があるから理解し合えて当然」「男は強いから、弱い女を守るべきだ」といったように、「〇〇は△△だ」という常識は、究極因として十分に答えになっている気がするものである。しかし、本当にそうなのか。それを常識として、社会のルールとして定着させてしまっているのは、それに納得してしまっている私のこころは、いかにしてそれを正しいと思っているのだろうか。この正当化の営みは、その根拠を何も考えずに受けいれているしるしである。その正当化についてその究極因を探していく過程でそれ以上の答えが見つからなくなるとき（たとえば、「そんなこと当たり前だろう」や「皆そうしている」や「昔からそうだった」という答えにしか行き当たらなくなったとき、それは思考が停止しているのだが）、人間のこころの動きとして当然と思われていたことが、実は、社会の影響を受けて変化してきた、あるいは、変化しうることだということが明らかになるのだ。

②思い込みによるこころへの作用

　私たちのこころがどのように感じるのかを考えるために、さまざまな社会

からの影響があることを知っておかなければならない。たとえば、社会常識として、あるいは、日常的に繰り返される会話や言説（社会特有の言いまわしやそれを言うことで伝わるほのめかしの意図をもった言葉など。ディスクールとも言う）によってものの考え方は、一定の方向に誘導されている。そして、あたかも最初から自分の感情となっていたかのように錯覚してしまうのである。そのいくつかの例を以下に挙げてみたい。

自然なるものの人為性

　かつて、「豊かな自然の中でも使える」ということが売りのクレジットカードの宣伝があった。それは、ゴルフ場でもそのカードで支払いができるということをアピールするものだったが、その中で気になったのは、ゴルフ場は、果たして「自然」なのか、ということである。ゴルフ場は、ただ、土地がそこにあるだけではなく、木を伐採し、土地をならし、芝を植え、カーブを作ったり、池を作ったり、およそこれほど人の手がはいった土地というのもないくらいではないだろうか。ゴルフは、豊かな自然の中でするスポーツだから気持ちいいと私たちのこころが感じたとしても、それは、「自然」を私たちが社会的にどのように理解しているかということに関わっている。なぜなら、ゴルフは、除草剤によって手入れされた人工の土地で行なわれるスポーツだと言えるからである。また、木々の緑や草花に囲まれた公園も「自然」ではなく、人の手が入った場所である。そもそも、何かを「自然」だと位置づけることは、すでに人為的な営みである。何をもって「自然」と言い得るのか、その根拠をまず考えてみなくてはならないだろう。

過去と未来──進歩史観と「昔」とは何か

　スイッチ１つで電灯が灯り、ご飯が炊ける私たちの生活は快適そのものである。これが、江戸時代であれば、庶民は、魚の油で行灯に火を灯し、火吹き竹で火加減を調整しながらかまどでご飯を炊かなくてはならなかった。しかし、一方で、昔の家族は大家族で仲が良かったと思っていたり、昔の母親は子どもを大事に育てていて、母性があったと思っている。しかし、それは、事実か。

　「現代の生活は快適ですばらしい」という考えと「昔は良かった」という考えは、全く逆の考えのように思われるが、実は、基準があいまいという点では同じである。例えば、昔は治らなかった病気が今は治っていて、今、治

らない病気は将来治るだろうという考え方は、進歩史観というが、常に、私たちの文明は、右肩上がりでどんどんよくなってきていただろうか。従来なかった病気、たとえば、暮らしが豊かになることで増えてきた病気というものもある。肥満が原因の病いは、食生活が豊かになったことが原因であるし、交通事故の増加は、車社会の到来によって始まった。もちろん、ここで述べたいのは、昔の生活のほうが良かったからそのように戻るべきだという提案ではない。食生活が豊かになるということは、かつてそれがいいことであると考えてそれを目指していたからであり、車社会の到来が流通や人の移動に役立ち、現在のような社会を作り上げてきたことは言うまでもないであろう。ただ、根拠を確かめもせずに、これからの生活が良くなるとはいえないし、何が良いことなのかはすぐに判断がつかないということも知っておかなくてはならない。また、その根拠が問われずに、私たちは当たり前にそう思っているということも自覚しておく必要がある。

普通とは何か

　また、「将来は、普通の家庭を築いて、幸せに暮らして生きたい」という台詞は、多くの人が控えめな将来の希望として述べることとして知られている。しかし、「普通」とは何か。何かの平均か、普通といっておくことが無難なことなのか、何をもって普通だと感じるのか。

　「普通」ということやものは、「正しい」や「良い」のようにはっきりとプラス側へのベクトルをさすものではないが、しかし、普通とそうでないものという二分法によって簡単に排除の論理を確立してしまう、「力」のある言葉である。普通になりたい、普通でいたい、というのは、多くを望まない、ありふれた、それこそ、「普通」程度の望みのように聞こえるが、一方で、普通でないものでいたくない、という明快な拒絶のメッセージである。そして、普通と普通でないものの境界は、日々、変化しており、私たちは、「普通」というカテゴリーによって翻弄されている。そして、最高にすばらしいものといった高望みではないのに、普通を求めているだけなのに、と言っては、そうなれていないことに焦り、悩む。しかし、本当の「普通」こそ、分かりづらく、結果、得がたいものなのである。

　こうした「普通」を望む態度に終わりはない。なぜなら、普通というのは、私たちが普通だと思っている虚像でしかないからだ。何をどうすれば「普通」であるのか、それを計る物差しはないのだ。つまり、普通であるという

感覚は、実に社会的なもので、数値化できるものでも、実体化できるものでもないのである。普通であることにとらわれるこころが、実は、普通であることの安心から自分自身を一番遠ざけてしまうというパラドックスに陥っていることに他ならない。

3……本書全体を俯瞰する

「自然」や「昔」、「普通」など当たり前に使っている言葉から自由になったところであらためて本書を紹介したい。1908年に期せずして、アメリカの社会学研究者ロスとイギリスの心理学者マクドゥガルがそれぞれ、「社会心理学」という語を冠したテキストを出版した。このように、両者は、非常に深い結びつきをもっており、それぞれの研究が互いに影響を与えている。これらのことを踏まえて書かれたのが本書である。

第1章から第2章では、社会心理学と社会学がどのような歴史的な理由から出現するにいたり、互いが互いに、また、他の学問にどのような影響を与えたのかについて論じている。

第1章では、フランス革命や産業革命をもたらした啓蒙思想が宗教一色の従来の伝統的社会を脱することになり、自然科学を初めとする科学の発達が人々の意識をどのように変え、近代市民社会を形成する過程は、タルドやデュルケムが研究する社会心理学や社会学など新しい学問誕生にどのような影響を与えたのかについて述べている。さらに、それらの動きはアメリカにおける社会心理学の隆盛につながっていく。

第2章では、第1章で述べられた時代の変化を受けて、第2次大戦を経たドイツで、ナチスの反省をもとに、人々が戦争犯罪に走った過程から人々のこころの動きを反省的にとらえる動きが生まれ、心理学誕生のきっかけになったことを中心に述べている。

第3章から第5章は、私とは、どのような存在で、他者や社会全体からどのような影響を受けて、私のこころが作られていくのか、変わっていくのかについて述べている。

第3章では、私という個人の存在は、どのようなもので、何を考え、感じ、行動するのかについて、社会心理学の代表的な研究を例に挙げて、説明した。

第4章では、私という個人が他者である友人との関係をどのように、形成し、そのかかわりの中で、何を感じているのか、さまざまな事例をもとに考

えた。

　第5章では、私が他者と行なうコミュニケーションの過程において、どのようなこころの変化を体験しているのか、いくつかの事例を挙げて、私たちがすでに経験しているであろう現象について説明した。

　第6章から第10章までは、それまでの、基本的な社会心理学と社会学の説明を受けて、私が社会でどのような行動をし、そのとき、どのように感じているかについて書いている。
　第6章では、メディアと共存する私たちの社会が私たちのこころにどのような変化をもたらしているかを考えるために、教育現場に焦点を当てた。教育現場で行なわれているメディアによる教育はいかにして行なわれているか、また、教壇に立つ教員が考える子どもたちへの影響はどのようなものか、さらに、インターネットやメール、携帯電話などが幼少期から当然のように存在している子どもたちが、メディアによる教育によってどのような影響を受けているのか、今後、ますます増えていくであろう、教育方法の変化について最新の研究を紹介することで、子どもたちのこころがどのように変化するか考えてみて欲しい。
　第7章では、家族が、人々にとってどのような存在で、家族の中で何を感じ、行動しているのかについて考えた。現代の日本では、一組の男女から家族が始まるとされているが、家族のもととなる男女はどのような存在で、当たり前とされている男女の役割とその定着のようすが、家族にどのような影響を与えているのかを、ジェンダーの視点を取り入れて考えた。
　第8章では、日常、当たり前に行なわれている、ものを購入し、消費するという行動が、どのようなこころの動きによってなされているのかを、消費についての心理学的概念や、マーケティングのあり方によって説明すると共に、消費の意味づけがどのように変わってきたのか、それによって、実際の消費行動がどのように変わってきているのかについて論じた。
　第9章は、産業組織心理学の観点から、会社などの組織に所属するということが、私たちのこころの動きにどのような変化を与えているのか、そして、実際の行動がどのように選び取られているのか、さらに、私の行動が組織にどのような影響をもたらすのかについて説明している。
　第10章では、文化が異なることで、ものの感じ方や考え方がどのように異なるのかについて、文化心理学の観点から、いくつかの例を挙げて論じて

いる。私たちの社会にいる限り、「こういう場合は、こうする」という行動も、文化が異なれば、受け取られ方も違ってくるだけでなく、自文化と違う行動が求められる。文化心理学は、「こころの普遍性」すなわち、どこで、いつ生まれ育ってもこころの動きは誰でも同じだという前提に必ずしも立っているわけではない点が特徴で、異なる社会のもとでは、人々のこころの動きが当然のように異なるはずだという考えに依拠している。グローバル化する社会の中で、文化によるこころの動きの違いはぜひ考えて欲しい課題である。

（佐藤典子）

現代人の社会とこころ——家族・メディア教育・文化　　もくじ

【序】「こころ」はどれほど社会的か
佐藤典子　003

1………**こころを考える**
　　【研究の視点】
　1. 社会とこころの動き
　　①態度とは何か
　　②状況が与える影響
　　③態度の決まり方
　2. 本能はどこまで本能か——生まれたときからすべて決まっているのか
　　①本能について考える意味
　　②本能の定義
　　③それが本能だと思える行動の実例とその実態
　　④結論　こころの動きは本能で決まるのか

2………**「社会とこころ」の関係を考えるために**
　1. 何をどこまで知るのか
　　①近接因と究極因
　　②最終的な答え
　2. 根拠と基準の話
　　①根拠とは何か
　　②思い込みによるこころへの作用
　　　自然なるものの人為性
　　　過去と未来——進歩史観と「昔」とは何か
　　　普通とは何か

3………**本書全体を俯瞰する**

【第1章】近代化と社会心理学の成立
池田祥英　028

●第1節●　**啓蒙思想から社会学誕生まで**————　028
　1………**源流としての啓蒙思想**
　　1. ロックの思想
　　2. ルソーの思想
　2………**フランス革命と近代化・産業化の流れ**
　　1. フランス革命
　　2. 産業革命

3……コント、スペンサーと社会学第一世代
　1．コントと実証主義思想
　2．スペンサーと自由主義思想

●第2節● **専門科学としての社会学と社会心理学**――― 033
　1……ガブリエル・タルドと社会心理学
　　1．社会心理学の確立者タルド
　　2．「模倣」から社会を考える――模倣の法則
　　3．犯罪やメディアと模倣
　2……エミール・デュルケムと社会心理学
　　1．「表象」の社会学
　　2．「もの」としての社会的事実
　　3．集合意識とアノミー

●第3節● **アメリカにおける社会心理学の成立**――― 042
　1……社会と個人の相互依存性――クーリー
　　1．社会的自我
　　2．第一次集団
　2……社会的行動主義――ミード
　　1．「有意味シンボル」とコミュニケーション
　　2．子どもにおける自我の形成過程
　　3．自我の二つの要素――「I」と「me」

column　優生学と自己像　皆吉淳平　048

【第2章】**社会心理学とファシズム**
　――ドイツにおける社会学と心理学　　楠　秀樹　　　049

はじめに
●第1節● **こころと社会とはなにか**――― 050
　1……こころという対象
　　①物としてのこころ
　　②形としてのこころ
　　③こころと社会の交差
　2……社会という対象
　　①物としての社会
　　②形としての社会
　　③心理的抑圧としての社会

●第2節● **社会学と心理学**——社会心理学へ——— 056

1………こころと社会の闇
①社会心理学出現の背景
②『ワイマールからヒトラーへ』（1929）
③『権威と家族』（1936）

2………亡命と社会心理学
①労働者と文化産業
②『権威主義的パーソナリティー』（1950）
むすび

column ニーチェの多義的な政治思想——権威主義と民主主義の彼方
イアニス・コンスタンティニデス　訳：楠秀樹　067

【第3章】「私」とは誰か　068

●第1節● **「私」はどこまで私なの？**———春日清孝　068

1………「鏡」を見るということ——鏡に映った自己
2………人が人と関わるということ——社会的相互作用について
3………「私」の構造と「社会」の変容

●第2節● **自尊感情と自己**———佐藤典子　077

1………自分を他者に表現する
　1. 自己開示と自己提示とは
　2. 自己開示と自己提示の使い分け
2………自己をどう思うか
　1. 自尊感情とは
　2. 自己の上方比較と下方比較
　3. セルフハンディキャッピング

●第3節● **原因帰属**（状況のせいか、個人の性格か）———佐藤典子　080

●第4節● **ステレオタイプとは何か**———佐藤典子　081

1………血液型とステレオタイプの関係
　1. 血液型の分類
　　実験者効果

contents

 2．フリーサイズ効果
 3．思い込みと条件付け
2………ステレオタイプ
 1．カテゴリー化
 2．ステレオタイプとは
 3．内集団びいきと外集団均一性認知──いじめや疎外の発生

column 人は何をオシャレと思うのか？ 土居洋平 085

column 自我と社会の間（はざま）に漂うこころの病と理論 平井 葵 086

[第4章] 人間関係はむずかしい？ 春日清孝 087

●第1節● 友だち関係の「ここちよさ」と「息苦しさ」────087
 1………友だち関係を考える
 2………「親友」とは何者か
 3………人間関係の葛藤をめぐって──〈やさしさ〉へのこだわり
 4………対立回避と自己肯定観の脆弱化

●第2節● カラダを見せる、カラダで魅せる────096
 1………ファッションによる自己提示
 2………制服と役割
 3………自分の印象を演出する──印象操作

●第3節● 意見の違いをどうしのぐ？────100
 1………合意するとはどういうことか──同調
 2………KYの現象学──正と負のサンクション
 3………考え方の違いなんか関係ない──均衡理論と不協和理論
 4………「事実」はそれほど重要じゃない？──意味の連続性を保とうとするリアリティ

●第4節● 差異を前提とした関係構築のために────108

column オタクの社会心理 春日清孝 112

【第5章】コミュニケーションの多様性　113

●第1節● 非言語コミュニケーション ──── 楠　秀樹　113
　1………容姿
　2………所作
　3………環境
　4………最後に──「趣味」という非言語コミュニケーション

●第2節● 予言の自己成就 ──── 春日清孝　117
　1………これはどういう事態なのだ！──状況定義の重要性
　2………こいつは信用できない──ラベリングと排除
　3………きっと良くなるよ──プラシーボとピグマリオン

●第3節● 群衆 ──── 楠　秀樹　122
　1………群衆論の起源における流言とデマ
　2………群衆ではなく公衆
　3………議論の系譜と影響
　4………むすび

●第4節● 口コミと都市伝説 ──── 春日清孝　128
　1………うわさの構造
　2………口コミ（WOM）
　3………インターネット告発
　4………都市伝説の存在論

column　福祉現場の関係性と専門性　春日清孝　133

【第6章】教育とメディア　134

●第1節● 科学技術はコミュニケーションをどう変えたのか
　──教育の情報化とメディアの活用──── 平井尊士　134
　1………教育メディアに対するイメージ
　　1．メディアとは何か
　　2．メディアと学校教育
　2………科学技術の発達と学校教育メディア
　　1．メディアの種類

contents

　　2. 紙メディアの要（かなめ）──複製技術
　　3. 視聴覚教育を支える電子メディア
　　　①視聴覚メディアの概念
　　　②視聴覚教育機器の発達
　3………学校教育メディアとICT
　　1. ICTを活用した学習環境のための施策
　　2. 教育を支える人々がもつICTのイメージ
　　　①小学校教育とICT
　　　②大学教育とICT
　　　③学校教育と教育システム
　4………これからのメディアと学校教育

●第2節● **子どもとメディア**──────諸田裕子　158
　　①「子ども」とは誰なのか──全体や平均からだけでは見えないこと
　　②どのようなカリキュラムで、そして、誰が教師を養成するのか？
　　③子どもとメディアの「関係」は普遍なのか──議論の前提を疑ってみる！

column　レンタル店から借りてきた音楽CDを録音して、聞くことは許されるのであろうか？　小野賢太郎　163

column　中国における日本ドラマの流通・消費　金　明華　164

【第7章】ジェンダーステレオタイプと恋愛・家族関係　佐藤典子　165

はじめに──家族がもたらすイメージ
●第1節● **家族とは何か**（従来の家族像──第一次集団としての家族）────── 166
　1………家族とは
　2………家族がこころに与える影響──家族と心理学
●第2節● **家族の類型とその歴史**──恋愛結婚は近代の発明？────── 167
　1………家族の（類型と）歴史──「昔はよかった」？　家族はどう変化したか
　　1. 家族の思い込み①──「昔」は大家族？
　　2. 家族の思い込み②──「昔」の女性は虐げられてきたか
　2………従来の結婚
　　1. 家父長制
　　2. 近代における結婚──世俗化された結婚
　　3. 恋愛パターンの歴史──プラトニックラブからロマンティック・ラブまで
　　　①愛情とは

②ロマンティック・ラブと結婚の結びつき
　　③配偶者選択はどのように行なわれるか

● 第 3 節 ●　**家族の構成員である男女**────── 173
　1………女であること・男であること──ジェンダーとは何か
　　1．女らしさ・男らしさ
　　2．性役割から性規範へ──「であること」と「であるべし」のちがい
　2………出産育児と母性
　3………近代化における性別役割分業
　　1．用途による女性の使い分け
　　2．アンペイドワーク unpaid　work／シャドウワークとは

● 第 4 節 ●　**性を分けることの意味**──カテゴリー化とステレオタイプ────── 180
　1………カテゴリー化
　2………ステレオタイプ
　3………ジェンダーによる差
　　1．ジェンダー・ステレオタイプ
　　2．成功の回避
　4………性同一性障害と同性愛
　　1．動物の同性愛!?
　　2．性同一性障害の「障害」とは何か
　　3．同性愛を排除する社会
　　4．カテゴリー化と性

● 第 5 節 ●　**役割の定着と共依存**────── 185
　1………世話の倫理
　2………社会的交換としての恋愛
　3………共依存と嗜癖
　　1．嗜癖（addiction）
　　2．共依存とは（co-dipendency）
　4………共依存とすりかえられた家族愛
　5………おわりに──「恋愛（あるいは）結婚したいが相手がいない」：婚活(コンカツ)の時代

column　　制度としての恋愛と結婚　阪井裕一郎　194

【第8章】 何をどう選び、消費するのか　佐藤典子　195

はじめに
1……生産と消費関係の変化
2……消費者は何をどう買うか
　1. 購買意思決定のプロセス
　2. ブランド選択
3……感情は経済にどのような影響を与えるか
　1. 個人の感情と消費者行動
　　①心理的財布とは
　　②現在志向バイアスとは
　　③マーケティングに生かす
　2. 購買様式の類型と口コミ
　　①計画購買と非計画購買
　　②口コミの発生と心理的機能
　3. 購買後の評価
　4. 消費者の意思決定と心理──行動経済学の成果
4……消費行動と社会的性格
　1. 誇示的消費
　2. 他者指向型の性格
5……社会的交換理論
　1. 社会的交換とは
　2. お返しはどうするか──交換の互恵性
6……記号を消費する──バルトからボードリヤールまで
　1. 分類された思想コード
　2. 記号の消費
7……ブルデューの資本概念
　1. 象徴資本と「場」の理論
　2. ハビトゥスとプラティックで表されるもの
8……モノ語りの人々から「kawaii」まで──消費行動の意義

column　割引のパラドックス──消費の経済学的分析　太田塁　217

【第9章】 職業生活とこころ
　──産業・組織心理学　佐藤典子　218

1……組織とは何か、組織と個人の関係
　1. 社会心理学と産業組織心理学

2．産業組織心理学を学ぶ意義
　　3．組織とは何か
　　　　仕事の効率化と分業
　　4．ホーソン研究による組織観の変化
　　　　①産業革命以降の組織観
　　　　②ホーソン研究
2……**働くことの動機づけ（モチベーション）**
　　1．動機づけの理論
　　　　①内容理論
　　　　②過程理論
　　2．動機づけの認知モデル
　　　　①内発的動機づけ
　　　　②目標設定モデル
3……**職場内人間関係**
　　　　①職場集団の特徴
　　　　②職場における規範の成立と社会化過程
　　　　③協働作業とチームワーク
　　　　④職場の情報伝達
　　　　⑤意思決定過程としての会議
　　　　⑥職場での対人葛藤
4……**リーダーシップとは**
　　1．リーダーシップとその影響
　　2．さまざまなリーダーシップ研究
5……**組織ストレスと過労**
　　1．ストレスとは
　　　　①ストレスの仕組み
　　　　②ストレスの発見──セリエのストレス学説
　　2．心理的ストレス──ラザルスのシステム理論
　　3．さまざまなストレス
　　　　①役割ストレス
　　　　②ライフ・イベント
　　　　③バーンアウト（燃え尽き症候群）
　　　　④過労死の現状
　　4．ストレスのコーピング（対処行動）の必要性
　　　　①対処の資源と方法
　　　　②ソーシャル・サポート

column　　企業業績の維持・向上に寄与する人的資源管理　　熊迫真一　232

column　　職場の学習の場としてのホット・グループ　　周炫宗　233

contents

[第10章] 「異文化」を知ることで育む人間力
―― 文化心理学の試み　増田貴彦　234

● 第1節 ● **文化心理学ってなんだろう？**──── 234
　1……「異文化」で生きることの難しさ──カルチャーショック体験
　2……新しい心理学の分野──文化心理学
　3……文化心理学の学問的背景

● 第2節 ● **文化的自己観**──── 239
　1……コミュニケーションの背後にある「ルール」
　2……相互独立的自己観と相互協調的自己観
　3……2つの自己観モデルから見えてくるコミュニケーションルール

● 第3節 ● **「文化」と「こころ」の相互構成プロセス**──── 242
　1……自尊心とセルフエスティーム
　2……自尊心についての文化比較研究──「状況サンプリング法」
　3……「文化」と「こころ」の切っても切れない関係

● 第4節 ● **文化的に共有された「くせ」──身体化のプロセス**──── 246
　1……誰がチキンだって？──「名誉の文化」
　2……「名誉の文化」についての心理学実験
　3……「文化的くせ」についての生理学的・神経科学的研究

● 第5節 ● **文化心理学研究の意義**──── 251
　1……文化心理学の学問的意義
　2……文化心理学の実践的意義
　3……おわりに──異文化理解というチャレンジ

column　オーラル・ヒストリーと世代間コミュニケーション　藤井大亮　255

あとがき　256
索引　258
編者・著者紹介　263

もくじ　027

第1章 近代化と社会心理学の成立

●第1節● 啓蒙思想から社会学誕生まで

1………源流としての啓蒙思想

中世のヨーロッパは、たとえばフランスのルイ14世（1638-1715）のような専制君主が国家における一切の支配権を握っている社会であった。国王や貴族が豪華絢爛な宮廷生活を楽しみ、あるいは対外戦争に明け暮れる一方で、多くの庶民はその圧政に苦しめられていた。同じ人間でありながらこうした不平等がまかり通る現状を打破し、すべてを理性の光に照らして公正な社会を作り出そうというのが啓蒙思想である。なお、「啓蒙」とは、「蒙を啓く（くらきをひらく）」ということであり、無知蒙昧の状態にある人々を教えさとして知識を広めるということである。このように、啓蒙思想は知識を重視する考え方であり、その後のあらゆる科学的知識の出発点となるものであった。したがって、社会心理学もまた元をたどれば啓蒙思想をその出発点として考えることもできるだろう。ここでは、そのなかからイギリスのジョン・ロック（1632-1704）と、フランスのジャン＝ジャック・ルソー（1712-78）の見解を見ていくことにしよう。

1. ロックの思想

ロックは、人間は生まれながらにして知識を持っているという通説を退けて、人間はまったくの白紙状態の心を持って生まれると主張した。つまり、人間は感覚を通じて実際に経験したことを心のなかでとらえなおして（これを「内省」という）、自分の知識にするということである。このような心の動きのメカニズムを明らかにしようとするロックの考え方は、後の科学的な心理学の成立に大きな影響を与えた。

ロックはまた、国王が絶対的な支配権を持つ絶対王政ではなく、国民によって選ばれた代表者が立法権を握り、彼らによって作られた法律に基づいて国王が行政権と統治権を行使するという立憲君主政を唱えた。さらに、国民の代表者や国王が法律に従わない場合には、国民は彼らに対して革命を起こしたり、抵抗したりする権利を持つと考えられた。こうした彼の政治論は、三権分立を唱えたフランスの思想家モンテスキュー（1689-1755）や、ルソーらに影響を与えることになる。

2．ルソーの思想

　次に、より直接に社会学や心理学の思想に影響を与えたと思われるルソーについて見ていくことにしよう。ルソーは『社会契約論』（1762）において、人民が全員一致で共同体を作り出して自分たちの持つ権利をその共同体に譲渡し、共同体から身の安全や財産権などを受け取るという契約を結ぶと考えた。このような契約は「社会契約」と呼ばれる。このようにして成立した共同体は集合的で精神的なものであるとされ、それは固有の権力としての「主権」と固有の意志としての「一般意志」を持つと考えられた。こうして、社会契約は君主と人民という服従的な契約ではなく人民相互の平等な契約であり、国家の基本原理とされたのである。このようなルソーの人民主権の思想は、1789年のフランス革命における指導原理となった。

　また、『社会契約論』と同年に発表された『エミール』（1762）は、エミールという架空の孤児が家庭教師の指導によってどのように成長していくかを描いた教育論である。ここでルソーは「万物をつくる者の手をはなれるときすべてはよいものであるが、人間の手にうつるとすべてが悪くなる」と述べており（これは「性善説」といわれる）、人間による人為的な指導を排して自然にまかせるべきだと主張している。このようにルソー自身は当時の市民社会に適応できるような人間の教育について論じる意図がなかったが、現代の社会学や社会心理学の観点で言えば、エミールと家庭教師のような二者間関係も一種の社会的関係であり、この分野の先駆的研究のひとつとして位置づけることができる。

2………フランス革命と近代化・産業化の流れ

　このような啓蒙思想の影響により、18世紀末には世界の秩序を変えるさまざまな出来事が起こることになる。政治的には1789年にパリのバスチー

ユ監獄を民衆が襲撃したことにより革命の火の手はフランス全土に飛び火し、最終的には絶対王政が打倒され、人民のなかから選挙で選ばれた代表者が統治する共和政が成立した。また、これと同じころ、人々の暮らしのあり方を根本から変えるもうひとつの革命が進行しつつあった。それは産業革命である。それまでは手作業で行われていた生産が、機械による生産に変わることで大量生産が可能となり、それと同時に大量に生産された製品が一度に大量に消費されるようになっていく。どちらの場合も、より多くの人々がそれに関与するようになるという点で共通している点に注意しながら、この二つの劇的な社会変化についてそれぞれ検討してみよう。

1. フランス革命

　18世紀末のフランスにおいては、国民は聖職者階級（第一身分）、貴族階級（第二身分）、平民階級（第三身分）に分けられ、前二者が免税特権などさまざまな特権を有していたのに対して、第三身分には重税と困窮に苦しむ者が多かった。このような旧弊な体制はアンシャン・レジーム（旧体制）と呼ばれる。庶民階級においてさまざまな不満が蓄積していたところに、特権の廃止による財政再建を目指していた財務長官のジャック・ネッケル（1732-1804）が罷免されたという報をきっかけとして庶民の不満が爆発したといわれている。バスチーユ襲撃後は、貴族の特権が廃止されて人権宣言が採択され、さらには憲法が制定されるなど、現代の民主主義につながるさまざまな制度が作り上げられる一方で、血なまぐさい権力闘争やテロリズムが横行するなどしてフランス国内は混乱を極めることになる。

　フランス革命はまた、バスチーユ襲撃のような民衆の暴動が果たす役割に注目が集まるきっかけともなった。群集のエネルギーは確かに旧体制を打破する原動力となったのであるが、それと同時に多くの虐殺行為や破壊活動を生み出して社会不安を引き起こした。後年に歴史家のイポリット・テーヌ（1828-93）は、全5巻からなる壮大な歴史書『現代フランスの起源』（1875-93）において、フランス革命期の群集の残虐さを描き出しているが、このような批判的な群集像は、イタリアのシーピオ・シゲーレ（1868-1913）やフランスのギュスターヴ・ル・ボン（1841-1931）、さらに次節で詳しく取り上げるタルドといった群集研究者に大いに影響を与えることになった。

2. 産業革命

　産業革命は、清教徒革命や名誉革命によって政治体制が安定し、海外に多数の植民地を有していたイギリスでは早くも18世紀後半にはじまっている。はじめは繊維産業のような軽工業において機械化が進んだが、その後は製鉄業といった重工業にも広がっていく。産業革命によってもたらされた技術革新は、製造業における生産能力を飛躍的に向上させただけでなく、鉄道や自動車といった人力や畜力に頼らない新しい移動手段を生み出し、電信や電話といった遠隔コミュニケーション手段をもたらした。

　これらの成果は、人々の暮らしを劇的に変化させた。工場で働く大量の賃金労働者が登場し、彼らが住む大都市の人口が急拡大するようになる。工場で生産された大量の製品が市場に出回ることで、われわれの社会は自給自足社会から大衆消費社会へと変貌を遂げた。一方、産業革命による経済的な繁栄を維持し、さらなる成長を遂げるためには、その担い手である国民が一定の知的水準を持つ必要がある。そこで各国は19世紀後半に相次いで義務教育制度を定めて国民の知的水準の向上に努めた。

　こうした技術革新と教育の充実は、日刊新聞をはじめとするマス・メディアの発達につながった。世界各地の情報が電信技術によって集められ、最新技術によって高速かつ大量に印刷された日刊新聞に記事として掲載された。こうしてできた日刊新聞は、鉄道網によって国土の隅々まで運ばれ、文字が読めるようになった多くの国民がそれを熱心に読むようになった。大衆化した日刊新聞の話題は、かつてのエリート向け高級紙におけるような政治的な主義主張よりも、センセーショナルな事件報道やスキャンダル記事が中心であった。そのため、発行部数が百万部を超えた新聞も現われた。このようなマス・メディアの発展によって、われわれが認識できる世界が大きく拡張されたのである。

3………コント、スペンサーと社会学第一世代

　啓蒙思想の広がりによって多くの人々が政治体制の変革や産業の発展に関与するようになり、その活動の場となっている社会に対する知識がいっそう求められるようになった。こうして、社会のあり方やその変化を専門に考察する科学を作り上げようという人物が登場する。それがフランスの哲学者オーギュスト・コント（1798-1857）と、イギリスの哲学者ハーバート・スペンサー（1820-1903）であった。

1. コントと実証主義思想

　コントは「社会学」という言葉を造語したことで知られている。彼は主観的な空想や想像よりも客観的な事物の観察に基づく知識を重視する「実証主義」という立場を取った。そして数学や天文学、物理学、化学、生物学といった諸科学と同じように、社会学も実証的な科学として確立されなければならないと考えた。彼は『実証哲学講義』(1830-42) において社会における「進歩」と「秩序」を社会学のテーマとして選び、進歩を考察する部門を「社会動学」、秩序を考察する部門を「社会静学」と呼んだ。

　コントが実証主義的思想を構想するにいたった背景としては、18世紀の啓蒙思想やフランス革命後の社会状況が挙げられる。コントはコンドルセ (1743-94) をはじめとした18世紀の啓蒙思想を熱心に学び、一方で産業主義を唱えたサン゠シモン (1760-1825) の影響を強く受けた。サン゠シモンの影響下で執筆された『社会再組織に必要な科学的作業のプラン』(1822) においてコントは、フランス革命は古い秩序を単に破壊しただけで、それに代わる新たな秩序を作り出していないと述べ、新たな秩序を確立する必要性を説いた。コントによれば、人間の精神は①神学的段階から②形而上学的段階を経て③実証的段階へと進化していき、それに伴って社会の状態もまた、①軍事的段階、②法律的段階、③産業的段階という形で進化していくものである（三段階の法則）。つまりコントは、われわれは実証科学の精神とそれに基づく近代的産業という新たな秩序の体制へと進化していくと考えたのである。このように、コントの社会学は社会全体の発展法則を一望する壮大な構想であった。

2. スペンサーと自由主義思想

　スペンサーは明治維新後におけるわが国の自由民権運動に強い影響を与えた人物として知られている。スペンサーの社会学理論の特徴として挙げられるのは、社会有機体論と社会進化論である。社会有機体論とは、社会を生命有機体と同じようなものとしてみなす考え方である。たとえば、生命体が心臓や肝臓、肺などさまざまな機能を果たす器官に分かれて維持されているのと同じように、社会もまた別々の機能を果たす組織が分業することで全体としてのまとまりを維持していると考えるのである。一方、社会進化論は、生物がしだいに進化していくのと同じように、社会もまた単純で同質的な社会からより複雑で互いに異質的な社会へと進化していくという考え方である。

このような発想のもとでスペンサーは、われわれの人間社会が軍事型社会から産業型社会へと進化していくと主張した。

さらに、スペンサーの思想において重要なのは、このような進化によって社会は自然によりよいものに発展していくものであり、政府などが人為的に介入すべきではないという「自由放任主義」という考え方である。スペンサーの立場は、個人の自由は最大限に尊重すべきであると考える厳格な個人主義であり、日本やアメリカの自由主義思想に多大な影響を与えたが、タルドやデュルケムといった後年の社会学者からは、完全に自由な状態におかれた個人という想定からでは社会は説明できないとして厳しい批判にさらされた。また、スペンサーの理論はコントと同じく壮大な社会進化の流れを述べ立てているだけで、専門科学としてはまだ不十分なものであった。こうして、社会についての真に科学的な研究は19世紀後半から20世紀初頭にかけて現われた次の世代の社会学者たちにゆだねられることになる。

●第2節● 専門科学としての社会学と社会心理学

　第1節で見てきたように、社会学の第一世代を代表するコントやスペンサーの社会学は、社会がより近代的なものに進化していくという方向性を示したが、内容的にはまだ大雑把なものであり、ひとつの学問領域としてはまだ不十分なものであった。そこで、何とかして社会学を固有の方法と対象を持つ独立した一科学として確立する必要があった。というのも、もし社会の働きが生物学の考え方で把握できるならば、生物学だけあればいいということになってしまうだろうし、社会学が政治学や経済学と同じ対象を研究するものだとすれば、やはり社会学の存在意義が疑われるからである。こうして、いかにして独立した科学としての社会学を樹立するかという点についてさまざまな人々が努力を重ねることになるのであるが、まずは心理学的社会学を作り上げたガブリエル・タルド（1843-1904）の理論を取り上げ、次いでタルドの心理学的アプローチに反対して社会学独自の説明原理を確立したエミール・デュルケム（1858-1917）を取り上げることにしたい。

1………ガブリエル・タルドと社会心理学
1. 社会心理学の確立者タルド

　タルドはフランス南西部の田舎町で裁判官をしながら、社会学や犯罪学の研究で成果を挙げ、晩年には威信のあるコレージュ・ド・フランスの教授にまでなった人物である。彼の担当講座名は「近代哲学」であったが、実質上は今日でいう社会学や社会心理学の講義を行っていたという点で、社会心理学をアカデミズムの領域に引き入れることに貢献した。

　タルドはコント、スペンサーのような第一世代の社会学者と違って、社会学独自の対象を明確にしようとした。一口で社会現象と言ってもさまざまなものがあるなかで、それらに共通に見られる要素だけを、社会学独自の対象として取り出そうと考えた。もちろん、社会現象において物理学的要素や生物学的要素が働くこともあるが、こうしたものはすべて社会学の対象から除外される。そしてタルドは、二人の人間の間で行なわれる相互的な関係としての「模倣」、つまり、ひとりの人間がもうひとりの人間と同じことをするという行為を、「純粋に社会的なもの」として取り出した。

　このような二者間の関係を取り入れることにはひとつのメリットがあった。それは、この時代に一足先に独自の科学として認められていた心理学の知見を取り入れるということであった。特にこの時代においては、ジャン＝マルタン・シャルコー（1825-93）やイポリット・ベルネーム（1840-1919）などが催眠現象に関する数々の実験を行って人々の注目を集めていた。タルドはこうした催眠研究を下敷きにすることで、科学的な意味での社会学を築き上げようとしたのである。さらにタルドは、この模倣という原理を、単に二者間の関係にとどまらず、群集心理やマス・メディアの影響力のような不特定多数の人々が関わる現象にまで応用している。こうして、社会現象をつねに心理学（ただし個人心理学ではなく二人以上の人間関係を扱う心理学）の観点から考察したことから、タルドは社会心理学の確立者としてみなされることとなった。

2.「模倣」から社会を考える──模倣の法則

　タルドは犯罪やマス・メディアをはじめ、さまざまな社会現象を「模倣」という概念によって説明したが、まずは主著である『模倣の法則』（1890）において展開された模倣に関する理論的な原理を見ていくことにする。

　ふつう「模倣」というと、ものまねタレントの「声帯模写」や他人の著作

物を盗用する「剽窃」、あるいは有名ブランド品の模造品などが頭に浮かぶかもしれない。もちろんこれらも「模倣」なのであるが、タルドがいう「模倣」はこうした一般的な用語法よりもかなり広い意味で用いられている。『模倣の法則』においてタルドは、模倣とは「意図されたものであるかどうか、あるいは受動的なものであるか能動的なものであるかにかかわらず、精神間で生じる写真撮影」（タルド 1890 = 2007: 12）であると述べている。つまり、ものまねタレントがやるような意図的で能動的なものも、催眠術にかかった人がやるような無意識的で受動的なものも、ともに「模倣」に含まれる。また、模倣は誰かの考えや行動と同じものをもう一度やるということであるから、そこには類似性や同一性があり、タルドはそれを当時実用化が進んでいた写真撮影にたとえて説明している。

　それでは、われわれはいったい何を模倣しているのだろうか。仮に人々が模倣しかしないとすれば、そこでは何も生み出されないことになってしまう。したがって、最初の段階では誰かが何かを作り出しているはずである。こうして作り出されたものをタルドは「発明」と呼ぶ。「発明」という言葉もふつうは特許のような高度なものとして考えられるが、タルドはどんな些細なものであっても、既存のものにはない独自なものを自分の力で付け加えた場合は「発明」と呼んでいる。こうした些細な思いつきは世界中いたるところでたえず生まれているはずである。しかし、おびただしく生まれている発明のうち、模倣されて広まるのはごくわずかであり、そのほとんどは模倣されないまま埋もれていく。この点は、売れっ子で毎日テレビに登場する芸能人がいる一方で、ほとんど売れないまま忘れ去られていく者がいることからも容易に理解できるだろう。そこでわれわれは、どの発明が模倣されるのかという新たな問いへと向かうことになる。

　タルドは、この問いに答えるために、二つの模倣のメカニズムを示している。ひとつは「模倣の論理的法則」であり、もうひとつは「超論理的影響」である。模倣の論理的法則とは、理屈にかなった模倣の広まり方ということであり、より合理的で都合の良いものが模倣されて広まるということである。たとえば、同じ目的地に行くならば一番速い交通手段を選ぶのが合理的であり、より遅いと判断されたものが選ばれることはない。このように複数の模倣が対立してより合理的なものだけが残ったような場合は「論理的対決」と呼ばれる。それに対して、複数の模倣が対立しあうことなく互いに結びつく場合は「論理的結合」と呼ばれる。たとえば、石臼の発明と水車の発明が結

びついて水車小屋による製粉施設ができる場合がそうである。

　このように、論理的に言えば、より優れたものがよりいっそう模倣されるということになるのであるが、実際には必ずしも理屈通りに展開していくわけではない。そこにはつねに理屈を超えたさまざまな次元の要因が介入している。タルドはそれらをまとめて「超論理的影響」と呼んでいる。そこで彼が挙げているのは、①「模倣は内から外へと進む」というものと、②「模倣は上層から下層へと進む」という原理である。第一のものについては、まずファッションのような外面的で表面的なものが模倣されてから、思想や文学といった内面的なものが模倣されると考えられるが、タルドは逆だと考える。つまり、ファッションなどが受け入れられるためには、そうしたものを好ましく考える態度があらかじめ受け入れられていなければならないというのである。第二に挙げた上層から下層へという流れは、モデル自体の優劣にかかわらず、上流階級のような威信の高い人々のモデルのほうが威信の低い人々のモデルよりも模倣されるということである。かつてのような階級間の不平等が少なくなった現代においては、それは首都や大都市から地方の小都市や農村への流れとして現われる。

　さらに、誰に対して威信を感じるかという基準が時代によって変化することをタルドは指摘する。こうして、かつての祖先を威信のある存在とみなして模倣する「慣習」の時代と、現代の外国を威信のある存在とみなして模倣する「流行」の時代が交互に訪れるとタルドは主張した。

　模倣というのは何らかのモデルに同化する過程であるから、現代のように多様化、個性化していく流れを説明できないように思われるかもしれない。しかしタルドによれば、かつての模倣では、王族や家父長のような少数者だけがすべての面において模範となっていたが、現代においては多数の人々が限られた点についてのみ模範を提供している。たとえば、われわれのまわりには、音楽に詳しい人、ファッションで目立つ人、政治的な議論が得意な人など、いろいろな「ご意見番」がいる。タルドはこのような変化を「一方的な模倣から相互的な模倣へ」と表現している。このように、模倣という同化作用によって、差異化していく現代社会を説明する点にタルドの模倣論の特徴がある。

3. 犯罪やメディアと模倣

　タルドは模倣論を法律や経済、政治などさまざまな社会現象に応用してい

るが、ここでは裁判官という彼の職業に関係する犯罪学の問題と、当時勢力を拡大しつつあったマス・メディアの問題を考えてみたい。

犯罪に関しては、タルドは社会学的な思考を犯罪研究に持ち込んだことで知られている。当時の犯罪研究においては、古典的な刑法論に基づく立場と、犯罪者の身体的要因が犯罪を引き起こすとする実証主義的な立場が激しく論争を交わしていた。タルドは『刑事哲学』(1890)においてこの双方とも批判する形で、模倣という社会学的要因から犯罪を説明した。それによれば、犯罪も普通の社会現象と同じように、より効率的なものがしだいに広まっていったり、都会のものがしだいに田舎に普及したりという過程をたどると考えられる。また、新聞報道などによって同じ手口のものが何度も頻発して起こることも指摘される。たとえば、自分を裏切った愛人の顔に硫酸をかける事件や、バラバラ殺人事件など同種のものが立て続けに起こったという事例が取り上げられている。

メディアについては、タルドは『世論と群集』(1901)を著して19世紀末の新聞とその読者である「公衆」の関係について論じている。19世紀末のフランスにおいては、前節で述べたとおり、大衆紙の隆盛と識字率の向上により、同じような報道に同時に接する読者の数が急激に増えていった。タルドはもともと犯罪学者として群集の研究を行なっていたが、こうしたメディアの状況を目の当たりにして、同じ場所に集まって行動を共にする群集よりも、場所を共有せずにメディアによってのみつながっている非組織的集合体のほうが重要であると考えた。そこで、タルドはこうした人々を「公衆」と呼び、現代は群集の時代というよりも公衆の時代であると主張した。公衆は、群集のように広場に集まって乱暴こそ行なわないものの、読者を魅了する術を心得ている新聞記者の思い通りに操られる存在とみなされている。また、公衆たちによる世論は形成されるものの、それは人々の討論による合意形成ではなく、むしろ新聞記者からの圧倒的な情報量に押し流されてできたものという側面が強い。このようにタルドにとって公衆は必ずしも理性的な存在とは考えられていないが、群集には一度にひとつしか参加することができないのに対して、公衆については同時に複数のものに属することができる(われわれは異なった見解を持つ複数の新聞の読者になれる)。公衆にはこうした相互浸透の力があるので、われわれのもとに恒久平和が訪れるとすれば、それは公衆という存在を通じて行なわれることになるだろう。こうした点においてタルドのわずかな期待感を垣間見ることができる。

2………エミール・デュルケムと社会心理学
1.「表象」の社会学

　デュルケムはドイツ国境に近いフランス北東部の地方都市におけるユダヤ人家庭に生まれた。差別や偏見に苦しめられながらも勉学で身を立てる道を選び、1887年にボルドー大学に設置された世界初の社会学講座の担当講師となる。その後『社会分業論』(1893)や『自殺論』(1897)といった社会学の古典となる著作を発表しながら、ボルドー大学と後年転任したパリ大学で多くの後進を育て、フランス社会学の中心人物となった。

　デュルケムは、タルドのような心理学的社会学を批判し、社会はそれを構成している個人にもどって考えられるべきではなく、社会そのものを客観的にとらえなければならないと主張した。彼が社会学から心理学的な要素を排除しようとした理由は、社会学を他の科学に依存しない独立した科学として確立するためであった。デュルケムは『社会学的方法の規準』(1895)（以下『規準』）においてこうした方法論を詳細に展開し、また『自殺論』においてはそれを自殺の研究に応用している。一般に自殺は非常に個人的な事情によって行われると考えられているが、デュルケムは自殺率を左右する社会的諸要因を見出そうとする。その過程で、タルドの模倣論は徹底的に批判される。

　このようなデュルケムの姿勢を見るかぎりでは、彼は社会心理学からはもっとも遠く隔たったところにいるように思われる。実際デュルケムは『規準』において社会心理学について次のように述べている。「社会心理学は、ただの言葉だけのもので、気まぐれで曖昧な、はっきりした対象をもたないあらゆる種類の一般論を指しているにすぎない」（デュルケム 1895 = 1978: 35）。

　しかしながら、デュルケムは心理学的な考察をまったく無視してしまったわけではなく、社会の構成要素である個人を軽視していたわけでもない。それは同じところで彼が「社会生活はそのすべてが表象から成っている」（デュルケム 1895 = 1978: 21）と述べていることからわかる。「表象」というのは、われわれの意識において現われるイメージのようなものである。デュルケムは社会のような集合体も、個人と同じく表象を持つと考えた。たとえば、何人かの友達同士で仲間意識を持つ場合や、国民全体が不況下において閉塞感を抱くような場合が考えられるだろう。

　このように、デュルケムは社会的なものについて考察する場合、つねに表

象を問題にしている。すぐ後で紹介するように、デュルケムは確かに『規準』において、「社会的諸事実をもののように考察しなければならない」（デュルケム 1895 = 1978: 71）と述べたが、これは社会の物理的なインフラや肉体としての人間の集まりのような物質的側面を考察するということではなく、「ものではないが、ものであるかのように考える」ということである。そのときに重要なのは、集合体が持つ表象である「集合表象」とその構成要素となっている「個人表象」を完全に区別して、別次元の現象として扱うということである。これは個人表象とそれを生み出す頭脳の構成要素となっている生命細胞との関係から考えるとわかりやすいだろう。生命細胞のなかには何ら意識的なものはないが、それがひとつの全体を構成すると、そこにはわれわれの意識としての個人表象が現われる。このとき、個人表象は個々の細胞のなかにあるわけではない。これと同じことが集合表象とそれを構成する個人表象の関係にも当てはまるとデュルケムは言う。確かに集合表象は個人が集まってできるものであるが、それは個人表象を足し合わせてできたものではなく、それらが集まったことによって新たに作り上げられたものである。したがって、集合表象を個人表象という要素に戻って説明することはできない。

このように、デュルケムの立場は心理学を否定するものではなく、逆に社会を心理的なものとしてみなすものであることがわかる。ただ、個人レベルと社会レベルの心理を厳密に区別しなければならないという点にデュルケムはこだわったのである。

2.「もの」としての社会的事実

社会は表象という心理的なものからできていると言うデュルケムであるが、社会的事実は、われわれ個人の外部にあり、われわれを拘束するものであると主張している。一見すると、デュルケムは心理的な側面を無視しているように見えるのであるが、実はそうではなく、ここでもわれわれの意識の働きが関与している。

社会的なものは、ある社会の内部においてある程度一般的に見られるようなものだと考えられることが多いが、このように考えてしまうと人間に関するものは残らず社会的なものということになってしまい、社会学は固有の対象を持たず、存在意義がなくなってしまう。したがって、社会学が存在意義を持つためには、その対象を明確に規定する必要がある。そこでデュルケム

は、たとえば法律や慣習などわれわれ個人の外部に存在していて、われわれの行動を拘束しているものを取り上げる。こうした決まりごとは、自分の意志に沿っている場合は、自分を規制するものとしては認識できないかもしれない。たとえば「禁煙」という表示があったとしても、自分がタバコを吸いたいと思わなければ、われわれはこうした表示による強制力を感じることはないはずである。しかしこれに逆らってタバコをくわえたとたんに、われわれは厳しい批判の声にさらされ、規則の存在を強く意識することになる。こうしてデュルケムは、個人に対して外在的な存在であり、また個人を拘束するような性質を持つものが社会的事実であると考えたのである。

　このように社会的事実の性質が明らかにされたが、今度はこうした事実を社会学がどのように考察するべきかという問題が生じる。社会学がそれ独自の科学的な手法で対象をとらえるために、デュルケムは社会的事実を「もの」のように外部から観察することを提唱する。社会学は漠然とした概念を追い求めたり、人間の意識のなかに現われた精神的な作用を内側からとらえたりするのではなく、化学や物理学がその対象を把握するように、あくまでも社会現象を人間の外部にある観察対象としてとらえなければならない。ただし、これはすべて物質的なものとしてとらえるということではない、とデュルケムは注意している。たとえば、先に挙げた「禁煙」の表示について言えば、そうした貼り紙の大きさや材質などを観察するということではない。「禁煙」というのは「ここでタバコを吸ってはならない」という規範的な意識がそれを読んだ人の頭のなかに現われることであるが、それはまた同じ貼り紙を読む人々に同じような意識を喚起するものである。したがって、「ここでタバコを吸ってはならない」という社会的規範は、単に自分はタバコを吸わないという個人的な習慣や、いまはタバコを吸いたくないという個人的な欲求とは違って、われわれ個人の都合で勝手に内容を変えたり、取り消したりすることができない。それはちょうど、われわれが石ころを黄金に変えたり、消し去ったりすることができないのと同じことである。われわれの意識に現われている社会的事実も、こうした「もの」と同じようにみなすというのがデュルケムの主張である。

3. 集合意識とアノミー

　これまで見てきたように、デュルケムは、社会的事実を個人の心理に戻って説明すべきではないという姿勢を前面に出していたが、その一方で、社会

的事実はわれわれの意識に現われる表象から成り立っていると述べている。このような主張はデュルケムのほかの重要著作においても見られる。ここでは『社会分業論』における「集合意識」と「アノミー」について考えてみよう。

　『社会分業論』においては、社会の近代化に伴うわれわれの社会的な結びつきの変化が問題となる。まず、近代以前における社会は、専門分化の進んでいない自給自足的なものであって、それぞれが互いに同じような機能を持つ集団から作られた社会であったとデュルケムは考える。こうした社会においては、人々の同質性も大きく、人々は基本的には同じような考えや感情を持っているが、万が一集団の決まりを守らなかったり、少しでも人々と違うことをしたりした場合には厳しく罰せられることになる。このように、その集団の人々が共通して抱いている信念や感情をデュルケムは「集合意識」と呼んだ。近代以前の社会はこの集合意識が非常に強く、個性を発揮する余地がほとんどないことが特徴である。なお、このような互いに類似した人々の間の結びつきをデュルケムは「機械的連帯」と呼んでいる。機械的というのは、それぞれの部分が無機物の分子のように、独自の運動を持たないということであり、人々の個性が完全に消滅して集団と同化した状態にあることを指している。

　それに対して、近代社会においてはこのような個性を完全に抑圧するような集合意識はしだいに弱体化してくる。それは完全に消滅することはないが、それまでのような具体的なことがらを規制することはなくなり、より抽象的で一般的なものとなる。人々はそれぞれ個性を持つものと考えられるようになり、互いに異なった存在になる。こうして人々の間に分業が進んでいくことになるのであるが、専門分化が進むということは、専門以外については他者に頼ることになるので、人々は相互依存の関係になる。このような関係は、ちょうど生命有機体を構成するそれぞれの器官のように別々の機能を果たすことで全体を維持しているのに似ていることから、デュルケムはそれを「有機的連帯」と呼んだ。こうして人々は自立して専門化していくほどに相互に連帯的になり、それが道徳的な秩序の根拠となるとデュルケムは考える。

　しかし、分業が連帯を生み出さない場合もある。人々の専門分化が進んでいるのに、それが有機的に結びついていないような場合には、全体として機能不全が起こる。これはそれぞれの部分の関係がうまく規制されていないということであり、デュルケムはそれを「アノミー状態」（無規制状態）と呼

んでいる。アノミー状態は解消しなければならないが、かつてのような強力な集合意識をもう一度復活させるわけにはいかない。集合意識の弱体化は分業が進むうえで不可欠であるからだ。デュルケムはアノミー状態に陥る原因を探ることで解決方法を見出した。互いに異質になった人々が互いに接触を保ち、交流を持続している場合には、それらの間に一定の決まりごとのようなものが存在しており、こうした決まりごとがないか、漠然としている場合にアノミー状態に陥ると考えられる。このようなアノミーの問題は、最近のわが国における規制緩和の動きに照らしてみると理解しやすいかもしれない。不必要な規制をなくして自由に活動できる領域を増やすことはよいことであるが、規制が外された部分と、それ以外の部分の関係がどのように変わっていくか、その変化が社会全体にとってよいことなのかどうか。こうした問題はデュルケムが提起したアノミーの問題と重なるであろう。

●第3節● アメリカにおける社会心理学の成立

　アメリカにおいては、19世紀末から20世紀初頭にかけても、コントやスペンサーといった第一世代の社会学を受け継いだウィリアム・G・サムナー（1840-1910）やレスター・F・ウォード（1841-1913）といった社会学者が活躍していたが、これと同じ時期にはすでにヨーロッパにおける第二世代の社会学の発展に伴って、より専門分化した社会学理論が登場している。社会心理学的な理論としては、19世紀末においてすでにフランクリン・H・ギディングス（1855-1931）やジェームズ・M・ボールドウィン（1861-1934）といった人々が活躍していたが、ここでは代表的な人物としてチャールズ・H・クーリー（1864-1929）とジョージ・H・ミード（1863-1931）を取り上げる。

1………社会と個人の相互依存性——クーリー
1. 社会的自我
　クーリーは特にボールドウィンやアメリカの著名な心理学者ウィリアム・ジェームズ（1842-1910）などの影響を受けて自我の形成の問題に取り組ん

だ。社会心理学におけるクーリーの貢献としてまず挙げられるのは、『人間性と社会秩序』(1902)において展開された社会的自我に関する議論であろう。クーリーは社会と個人とを互いに対立するものとしてとらえずに、相互依存的なものであると考える。つまり、個人がなければ社会は成り立たず、逆に社会がなければ個人もまた成り立ちえないということである。このような前提に立って、クーリーは自我というものは、その個人だけのものではなく、社会的なものとしてとらえられなければならないと考える。17世紀フランスの哲学者ルネ・デカルト（1596-1650）はあらゆるものの存在を疑ってもなお、そのように思考をめぐらせる自己の存在だけは疑うことができないということを「われ思う、ゆえにわれあり」と表現したが、クーリーの立場からは、こうした表現は現実の自我に照らしてきわめて不完全な考え方ということになる。なぜならば、こうして思考をめぐらしている「自分」というものも、周りの人間との社会的な結びつきやコミュニケーションを経てできあがったものだからである。したがって、「われ思う」というよりも「われわれ思う」といったほうが正確なのである。

　このような社会的な自我の形成についてクーリーの独創的なアイディアが明確に現われているのは「鏡に映った自己」という考え方であろう。クーリーによれば、われわれが自分の姿を鏡で見てきちんとした格好をしているかどうかを確かめているのと同じように、われわれは自分の見かけや性格、行動などが他者にどのように映っているのかを想像している。それは次のような三つの段階で行われる。まず自分が他者にどのように見られているかを想像し、次にその見かけがどのように評価されているのかを想像する。そしてその評価について誇りを抱いたり残念に思ったりという自己感情を抱くことになる。つまり、われわれがいつも鏡を見て服装や化粧がちゃんとしているかチェックし、おかしなところがあればきちんと直してから出かけるのと同じように、われわれは自分の行動に対する他者の反応をつねにチェックして、自分が少しでもよく見られるように自分の行動を修正していくのである。こうしたプロセスを経ることで、われわれは自我を形成していくとクーリーは考える。

2. 第一次集団

　次に、『社会組織論』(1909)において展開された「第一次集団」についての議論を見てみよう。この概念は社会心理学におけるクーリーのもっとも重

要な貢献といえるものである。まず「第一次」という言葉であるが、これは「個人の社会性と理想とを形成するうえで基本的」（クーリー 1909 = 1970: 24）という意味で用いられている。つまり、われわれの基本的な人格を形成するうえでもっとも重要な役割を果たすものとして考えることができる。それでは、そのような性質を持つ集団とはいったいどのようなものなのだろうか。クーリーによれば、それは顔と顔をつきあわせた（フェイス・トゥー・フェイス）親しい関係であり、互いに協力しあう関係である。具体的には、「家族、子どもたちの遊び仲間、近隣、もしくは大人たちの地域集団」（クーリー 1909 = 1970: 25）が挙げられている。われわれは子どものうちは家族、特に両親にしつけられることで社会における基本的なルールを身につける。また子どもの遊び仲間においても、仲良く遊ぶためには自分勝手なことをしないなど守るべきルールのようなものがある。近隣の人々や地域集団は、現代においてはかなり弱体化してしまったところが多いが、生活のさまざまな側面において緊密に協力しあい親密な関係を維持しているところもある。

　このようなクーリーの「第一次集団」と対比する形で、後の学者たちが「第二次集団」という概念を提出した。この概念は第一次集団とは違い、特定の目的のために人為的に形成された集団であり、そこでは直接的な接触ではなく間接的な接触が中心になっている。たとえば、学校や企業、組合や国家などが例として挙げられる。現代社会においては、第一次集団の役割はしだいに少なくなっているのに対して、第二次集団はさまざまな領域に進出してますます多くの機能を果たすようになっている。たとえば子どもの教育について見てみると、かつては家庭で行われていたのが、現在では幼稚園や保育所のような専門機関に委ねられることが多くなっている。

2......社会的行動主義——ミード
1.「有意味シンボル」とコミュニケーション

　ミードもまたクーリーと同じくジェームズのもとで学び、その後ドイツに渡ってヴィルヘルム・ヴント（1832-1920）のもとで実験心理学を学んだ。帰国後はジョン・デューイ（1859-1952）に招かれてシカゴ大学に着任した。このような経緯があり、ミードはジェームズやデューイとともにプラグマティズムの立場を取る代表的な人物として知られている。プラグマティズムとは、知識や理論を単に頭のなかだけで抽象的にとらえるのではなく、それが実際の行動においてどれだけ有用性を持つかという点を重視する考え方であ

る。こうしてミードは、われわれの思考がわれわれの行動にどのようにかかわっているかという点を重視する社会的行動主義という立場をとる。ミードの議論は、ジェームズやヴントのような心理学者のもとで学んだということもあり、もともとは心理学的なものであるが、後年アメリカの社会学者ハーバート・G・ブルーマー（1900-87）が、みずからが主唱する「シンボリック相互作用論」（言葉のようなシンボルを介した人々の相互作用とその解釈の仕方に注目する社会学理論）の先駆けとしてミードを位置づけたことから、社会学においてもしばしば取り上げられるようになってきている。

　ここでは、ミードの死後に彼の講義ノートから再構成された主著『精神・自我・社会』（1934）における記述を中心にして、ミードの主張について見ていくことにしよう。ミードはわれわれの精神的な活動を考察するにあたり、外部から観察可能なジェスチャーに着目する。かつてジェスチャーは単に感情の発露として考えられたが、ミードはそれを他者に一定の反応を引き起こすような動作としてみなした。たとえば、二匹の犬がケンカをしている場合を考えてみよう。一方が攻撃体勢をとれば、もう一方はそれに対して防御姿勢をとり、それに対してまた最初の犬が体勢を変えていく。このようにジェスチャーは相手から何らかの反応を引き出すものである。人間の場合においても、誰かが自分の前で今にも殴るような格好をすれば、われわれは彼の敵対的な考えを感じ取ることができる。つまり、われわれはジェスチャーを見ることによって、殴ろうとしている人が考えていると思われる内容を想定できるのである。このように、あるジェスチャーが何らかの観念を表わしていて、そのジェスチャーが表明されることで他者に対してそれと同じ観念を抱かせるとき、このジェスチャーを「有意味シンボル」と呼ぶことができる。また、人間の場合は言語のような音声ジェスチャーがより重要である。音声ジェスチャーはそれが向けられた他者だけでなく、発声している自分自身も聞くことができるので、他者と同じ反応を自分のなかに呼び起こすことができるという特徴がある。つまり音声ジェスチャーも「有意味シンボル」である。このように、ミードはわれわれの精神的な活動を、有意味シンボルを介したコミュニケーションによって理解しようとしたのである。

2．子どもにおける自我の形成過程

　ミードもまた、ボールドウィンやクーリーと同じように、子どもの成長過程に着目して自我の形成を考察している。子どもはまず「警察官ごっこ」や

「ままごと」のように、警察官や母親といった身の回りにいる特定の大人になりきって、その行動を模倣する遊びを行なう。こうした遊びを通じて、子どもは身の回りの大人たちが自分たちに対して持っている態度や期待を学ぶことになる。このような段階をミードは「遊戯」の段階と呼ぶ。もう少し成長すると、子どもは野球のようにより複雑なルールの体系を持つ「ゲーム」の段階へと到達する。野球の例で言えば、自分がどのポジションでプレイするにしても、その他のプレイヤーの役割を理解し、チーム全体のなかでの自分の位置づけを把握していなければ、ゲームは成り立たない。この段階においては、警察官や母親といった特定の他者の期待を習得するのではなく、その集団のなかのあらゆる他者の期待をまとめて習得して、そこでどう振舞えばよいかという規範を身につける。ミードの言い方によれば、われわれは「一般化された他者」の期待を理解してそれに答えることで、その社会や集団において果たすべき役割を自分のものにすることで、一人前になるのである。たとえば、電車に乗ったときのことを考えてみよう。子どものときには電車内で騒いだり走り回ったりして親に怒られるものである。そうするとたいていは「お母さんに怒られる」ということで、静かにしなければいけないということを学ぶことになる。このようなことを繰り返すうちに、われわれは「電車のなかでは周りの人の迷惑になるから静かにしなければならない」ということを理解するようになる。こうした「周りの人」という暗黙の規範こそがミードのいう「一般化された他者」と考えることができるだろう。

3. 自我の二つの要素——「I」と「me」

このように人間は他者の態度を取り入れることで自己を形成していくことになるのであるが、ミードはこうして形成される自己が二重の存在であることを指摘しており、それを英語における一人称代名詞の主格である「I」（主我）と、目的格である「me」（客我）として表現している。「me」は、周りのさまざまな他者（つまり一般化された他者）から受けていると思われるさまざまな期待がまとめられて形成された、その社会に適応した自己である。それに対して「I」は「me」に対する独自の反応として位置づけられている。この二つの区別は非常に難しいのであるが、自分自身の状況にひきつけて考えてみよう。みなさんは両親や教師、アルバイト先の責任者、サークルの仲間などさまざまな他者からいろいろな期待を受けて、それにさまざまな形で答えることで、たとえば「家族思いで勉強もアルバイトも一生懸命にがんば

り、陽気でいつも場を盛り上げるような自分」というような自画像を作り上げていることだろう。これがミードの言う「me」である。しかし一方では、こうした自画像を見て、もっとここを変えていこうと積極的に考えている自分もいる。このように考えているまさにその時点の自分こそが、ミードの言う「I」であると考えてよいだろう。このようにミードは自我が持つ主体性や創造性を重視したといえる。

（池田祥英）

【参考文献】
クーリー, C.H., 1909 = 1970『社会組織論』（大橋幸・菊池美代志訳）, 青木書店.
コント, A., 1822 = 1970「社会再組織に必要な科学的作業のプラン」（霧生和夫訳）『世界の名著36 コント／スペンサー』（清水幾太郎責任編集）, 中央公論社.
タルド, G., 1890 = 2007『模倣の法則』（池田祥英・村澤真保呂訳）, 河出書房新社.
タルド, G., 1901 = 1989『世論と群集』（稲葉三千男訳）, 未來社.
デュルケム, E., 1893 = 1971『社会分業論』（田原音和訳）, 青木書店.
デュルケム, E., 1895 = 1978『社会学的方法の規準』（宮島喬訳）, 岩波書店.
デュルケーム, E., 1897 = 1985『自殺論』（宮島喬訳）, 中央公論社.
デュルケーム, E., 1924 = 1985『社会学と哲学』（佐々木交賢訳）, 恒星社厚生閣.
富永健一, 1995『社会学講義―人と社会の学』中央公論社.
富永健一, 2008『思想としての社会学―産業主義から社会システム理論まで』新曜社.
ミード, G.H., 1934 = 1995『精神・自我・社会』（河村望訳）, 人間の科学社.
ルソー, J.-J., 1762 = 1954『社会契約論』（桑原武夫・前川貞次郎訳）, 岩波書店.
ルソー, J.-J., 1762 = 1962-64『エミール』（今野一雄訳）, 岩波書店.
ロック, J., 1689 = 1968『市民政府論』（鵜飼信成訳）, 岩波書店.
ロック, J., 1689 = 1972-77『人間知性論』（大槻春彦訳）, 岩波書店.

Column
優生学と自己像

● 「優生学」や「優生思想」という言葉を聞いたことがあるだろうか。特定の人種や民族、「障害者」や遺伝病を持つ人たち、「犯罪者」たちを「劣っている」と考えて、結婚を規制したり、子孫を残せないようにする。あるいはその逆に、「優れている」と考えられる人同士を結婚させて、優れた子孫を残させようとする。こうしたことを学問として研究したのが、優生学である。このような学問は、19世紀後半から20世紀初頭にかけてイギリスやドイツで生まれ、20世紀前半にはアメリカや日本にも広がっていた。

● 「優生学（eugenics）」という言葉を作り出したのは、イギリスのゴルトン（Francis Galton）である。彼はダーウィンの従兄弟であり、ゴルトン自身も統計で使われる相関係数という考え方を提唱したことなどで知られ、心理学の歴史にも名を残している。ゴルトンは優生学を、人類の改良を目指す「科学」であると定義して、遺伝学と統計学を重視する研究を提唱したのだった。

● ゴルトンの優生学は、19世紀後半から20世紀初頭のイギリスを背景として生まれたものだ。19世紀のヨーロッパは、産業革命により大きく発展した。とくにイギリスはいち早く産業革命を経験し、1851年のロンドン万博は繁栄を象徴する出来事であった。

● ところで大航海時代以降、ヨーロッパはさまざまな文明・社会と出会った。そこで彼らは、進んだ文明・社会と遅れた「未開社会」があることを知る。ヨーロッパ人からすれば、彼ら自身は進んだ文明の住人であった。産業革命による国力の増大を背景として帝国主義が躍進し、アフリカの植民地化が進行するのも19世紀後半から20世紀初頭である。しかしイギリスは、南アフリカでの戦争（ブーア戦争）で苦戦を強いられた。「進んだ社会の優れたイギリス人」という自己像は揺らぎ始める。

● 他方で国内では、産業革命は多くの人々を都市に引き寄せた。都市では労働者が劣悪な生活環境のなか貧困に苦しんでいた。コレラなど伝染病もたびたび流行した。心の病が社会の関心事にもなっていた。「健康で優れたイギリス人」という自己像も揺らいでいたのである。

● この時代は人間や社会の探求においても、宗教から科学への転換期であった。だからこそ優生学は、社会の改革や進歩を目指すための科学として広まった。しかし近代のテクノロジーを手にした優生学は、多くの悲劇を招くものでもあったのだった。

（皆吉淳平）

【参考文献】
市野川容孝編、2002『生命倫理とは何か』平凡社.

第2章

社会心理学とファシズム
―― ドイツにおける社会学と心理学

はじめに

近年、異常犯罪が生じるたびに、メディアにおいて個人のこころからの説明が偏重されている印象がある。少し前だが、2000年末の12月29日の朝日新聞では、姜尚中[1]が、2000年の一年を振り返り、複雑な社会環境を、個人のこころや内面に封じ込めて簡単に説明してしまおうとする「こころ主義」というべきものが目立って増えたと述べている。この姜の言葉は、2002年に『「心の専門家」はいらない』を書いた小沢牧子が冒頭に引用している（小沢 2002: 12）[2]。これは 2008年の現在でも変わらない。実際、こころの専門家さえいれば事足りるという「こころ主義」に対して、社会学を勉強してきた私にはたしかに違和感があった。この心理学と社会学という学問は、そもそも歴史的に見れば、ともに力を合わせて、こころと社会の問題に取り組んできたはずである。問題は、片方の学問の視点ばかりが目立って、もう片方が見逃されることにある。

したがって、この第2章では、社会学と心理学との歴史をとらえる。前半の第1節においては、心理学における「こころ」という対象のとらえ方と、社会学における「社会」という対象のとらえ方を見てみよう。そして両者の接点を考える。後半の第2節においては、この二つの学問がかかわりあいをもつに至る経緯を紹介する。その際、筆者はドイツに焦点を絞る。それは心理学と社会学が協力して生まれた社会心理学の完成と深く関係がある。

1930年代のドイツでは独裁者アドルフ・ヒトラーが現れ、ナチス（国家社会主義ドイツ労働者党）が国家を指導していった。それに対し、国民も彼らを支持したのは、ナチスがドイツ人を世界一優秀だと宣伝したことにあっ

---

[1] 現在、東京大学情報学環教授であり、いわゆる「在日韓国・朝鮮人二世」の政治学者としてテレビ・メディア、特にテレビの討論番組『朝まで生テレビ』で見かけることができる。端正なルックスや語り方にはファンも多い。日本の帝国主義とアジアの歴史、そして現在の国際的政治関係について、在日である自己の存在をかけて発言している。
[2] 現在はフリーライターだが、臨床心理学、子ども論、家族論で多くの著作を発表している。自らも心理の専門家でありながら、個人のカウンセリングはちょっとした消費行動となっており、しかも社会体制の中に心理的問題原因があるという根本を問い直すものではないことを批判している。

た。その宣伝は、国内の異民族を迫害し、世界征服の発想に基づいており、結果的に、彼らは多くの異民族、特にユダヤ人を虐殺した。ここから、多くの人びとを暴力へと突き動かすこころの恐ろしさが多くの学者たちの関心となる。自民族を優秀だと信じ、異民族を嫌い、強い指導者を求めるこころと社会の動向である。このような恐ろしい歴史も半世紀以上を経ているが、わたしたちはその記憶を風化させてはいけない。そもそも社会心理学は、こころと社会の暴走を批判してきたのであり、いまもそのことを忘れてはならないというのがこの章での趣旨である。

●第1節● こころと社会とはなにか

1………こころという対象
①物としてのこころ

　心理学の歴史を語る際、諸説さまざまあるが、ここでは、大まかに「こころをどのように考えるか」に照らし合わせて区別する。また、ここで述べる心理学は、①から③へと、すなわち「物としてのこころ」、「形としてのこころ」、「こころと社会の交差」へと発展したわけではない。厳密に言えば、歴史的には、①の内容が一番古くからあり、ついで③、そして②の歴史が一番浅い。それぞれが今も後継者たちのいる心理学の個別分野であり、それぞれが互いに学問としての立場を確立している。

　そもそも、古代のギリシア語の「精神＝プシュケー」が心理学 Psychology の psycho の語源である。その語源となった精神には、宗教的で神秘的な意味も含まれていた。これに対して、「心理学」は、神や宗教には頼らない科学の対象としてこころをとらえようとした。ヴィルヘルム・ヴント（1832-1920）は、こころについて哲学が取り扱っていた時代に心理学という科学をつくり上げた人である。彼は、化学や物理学を見習い、それらの学問が対象を物質的要素から説明しているのと同様に、こころを分解すれば要素のようなものがあると考えた。逆にいえば、こころを部分の集まった全体だと考えた。彼は要素を感覚だと言った。それは体の生理的な器官のことではなく、字の通り、「感じ」として「覚えている」ものである。それが集まって「知

覚」となり、それがこころだと考えたのである。しかし、ヴントの心理学によれば、感覚が分かるのは、外部の刺激に対する対応からである。つまり、感覚の集合である知覚というこころは、こころの外の刺激との対応によって明らかになる。始まったばかりの科学的心理学においては、外界の物と対応することで、「物としてのこころ」が説明できると考えたのである。

②形としてのこころ

しかし、心理学者たちのなかには、「知覚」としてのこころが「感覚」という要素の寄せ集めであるという考え方に納得しない人もいた。**ゲシュタルト心理学**と言う。フランクフルト大学において、1912年に**マックス・ヴェルトハイマー**（1880-1943）によって行われた実験がその起源だと言われている。人は、二つの一定の距離に置かれたライトが交互にゆっくり点滅するとき、ライトの光の交代を確認できる。また、適度な早さでライトが交互に光ると、光が一方から他方へ移動しているように「見える」。しかし、両ライトがすばやく点滅すればどちらもが光って見える。同じ光点という要素でも、その運動の仕方によって「見え方」はさまざまである。特に、適度な速さの交互点滅によって「動き」が見える場合、これは単なる光点の集まりではない。これはアニメーション（アニメ）の原理である。現在は複雑な技術も導入されているが、アニメはそもそも一枚一枚描かれた絵の寄せ集めである。しかし、アニメは、ただ絵が集まっているだけでは意味を成さない。絵の集まりを動かし、そして観る者がその「動き」の残像から、生き生きと動いている映像を見出すことで初めてそれの正体が分かる。

アニメのような対象は、要素の寄せ集めではなく、全体が成り立ってはじめて分かるものとして「知覚」される。ゲシュタルト心理学は、「知覚」をこころと考える点では先の「物としてのこころ」の議論と同じであるが、その対象は外界の刺激に対応した個々の要素の寄せ集め以上のものであり、動きや全体的意味を持ったもの、つまり**ゲシュタルト**（Gestalt）だと言うのである。それはドイツ語で「形」や「形づくられているもの」を指すが、これは強固に固定した固形の構造物と言うよりも、動きに対して見えてくる残像のように物質的な基礎がない。したがって、具体的には存在しないが、抽象的にはその存在がわかるものである。この考え方によれば、こころは、ちょうどアニメーションの語源が「アニマ＝魂」であるように、生き生きとした動きや、全体的に見えてくる抽象化された意味によって成り立つ。これが

「形としてのこころ」である。

③こころと社会の交差

　以上の心理学から、こころを物として捉えるとしても、あるいは形として捉えるとしても、いずれにせよこころが「知覚」なのだとわかった。しかし、これらの心理学とは別の系譜には、こころが病気にかかるものとして考える心理学がある。したがって、大学で研究する学問的心理学というよりも、それは実践的な医学から発展した。いわゆる**精神分析**である。**ジークムント・フロイト**（1856-1939）は、「知覚」、あるいは明確に物事が分かるという意味での意識ではなく、意識できないよく分からない「**無意識＝生きるエネルギー**」が動く場所があると考えた。そして、個人がなにかを知り、感覚を得る知覚の過程について研究するのではなく、すでに記憶となって意識の奥におさめられているものや、不可解な**夢**を、意識では処理できない生きるエネルギーとし、この観点で個人が医師と対話してその人の精神を解明するのが精神分析である。

　フロイトは、人間の成長段階における生きるエネルギーを性的なエネルギーと考え、それが意識的にコントロールできないものだと考えた。その性的エネルギーは**リビドー**と言い、性的な快感のことでもある。それは口・肛門・性器へと発達する。フロイトによれば、生まれたての赤ちゃんは、食事こそが生きるエネルギーの始まりであり、それは口から得る性的快感である。つぎに、排便のしつけによって、子どもは親や周囲の社会の大人からほめてもらい快感を得る。最後に、性器を通して大人としての快感を知る。社会の生活はこれら快感をコントロールして成り立っている。口にまつわる食欲についても食事のマナーが、排便についてもトイレにいくというマナーが、そして性的行為については恋愛という、もっと複雑な人間関係がある。そしてこれらのルールを学ぶ過程で、つまり快感をコントロールしていく過程でうまくいかない場合、人のこころは傷つくことがあるとフロイトは考えた。それを**トラウマ**という。彼は、こころの傷によって、意識や身体に問題が生じることを明らかにした。したがって、フロイトによれば、こころは生きるエネルギーであるが、実験的に証明されるものではなく、患者の治療の中で明らかにできる。社会、とりわけ親子関係のような人間関係のなかで、個人が**抑圧**していた記憶を明らかにしていくことによって、こころの傷は癒される。逆にいえば、個人の治療は、社会の抑圧のあり方を見ることにもなる。そう

いう意味では、精神分析は、こころと社会とが関係する心理学への入り口を用意している。

2……社会という対象
①物としての社会
　心理学が、こころを物質のような要素から成り立ったものとして見ようとしたのと同様、社会についても、要素から見るということが可能だろうか。社会学の発展以前に、哲学者たちは、社会の構成要素は**個人**であると考えた。たとえば、**トマス・ホッブズ**（1588-1679）は、人間が本能のままに生きるならば、それぞれが他者を押しのけて自分が生き残ろうとする「万人の万人による闘争」となるはずだと考えた。その闘争の故にこそ、人々は**社会契約**し、それに基づいて結合し、国家の統治を受け容れるというホッブズの考えは、国家が社会の闘争を調停し、社会を保護するために人為的につくられたというのである。これに対して、その後、**ジョン・ロック**（1632-1704）は、人間の本来の性質がもっと穏やかなものだと考え、国家が個人の不利益になる場合、個人は国家に抵抗し、革命する権利があると主張し、アメリカ独立戦争からフランス人権宣言にまで影響することになった。ホッブズの考えに従えば、国家に反抗すれば混乱になるけれども、ロックの考えに従えば、自分たちのために役立つはずの国家が自分たちにとって恐ろしい存在になれば変えていいのである。

　このように、ばらばらな個人が選択の意志をもって社会秩序を契約する社会のことを、後にドイツの社会学者**フェルディナント・テンニエス**（1855-1936）は、**ゲゼルシャフト**と規定した。ゲゼルシャフト（Gesellschaft）とは、ドイツ語から日本語に翻訳するとき「社会」と訳される言葉だが、ここではばらばらな個人相互の結合という意味で用いられている。しかし、テンニエスは、もう一つ、**ゲマインシャフト**（Gemeinschaft）という概念を提出している。ドイツ語から日本語にすれば、一般的に「共同体」を指す単語であるが、ここでは、個人の意志で結びつくのではなく、個人が生まれついたときにすでに属している所与の社会のことである。ゲマインシャフトは、個人に選択できない社会のことである。たとえば、家族や地域社会がゲマインシャフトの例になるが、それらは、これから生まれてくる人間の意志では選べない。テンニエスはゲゼルシャフトには**選択意志**、対比的にゲマインシャフトには**本質意志**というものがあると考えた。すなわち、前者は個人が社会に働

きかけ、自分の属していくべき社会を自分の意志で選択する。これと違い、後者は、家族愛や隣人愛のように、そもそも自分の意志の核心をつくりあげるものである。この本質意志が選択意志をつくりあげているわけである。

②形としての社会

　テンニエスによれば、ゲマインシャフトとゲゼルシャフトという概念は、単に社会のあり方を分けたものというのではなく、ゲマインシャフトからゲゼルシャフトへと移りいく流れである。なるほど、個人の成長過程を考えてみても、たしかに家族や地域などの結びつきから、わたしたちは自分の意志で選択して進学し、仕事を選び、恋愛し、余暇を楽しむ。しかし、テンニエスが言っているのは、そもそもゲマインシャフトだったものがどんどんゲゼルシャフトのようになっていくことである。すなわち、個人の選択には還元できなかった社会が、個人の選択に任されるものへと解体していくことである。この彼の社会の変動観には、ゲマインシャフトの危機意識があった。テンニエスが活躍した19世紀の終わりから20世紀のはじめのドイツでは、人口が増え、大都市が出来上がり、人びとのなかには経済的に成功する人もいれば貧しくなる人々もいた。多数の人間を抑えて実際に経済的に成功し、自分が出世するための競争率も上がる。その背景で、神や宗教にたよるよりも、科学技術の発展がもてはやされる。家族や地域の人と人とのつながりも、まるで神への祈りのように無意味で、個人の成功にとってなんの役にも立たないものだと考えられるようになった。

　「形としてのこころ」のところで述べたのと同様、ゲマインシャフトは、個人という構成要素の単なる寄せ集めではない。アニメーションが、部分に分解してはただの絵であり、全体としての意味を成さないように、全体が動きをもってこそ成り立つのがゲマインシャフトである。テンニエスは、個人が利害関心に基づいて競合するゲゼルシャフト、たとえば、互いの顔の見えない都市生活や、他人に対する不安から頼みにする国家に対して、人々が共有「すべき」ゲマインシャフトを、倫理や隣人愛ととらえた。彼は、国家も単なる道具ではなく、ゲマインシャフトのように、個人に分解されないものとして帰属すべきものだと考えた。その考えは、本章の冒頭で述べたように、ドイツの歴史がたどった道を見るならば楽観できないものなのは言うまでもない。自分の国家は自分の民族のものであり、他民族を排除して、そのことに誰も何も反抗できない。個人をこえた崇高な目的としての**国家**という考え

である。
　そもそもテンニエスの『ゲマインシャフトとゲゼルシャフト』という書は、1887年に第一版が出て、世間ではほとんど注目されなかった。第二版は1912年に出て、1926年までに第七版までが次々と出版された。つまり、皆がその本に書いてあることを、ドイツのたどるべき独自な歴史が示してあるものだと考えて人気が出たのである。ドイツがたどるべきと述べたが、それは、ゲゼルシャフトのような自分勝手な個人が優先されたばらばらな要素の寄せ集めの社会というイメージを攻撃する目的も含まれている。すなわち、ゲゼルシャフトとは、歴史的にもすでに対立してきて、その後も戦争の相手となるイギリスやフランスをイメージしているのである。これには、イギリスでは経済や産業が発達し、フランスでは、ロックの示したような民主主義の思想が、つまり国家をひっくり返してもいいという思想が発展したことへの反発があった[3]。テンニエスの本は、当時の国と国との対立をうまく表現していたのである。

③心理的抑圧としての社会
　テンニエスが直接悪いのではないが、ゲマインシャフトの概念はイギリスやフランスと対立する「ドイツらしさ」の思想となっていった。なるほど、英仏は、産業社会や資本主義のなかで、民主主義を確立したといっても、実際には富裕な層にしか政治的権限は拡大していない。
　カール・マルクス（1818-83）の思想から発する**マルクス主義**の視点では、この富裕層と貧しい層は区分された集合体を形づくる。これを**階級**という。封建社会の王と貴族に代わって支配力を持った富裕な層である「市民＝**ブルジョワ**（経済力から教養もある）」に対して、財産も教養も権力もない人々を**プロレタリアート**と言う。ゲゼルシャフトに移行した社会のなかで個人がばらばらというイメージも、そのために昔のゲマインシャフトを取り戻そうという考えも、結局はブルジョワの経済競争での優位や、封建社会の古い共同体に都合のいい考え方でしかない。実際には経済的に社会が対立の中にあるという**階級社会**の観点は、このことを暴露する。テンニエスのような議論においては、ゲマインシャフトの社会であれ、ゲゼルシャフトの社会であれ、経済的貧富の差や、支配と被支配の関係が問題とされていない。
　したがって、いわゆるマルクス主義にとっては、資本主義経済を変えるこ

3　実際にはフランスの民主主義にも困難な歴史があった点については序論を参照せよ。

とが一番の目的となり、1917年に革命の起きたソヴィエト連邦がその実験となる。マルクス主義者は、経済が問題だというが、その経済によって生じた階級社会という厳しい現実は、フロイトの精神分析を応用して考えれば、人々の精神の自由を奪うトラウマだと考える研究者たちがいた——次節で述べるフロムたちである。フロイト自身、現実の厳しさが性的な快感のエネルギーを抑圧するところに精神分析の基本を見ている。彼の言葉で言えば、**現実原則**と**快感原則**との関係である。マルクス主義とフロイト精神分析とを組み合わせた視点は、マルクス主義者たちにも、フロイト精神分析の医者たちにもいかがわしい眼で見られながら、社会学者や心理学者、そして哲学者や経済学者たちの一部に芽生え始め、彼らは後に協力して、心理的抑圧としての社会の成り立ちを解明していくようになる。つまり、社会の精神分析を行おうというのである。後に社会の精神分析調査が行われた結果、支配関係の現実原則に抵抗する自立した人格よりも、むしろ現実原則に同調する人格の人びとの方が多いという結果が出てくる。これについては以下で説明する。

●第2節● 社会学と心理学——社会心理学へ

1………こころと社会の闇
①社会心理学出現の背景

社会学と心理学とが交差する一つの理由として、経済的不平等が原因として生じる階級社会という理由を述べた。しかし、もう一つ、より強力な理由がある。それは、ナチスによる排他的な政治の原因究明である。

彼らは結果的に600万人のユダヤ人を虐殺したと言われ、他にも彼らの認めない社会のマイノリティーを含めて総計900万から1000万人が殺されたと言われる。たとえば、人種的理由から、ロシア人をはじめとするスラブ系の人びと、放浪の民と言われるロマ人（一般にジプシーとも言われるが、望ましい表現ではない）、黒人、それ以外には、政治的理由から、共産主義や反ナチスの政治活動をした者、そして、社会のために機能しないという理由から、知的障害者、精神病の患者、身体障害者や寝たきりの老人についても対象と考えていた。あるいは、彼らの考える「常識」に照らし合わせて望ま

しくない人々も排除した。同性愛者や薬物依存、働かない人びとなどである。それらは、現代から考えれば個人の尊重されるべき特性（同性愛）や社会的に改善可能なはずの条件である（失業や無業、薬物依存や障害者の社会参加）。彼らは、働く意欲のない人や、仕事の能力において劣る人々を、極力、遺伝や人種という理由、血統という原因に置き換えようとしていた。本書においては**原因帰属**の説明において見るように（第3章第3節を参照せよ）、わたしたちは、自分が失敗をした際に自分の能力の問題だとするときがある。その場合、彼らの政治においては、個人の失敗を社会がサポートして改善することよりも、個人の遺伝や人種的特徴という改善しがたい理由をつけて社会から切り捨ててしまうほうが多かった。

彼らナチスが結果的にしたことについて、ナチスが出現してきた当時の人びとは、将来のこととして知る由もなかった。ここで紹介するナチスに批判的な学者たちでさえも、彼らの支配の結果的な残虐さは予想し得なかったであろうが、まだ政権政党ではなかったころのナチスの言葉や活動に、すでに彼らの危険さを感じ取っていた。

しかも、今でもドイツでよく議論になるように、独裁者ヒトラーとナチスが特別に異常であったとか、国民が彼らの魔術や催眠術にかかったようになってだまされたという議論は、結局は当時の国民の選択に関してごまかしているのに過ぎないのではないかという意見がある。しかも、特殊な悪の指導者や集団の支配というイメージは、むしろ彼らをアンチ・ヒーローとして魅力的にすることにもなりかねない。

そうではなくて、彼らを受け入れるような政治選択が起こる状況は、当時の社会構造と人々の心理構造にこそ原因があるというのが、筆者がここで紹介する初期の社会心理学研究である。ただし、初期の社会心理学には、ナチスが催眠術や魔術のように人々をとりこにしたのが「**宣伝＝プロパガンダ**」の技術であるという考え方もたしかにある。この観点からは、たとえば映画のようなメディアの技術や演出によって発信者が与えた刺激に対し、受信者たちが反応するというものである。これについては、アメリカにおける社会心理学の発展の中で議論が盛んになった（詳しくは本書第5章第3節の「群衆」を参照せよ）。

② 『ワイマールからヒトラーへ』（1929）
ユダヤ人としてナチスの迫害から逃れてアメリカ合衆国に亡命した心理学

者エーリヒ・フロム（1900-80）は、心理的抑圧としての社会を調査した最初の研究を完成させた。題名は『第二次世界大戦前のドイツの労働者とホワイトカラー』（1929）とされている。邦訳では『ワイマールからヒトラーへ』となっている。

タイトルにある**ホワイトカラー**とは、社会の抑圧に不満をもつプロレタリアートではなく、サラリーと余暇に満足し、社会に守られたいと考える人びとであり、国家や指導者の強い力を望んでいる。すなわち、個人の自発的な服従を求める力としての**権威**を受け容れる人格構造であり、フロムはこれを**権威主義的パーソナリティー（心理的特性）**とした。彼らの多くは、富裕層でも貧困層でもなく、安定した中間層であった。

ところで、「権威」や「権威主義的パーソナリティー」とは、フロイト心理学的な発達段階で言えば、子どもが排便の訓練によって親からしつけを受ける段階の人格と同じだというのである。つまり、まだ自立せず、親の、特に（優しい母親よりも）厳しい父親の目を気にしている子どものこころに近い[4]。強い者には叱られるかもしれないが、誉めてもらうと喜び、自分で生きるよりもいつも強いものに見守られたい性格であり、自分で自分の選択をするのが面倒くさいと考える性格である。これに対して、フロムは、「革命的パーソナリティー」というものを対峙させている。これは、父親の支配から自らを解放する性の段階と対応する。すなわち、成長して、責任感を持ってパートナーを探す性的に成熟した段階と、政治的に自分で決断をする人格とを対応させている。「指導者＝父」の監視を求める社会、権威主義的パーソナリティーの時代の到来、これがワイマール時代のドイツからナチズムへと移行するという社会心理学的分析の結論である。

③『権威と家族』（1936）

以上の研究をプロトタイプとして、1936 年の『権威と家族』が出現する。この『権威と家族』は多様な学問分野の報告が収められた研究であるが、ここでは社会心理学に話が絞られる。この書における社会心理学的帰結はやはり先のフロムが担当している。

フロムによれば、フロイトは、いつの時代でも、人格を形成するのは**家族**

---

[4] この優しい母と厳しい父という考えは、家父長制的な家族、すなわち、父親が働き、家庭の経済を担い、母親が家の中を守り、家事労働と育児をするという考えに基づいている。そこにフロイト心理学やそれに従う心理学の限界があるという批判もある。家父長制家族については本書の第 7 章参照。

だと考えていた。ここでは、その**人格形成**において、父親の権威が子どもとどのように関係するかが問題である。先に述べた階級構造において、富裕層のブルジョワ家族では、経済的安定から、親は子どもに無償の愛情を与える。子どもは社会の厳しさから保護され、自分の運命は自分で決めると考えるようになる。そして、自分の生き方を抑圧する社会のあり方を批判的に見つめることができる自律した人格として成長する。

　それに対して、現実の厳しさに抑圧されても抵抗できない貧しい当時の労働者や農民の階級となると、一人前の労働力にならない子どもというものに対して、絶対的服従を求める。「現実は厳しい」と言って、生活に打ちのめされている貧困層はその苦悩を家庭内に持ち込み、子どもにも思い知らせる。体力や肉体の違い、知能の違いから優位な大人の暴力的な仕打ちを受ける子どもは、その暴力的で不条理な仕打ちこそが現実そのものであり、社会の厳しさというものだと考えるようになる。いつしかそうした厳しい仕打ちに対して、子どもは、自ら進んで、喜んで厳しい現実に耐える（マゾヒズム）。対して、親などの大人は、子どもに厳しい現実を教えてやると考え、肉体的精神的な暴力を進んで行う（サディズム）。しかし、特に男子の成長は、老いる父との主力労働力としての交代過程であり、その成長した男子は、またも自らの子どもに、無条件な力関係への服従を強いる。階級構造における被支配階級こそ忠実に、家族内の支配において**サド－マゾ的性格構造**を再生産する。この不条理な暴力性の連鎖こそが「現実の厳しさ＝親の厳しさ」という「権威」である。皮肉なことに、富裕層が自由で、不条理な暴力性を秘めた権威にも批判力を持つということは、これまた階級構造という不条理に基づいている（Fromm 1936: 88ff ＝ 1977: 13頁以下）。このサド－マゾ的性格構造がここでは「権威主義的パーソナリティー」のことである。したがって、このサド－マゾ的性格構造は、社会的立場や物理的な暴力における弱者が強者にこびへつらう性格のことであり、逆に、弱者に対して威張る強者の性格のことでもある。そしてそれら二つは連関しており、一人の人間の発達段階で繰り返され、またその性格構造が社会構造のいたるところでも繰り返されている。

　わたしたちの周囲でも思い当たるのではないだろうか。自分が厳しい現実の中で成功したからと言って不条理なほどに他者に厳しさを強いる人間がいる。もちろん、その人の努力は評価に値するが、その厳しさの中に不条理と言えるもの、すなわちただ暴力的な行為を繰り返すだけだと考えられるもの

が含まれているとき、なぜその人は現実の厳しさそのものを批判的に問うことがないのだろうか。同時に、厳しさに従い、苦痛に耐えることが幸せの保証になるのだろうか。また、苦痛に耐えられない人間が挫折感を抱く必要があるのだろうか。現実の苦痛が変えることのできない「運命」だとして従う性格が権威主義的パーソナリティーなのである。

『ワイマールからヒトラーへ』のフロムの議論にあったように、安定した経済生活に基づき、自分の運命は自分で切り開くという主体性はブルジョワ階級の中では育まれうる。『権威と家族』の研究者共同プロジェクトを指導した**フランクフルトの社会研究所**所長**マックス・ホルクハイマー**（1895-1973）の議論によれば、ブルジョワ階級の父親は、自分たちの個人としての自由を抑圧する全体社会を批判できる主体性を備えている。そのことは、子どもにとって運命を自分で切り開く人間のモデルとなる。父親が経済的に自律し、自らの生活基盤を背景に政治のあり方に積極的に意見を主張する姿は、子どもの成長にとってはやはり一つの「権威」である、というのがホルクハイマーの考えである。したがって、父の支える家庭が、政治や経済の命令に従順になるとき、子どもが従うのは、父親の見せる「大きな力に逆らっても自分自身を頼りとする力」としての「個人」の権威から、政治や経済の「全体の流れに個人を適応させるために、個人の主体性を放棄させる力」としての「全体」の権威に移行する。

この政治の権威こそがナチスの権威であった。ドイツが第一次世界大戦でイギリス・フランス・アメリカなどの連合軍に負け、ナチスは連合軍への復讐を政治公約とする。ナチスは軍事力を増強し、力で外国に交渉すると約束したのである。ナチスの危険性に敏感な父親たちの世代よりも、息子の世代の方がナチスを支持し始めていた。父たちはドイツをだめにした。自分の本当の父はナチスなのだと。

2………亡命と社会心理学

ユダヤ人迫害前夜のドイツ帝国における大学教員の約14％が、この時期にドイツを離れた。ドイツはもうだめだと考えたのだ。後に、ナチスが優勢になると、ヨーロッパ中の知識人、特にユダヤ系知識人がドイツからアメリカに亡命した。知識人の移住は、新しい文化をもたらす。建築芸術やクラシック音楽では、ヨーロッパの洗練された空気が流れ込んだ。戦争から逃れた人々でありながら、軍部に協力した人々もいる。ファシズムとの戦いだと信

じたのだ。亡命物理学者が原爆をつくった「マンハッタン計画」では、関連してコンピューターの開発も推進され、亡命数学者も加担していた。社会学者や心理学者も彼らの方法でファシズムと戦った。彼らは、「**ファシズム＝権威主義**」に基づく社会や心理を究明することで、ファシズムを批判した。

①労働者と文化産業

　ヨーロッパからアメリカ合衆国への亡命知識人は、ナチスの迫害も関連して、ユダヤ人が多かった。アメリカにはアメリカ・ユダヤ人協会というものがあり、これを背景に、第二次世界大戦後、『偏見の研究』（1949-50）というシリーズが計画された。その計画参加者にフランクフルトの社会研究所員たちがいた。

　ただし、この『偏見の研究』シリーズ、特にここで紹介する『権威主義的パーソナリティー』において、前回活躍したフロムは参加していない。彼は、社会研究所内の人間関係のいざこざから研究所と断絶する。フロムに代わって入ってきたのが**テオドール・W・アドルノ**（1903-69）であった。

　このアドルノは、芸術論を得意としていた。アドルノは、芸術と社会との関係を考え続けた。彼は、芸術が娯楽ではなく、社会の批判であると考えていた。それでは娯楽としての芸術があるのかというと、彼はそれを否定した。いわゆる芸術の大衆化であるとか、そのなかで財産も教養もないプロレタリアートが芸術の社会批判的メッセージに目覚める可能性を否定し、大衆的であるものが娯楽的であり、それはつらい現実に抵抗するのではなく、つらい現実をがまんするための気晴らしだと考えた。

　アドルノによれば、むしろ、娯楽は、労働者にとって日々の仕事の一部である。大手の映画会社の映画を観て、遊園地やショッピングセンターに行き、ラジオ（今ならばテレビやゲーム、インターネット）にくぎ付けになる。仕事にいそしむ労働者の**余暇**を、その労働者を雇用している大きな資本力が組織的に提供している。余暇まで組織された現代人は、自分のことを雇っているコンツェルン（多種多様な産業を支配する銀行、あるいはそれに相当する企業）から逃れられない。大企業から給料をもらい、大企業で消費する。その際、生活用品ばかりでなく、文化や精神の保養までも商品として消費するのである（第8章参照）。

　芸術的な文化ではなく、文化のような顔をした産業がわたしたちの生活を支配する。アドルノは、この文化を売り物とする産業を**文化産業**と表現した。

彼は、ホルクハイマーとともに『啓蒙の弁証法』（1947）という本のなかに「文化産業」という論文を収めている（ただし、この書の中の議論はアドルノのものともホルクハイマーのものとも区別されない。二人共有の思想である）。したがって、大衆の娯楽は、むしろ社会の既存のあり方を維持するのに役立つ。彼が一方で芸術の衰退と娯楽の支配に向けた批判的まなざしは、他方で、フロムも行った心理的な性格の構造に向かうことになった。娯楽を受容し、ガス抜きされて社会のあり方に無批判な人々のこころの構造に関心を持ったのである。

② 『権威主義的パーソナリティー』（1950）

『権威主義的パーソナリティー』の研究目的は、人種排他的で暴力的なファシズムの批判に向けられている。共同研究者たちは、質問票による社会調査と、そこから選ばれた人に対する面接調査、そしてその上に臨床心理テストを行った。その結果、この書に中心的に参加したアドルノは、潜在的なファシズム的性格を図るためのF尺度、すなわちファシズム尺度という、「権威主義的＝ファシズム的」なパーソナリティーを測る尺度を示した（Adorno 1950 = 1980 56-74）。このファシズムの尺度は、やはりナチスとその支持者たちにはぴったりと当てはまる。読者も、F尺度のモデルをナチスとその支持者と考えてもらえばよい。

A.因襲主義：昔から引き継いできた伝統や価値観を変えない傾向のことである。本章第1節の「社会という対象」内の「形としての社会」において、わたしたちが生まれてくるに当たって自分では選べない家族や地域社会などは、合理化の進む現代社会において人びとが個人主義的な生活に埋没することへの反対イメージを提供してきた。ナチスが登場するまでのドイツの因習主義というべきものは、王や貴族や大地主、そしてキリスト教に従うことであった。しかし、ナチスは、そういう特権階級が出てくるさらに以前の時代の古代ゲルマン人を理想とする。古代のゲルマン人は、原始的な森や自然を信仰し、身分制もシンプルで、私的な所有欲のみから行動していたわけではなく、むしろ指導者の下で平等であったとして理想化した。ナチスは、この理想像を自分たちの政治に重ね合わせることによって、すでに現在ある因習よりも古くからの因習と一体化しようとしたのである。彼らは自分たちのアピールを因習の否定によって行おうとはしなかった。

より古い因習がより大きな権威だと考えたのである。

B. 権威主義的従属：親、年長者、強力な指導者への従属を望む傾向のことであり、これとともに、超科学的な力を待望する傾向のことでもある。ここで指導者の待望と超科学的力の待望が並べられるのはなぜか。こういう傾向の人びととは、論理的な科学を自分で習得するよりも、理屈の要らない魔力や超能力に受身に従いたいのである。したがって、神話に出てくるような魔力をもった指導者を待望している。これは本当の魔力でなくとも、人々を催眠術にかけたように酔わせる言動で人々を支配する人間でもよい。そういう意味では、ヒトラーを支持する人びととはこれに当てはまる。

C. 権威主義的攻撃：女権拡張論者や同性愛への憎悪、両親への敬意の厳守や性犯罪への厳罰および公開刑の切望などの傾向から、権威に基づいた処罰やルールを望み、権威に依存して何者かの攻撃を求める傾向のことである。これはナチスの場合、同性愛者の迫害に見られる。もっとも、同性愛者の迫害は、ナチスに限らずヨーロッパでは根が深い。古代ギリシアではむしろ好ましいとさえされたのに比べて否定的になったのは、キリスト教世界観に基づく。また、イスラム教国においても、現在も同性愛を死刑犯罪とみなす国がある。この傾向は以下のIにおける「性的なことに対する執着」とも関連しており、性を開放的に語ることに抑圧されたトラウマとも無縁ではない。しかし、ここでは、女権拡張への敵意とともに、父と母と子どもという構成の家族生活への固執があり、そこから両親への敬意や、家庭生活を冒瀆する性犯罪への敵意につながる。ナチスにおいては、排除の対象としたユダヤ人たちを意図的に性的に堕落した人種とし、彼らの性的誘惑によって健全な家庭生活を脅かすという偏見が宣伝された。

D. 反内省性：自己の内面への関心や、そこから生じる自己の反省、社会の反省、社会の批判というものを好まない傾向。賢くなくてもよいから社会に順応した人柄を求めている。これについては具体的にナチスの例から説明するまでもなく、権威に従順であることの原則である。

E. 迷信とステレオタイプ：神秘的なもの、占い、超自然的な力、科学解明できないもの、終末論のように、自らの運命を自らでコントロールできないものに委ねたいという「迷信」を信じる傾向と、それに基づいて物事を硬直した整理法で考える「ステレオタイプ」の強さを示す傾向のことである。そして、ステレオタイプは偏見概念そのものといってもよい、一般的に流布された固定観念のことである。ナチスの指導者たちは、占星術に頼るこ

とが多かった。星によって運命が決まっているように、なにか大きな力が存在して物事を決定的に分類しているというのが彼らの考え方であった。もちろん、科学的研究においても分類は行うが、ステレオタイプに基づく分類は、研究のように検証も実験もなく、間違いの認知も修正もない。「そうなっているに決まっているのだからそうなんだ」と言うのである。特に、ナチス支持者が、ゲルマン民族は支配民族であり、ユダヤ人や黒人は生きる価値がないというとき、そこには何ら根拠もない分類があるのみである。

F.権力と「剛直」：強者と弱者、支配と従属、現代風に言えば勝ち組と負け組みでもいいが、こういう**二分法**を過度に適用する傾向である。このことはEに示した傾向と同様、権威主義的パーソナリティーにおける思考の硬直性を示している。また、ナチスの指導者たちには、もともとのエリート階級の出身者ではなかったにもかかわらず、弱者を憎み強者を賞賛する傾向が見られた。しかも、彼らは、あたかも科学的な装いで、ダーウィンによる自然界の弱肉強食による自然淘汰の進化が社会にも当てはまるとして、Eで述べたような人種の優劣に関する運命論を理論化しようとした。

G.破壊性とシニシズム：Cにあったような他者に対する攻撃性を、人間の本性のように考え、時にはたるんでいる自分や自らの社会を浄化するとか、隣国の攻撃に先手を打つとか、自己の内外に絶えず破壊的な闘争を求める傾向や、そのような破壊性から人類を軽蔑するような「冷笑的性格＝シニシズム」を示す傾向である。これはナチスにおいては中心的な思想である。

さて、以下のHとIは精神分析的な原則を示している。

H.投射性：**投射**とは、精神分析の用語で、自分の持っている相手に対する考え方、特に相手に対する攻撃性を相手の方が先に持っていたと思い込む傾向。攻撃的なものでない例としては自分が好きな相手がやはり自分のことを好きだと思うというのがあるが、これは攻撃的な思惑や、相手が大きな陰謀を画策しているという思い込みにも変わる。それは実は自分の中に秘められた心理である。

I.性：既存の性道徳にこだわり、抑圧的である傾向。これはむしろ、自己の性的エネルギーに対する過度の抑圧を表現しているのかもしれない。

ここまでで見るように、「権威主義的パーソナリティー」という議論から、ファシズムを担った層は、道徳や社会の既存の価値観に重度に抑圧されており、そしてその抑圧を相手に投射し、自らが抑圧者になりたがるものであるという社会心理的分析枠組みが提出された。

　以上の権威主義的パーソナリティーの特徴は、筆者がナチスから説明したように、すでに歴史がその実質を教えてくれているようなものであるが、今後に向けて、ナチスのようなファシズムによる脅威の兆候を考える題材を与えてくれている。

　このように、社会心理学は、個人の心理に社会が、社会の動向に心理が相互にかかわるスタイルを確立していった。ここではナチスをクローズアップすることとなったが、他にも資本主義経済における労働者の苦悩や、均質な現代生活への閉塞感を描くものであった。すなわちそれがこころにおける社会的抑圧の顕現であった。逆に言えば、こころの闇とは、抑圧的な社会の記憶を保存しうるのであり、それを再生するものでもあるのだ。そこに社会心理学の警告の意味がある。

むすび

　第二次世界大戦から半世紀以上が経ち、戦争の記憶が風化すると冒頭に述べたものの、世界は依然として戦争と迫害に満ちており、残念なことにわたしたちが悲惨な記憶を引き合いに出す例はしばしばである。考えようによっては、悲惨な記憶が風化するほどに平和になればよいとも考える。まだ悲惨を忘れることができない現状において、歴史を知らず、また学ばない者は、無知であると同時に自分たちの未来に対して無責任である。ここでは社会心理学を特筆したが、社会学も心理学も、そもそもわたしたちの生き方の脅威と戦う学問である。社会は広大で見通しがたく、こころは自分では知りえないほど自分の内なるものである。しかもその相互は関連し、「私」というものをコントロールするのである。

（楠　秀樹）

【引用・参考文献】
Adorno, Theodor Wiesengrund, Horkheimer, Max, 1947 = 1990, *Dialektik der Aufklärung: Philosophische Fragmente*. Amsterdam；邦訳『啓蒙の弁証法──哲学的断想』徳永恂訳，岩波書店．
Adorno, Theodor Wiesengrund, Frenkel-Brunsvik, Else, Levinson, Daniel J., Sanford, R.Nevitt, 1950 = 1980, *The Authoritarian Personality*. New York；邦訳『権威主義的パーソナリティー』田中義久・矢沢修次郎・小林修一訳，青木書店．
バーストン，ダニエル，1996『フロムの遺産』佐野哲郎・佐野五郎訳，紀伊國屋書店．
Fromm Erich, 1936 = 1977 Autorität und Über-Ich, in: *Studien über Autorität und Familie*. Paris；邦訳「権威と家族」『権威と家族』安田一郎訳，青土社．
Fromm, Erich, 1980 = 1991, *Arbeiter und Angestellte am Vorabend des Dritten Reiches: eine sozial*

psychologische Untersuchung; bearbeitet und herausgegeben von Wolfgang Bonss. Stuttgart; 邦訳『ワイマールからヒトラーへ』佐野哲郎・佐野五郎訳, 紀伊國屋書店.
木田元, 2002『マッハとニーチェ：世紀転換期思想史』新書館.
楠秀樹, 1999「デクラッセとナチズム―ブルデューによるハイデガーの社会学的批判」P. ブルデュー社会学研究会編『象徴的支配の社会学―ブルデューの認識と実践』恒星社厚生閣所収.
楠秀樹, 2008『ホルクハイマーの社会研究と初期ドイツ社会学』社会評論社.
小沢牧子, 2002『「心の専門家」はいらない』洋泉社.
Wiggershaus, Rolf, 1986, *Die Frankfurter Schule: Geschichte, theoretische Entwicklung, politische Bedeutung*. München.

Column

ニーチェの多義的な政治思想
── 権威主義と民主主義の彼方

●哲学者ニーチェ（1844-1900）は、読者から誤解される可能性に気づきつつ、読者の性急な結論を妨げるために、自らの議論の多義性を積極的に容認していた。そのために、彼がナチス思想に決定的に貢献した人物だと見られるのはしかたない。ヒトラー崇拝者となったニーチェの妹エリーザベトによって、ニーチェの作品がナチス思想の模範だという意図的な誤読は一般に信用されるようになった。なかでも、ニーチェによる「超人」（Übermensch）の概念は、ドイツ人が他人種より優れているという夢想にまで至り、これと対に、反ユダヤ主義の思想ともなった。つまり、生きる価値ある者とそうでない者とを決定する優生主義的な解釈が「超人」によって正当化されたのである。

●近年、これとは逆に、多くの英語圏の学者たちは、従来考えられていたよりも、ニーチェの政治思想が近代民主主義と矛盾しないという議論をしている。ニーチェによる暴君への批判を強調し、個人の独立性について彼の提出する重要な焦点を強調することで、ニーチェを反権威主義的だと解釈し、反ユダヤ主義者ではないと解釈したのである。

●しかし、ニーチェは、近代民主主義の基本的価値にある個人主義や平等主義をかなり軽蔑しており、個人の自由を規制する近代国家を批判しようとも、これは彼が自由のための革命や反国家主義を評価しているという意味ではない。彼が「超人」と呼ぶ個人の独立性は、国家を含めた既存のものとのつながりを断ち切って自らを創造できる人間を意味するのではなく、既存のものから受け継がれるべき優れた価値を保つ「完璧な継承者」を意味している。

●要するに、ニーチェは、権威主義思想家でも民主主義思想家でもない。したがって、ニーチェの思想は、優れた民族の思想でもないが、個人の無条件の自由の思想でもない。ニーチェは、プラトンの理想郷カリポリスのように、優れた人間の構成する社会を評価している。そのために、彼は、教育、あるいは種の改良（Züchtung）をとおして人間を高貴な存在に高めるということも考えていたのである。このように、ニーチェの政治学とは、議会で行われる政治家の政治のことではなく、広大な教育の構想である。それは、細分化した社会の閉塞を乗り超える綜合的な力のある人間、すなわち「超人」の出現を準備するための構想であった。

（イアニス・コンスタンティニデス　訳：楠秀樹）

第3章 「私」とは誰か

●第1節● 「私」はどこまで私なの？

私とは何者だろう？
　――「私」は私、それ以上でも以下でもない。何でそんなことをいちいち考えなければならないの？　「私」が私であることにはかわりがないのに！
それではこう考えてみよう。私はいつから私だったの？
　――これもわかりきってる。「私」は生まれたときから私だった。それとも、少し前まで別人だったというの？　それこそ信じられない。
まあまあ、もう少し考えてみよう。それでは、私は今どのような趣味をもっているの？　好きな食べ物は？　好きな曲は何？　それはいつから好きだったの？
　――それは大人になって、いろいろと食べたり飲んだりする機会が増えて選択肢が広がったから、以前に好きだったものとは若干違うけれど……、でも「私」が私であることには変わりがない。
たとえば、人前で意見を言うのは不得意という人が多いけれど、それも生まれながらにしてそうだった？
　――あまり意識したことがないけれど、保育園や幼稚園、小学校の低学年頃までは、平気で自分のことを語ってたと思う……。でも、それはその当時の私が、恥ずかしいとか知らず、無邪気だったというだけで、私が私であることには変わりはない。
それでも「私」の内実が、変容する可能性があるということは確かだね。

人間は生まれながらにして「私」とどこまで言えるだろう。たとえば生ま

れながらにして人間は自分のことを「私」と見なせるのだろうか？　三島由紀夫は『仮面の告白』の冒頭で、「私は自分が生まれたときの光景を見たことがある」と切り出すが、おそらく一般的にみて、そのような経験を持っている人こそまれだろう。なにより、先にみたように、「私」とは変容するものである。このことは、自身の個人的な成長や発育というよりも、周囲の人間との関係や、生活する社会環境に、多分に影響を受けるものであると言ってよいだろう。

　この点を説明する際によく使われるのはいわゆる「野生児」の記録である。事例として、20世紀にインドで発見された「アマラ・カマラ」（狼に育てられた子）[1]や、18世紀にフランスで発見された「ヴィクトール」（アヴェロンの野生児）、19世紀にドイツで発見された「カスパー・ハウザー」、近いところでは2007年にカンボジアで発見されたロチョム・プチエンなど、「野生児」についての記録はいくつか報告されている。ここで共通するのは、生育の過程で人間社会から隔絶された環境にいたことであり、特に十分にことばを話せなかったということだ。

　人間を素材とした実験が倫理的に禁じられている以上、このような事例に関心を抱く研究者は少なくない。ご多分に漏れず、上記の事例についても様々な領域の研究者がこれに関わり、研究を蓄積している。詳細な内容を紹介する余地がないので、興味関心のある方はそれぞれについて調べてみることをおすすめするが、ここでは一つだけ述べておきたい。人間が人間関係や社会から隔絶されて成長した場合、事後的に社会に適応するのはとても困難である。言い換えれば、人間は人間社会の中で育ってこそ、その社会の一員になれる。その際、もっとも重要なのは関係を紡ぐための根拠となる言語の習得である。

　この事例からもう一つ言えることがある。社会関係の中で人びとと関係を取り結びながら生活することによって、その社会の一員になっていくということは、言い換えれば、人間の「私」というものは、どのような人間関係や社会の中で成長したかによって、内容が違ってくる可能性があるということである。

　考えてみてほしい。私たちがあたりまえのように日本語を話し、日本における慣習や規範、文化などについて慣れ親しんでいるのは、そのような関係

---

[1]　アマラ・カマラの事例については生理学的な見地からなされる批判もある。ここでは、その真偽は置き、人間にとっての社会化の重要性を示す一つの事例として取り上げた。

において育ったからではないか。俗に言われる、日本人としてのDNAとか、特定の血族における遺伝的形質など、私たちはそれについて反証しうる情報を少なくとも自分たちの生活史の中から見つけ出すことができよう。日本人の親から生まれたからといって、その子どもが日本的な特質をあらわすとは限らない。日本人は恥ずかしがり屋で、自分の意見を人前で表現できないという俗流の説明は、たとえば、いわゆるストリート系ミュージシャンやその他の表現系の人達の存在によって反論されるだろう。親が物静かだからといって、子どももそうだとは限らない。逆に、厳格な親に反発するように、子どもがアグレッシブになるという事例も枚挙にいとまがない。少なくとも、子どもたちの特質を遺伝によって説明し尽くせるほど、世の中は単純ではないということである。

　遺伝子による決定論とは異なり、人間は自分が生まれ育つ環境に対して「開かれた存在」であるという知見もある。教育学などではこれを「陶冶」といったり「可塑性」といったりするが、人間はその当の本人の意向や働きかけにより、自身とその関係をつくりだすことができるという見方があることを確認しておこう。

　この意味で、「私」というものを固定的に捉える必要はない。「私」とは、すでに決まり切ってしまった過去の累積ではなく、現在においても常に変容し、自身を更新しつつある存在なのである。

1………「鏡」を見るということ──鏡に映った自己

　ところで、「私」というものを重視し、そこに価値づけを行ってきた経緯はデカルトにまでさかのぼることができる。デカルトは「我思う、故に我有り」という言明によって、「私」という主体的な存在を打ち立てる歴史的な契機を用意したが、一方では「私」という主体が、あたかも他から独立して、モノのように存在するかのような観念を流通させることにも貢献した。

　しかし、「私」とは他から切り離されたところで独自に存在するものだろうか。確かに、判断したり行為したりする主体は重要だが、それさえも他者の存在が前提になっていないだろうか。

　私たちは自分がどういう表情をしているのか、眠そうで腫れぼったい顔つきをしていないか、ヨダレの跡はないだろうか、髪に寝癖はついていないか、服装に皺はないか、本日のファッションはイケてるかいないかなどを確認するために、しばしば鏡の前に立つ。鏡に映った自分を確認することで、「私」

は周りからどのように見えているのかを確認するのだが、実はこの鏡の喩えは奥が深い。それは「私」の外見だけではなく、中身にも関係する。C・H・クーリーはこのことを**「鏡に映った自己」**（looking glass self）と呼んだ。

「私」について、周囲の人達はどのように考えているのだろうか、いやなヤツと思われていないだろうか、リッパだと褒め称えてくれるんじゃないか、など、想像をはたらかせることによって、自分の性格や態度、容姿や能力などに満足したり不安に思ったりする。クーリーによれば、人の成長とは、多かれ少なかれ周囲の環境へ「適応」していくことである。人間が生まれた状態でそのまま放置されたらどうなるかということについては、先に紹介した「野生児」の事例を考えてみれば想像できるだろう。少なくとも人間は、自分を育ててくれる人とのコミュニケーションを必要とし、それを通して周囲のとりまく環境、つまり社会の規範や文化を学習していく存在である。この意味で、クーリーは、個人と社会とを分離・拮抗したものとして捉えるのは間違いであると強調し、親密な関係と協調性を主とする「われわれ（we）」という考え方を示した。クーリーは、これを家族や近隣集団を主とした**第一次集団**（primary group）と呼び、そこでの共感や同一性を重視する。人間は生まれたときから「人間性」をもっているわけではなく、仲間から学ぶ以外にそれを身につける方法はない。さらに、孤独に過ごせば人間は朽ち果ててしまうとさえクーリーは言明している。「私」とは「われわれ」という仲間集団を通して形成されるのである。

2……… 人が人と関わるということ──社会的相互作用について

上で述べたクーリーが示した知見は、**「社会的相互作用」**と呼ばれるものだ。お互いがお互いに影響し合っていくという、関係を重視した考え方だが、それは一方で、人間は「生まれ」によって決定されているという考え方（これを**「生物学的決定論」**という）に対立し、他方で人間は育つ「社会」によって決定されているという考え方（こちらは**「社会的決定論」**という）とも齟齬をきたす。一方における「遺伝」と他方における「社会的環境」とは相互補完的な関係にあるものの、それ以上に重要な人間的特質として「教育可能性」（すなわち「適応性」）を示し、人間性とは変わりうるものであることを提示した。ここで重要なのが、「社会的相互作用」なのである。

クーリーの考え方を引き継いだG・H・ミードは「相互刺激」の過程によってこのことを説明した。

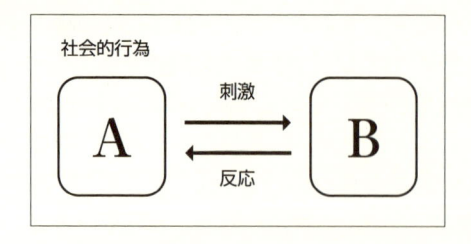

```
社会的行為
┌─────────────────────┐
│  ┌───┐  刺激  ┌───┐  │
│  │ A │ ⇄    │ B │  │
│  └───┘  反応  └───┘  │
└─────────────────────┘
```

　人間の社会的行為とは、他者の反応に対する刺激となるものすべての総称である。
　たとえば、AがBに対して「バカ」と言ったとする。その時、Bはどうするだろうか。Bは「バカというヤツがバカだ！」と反論するかもしれない。また、「何でそんなことを言うの？」と質問するかもしれない。「はい、その通りです」とそのままかわしてしまうかもしれない。これらはAが「バカ」ということばによる「刺激」を与えたことによる、Bからの「反応」と考えることができる。
　人間以外の他の生物の場合、この刺激 − 反応はかなり一義的で制限されたものになる。
　たとえば、「殴る」という「刺激」を飼い犬に対して行った場合、犬はそれに対して「怒る」かもしれないし、「逃げる」かもしれないが、取り得る選択肢はそれほど多くはない。対して、人間の場合は「殴る」という「刺激」に対して、問答無用で殴り返すという人もいるかもしれないけれど、多くの場合、事はそれほど単純ではない。相手の顔つきや、相手と自分との関係（たとえば親子であるとか）、その時の状況（自分が何かとんでもないことをしでかした等）など、その場での状況を判断して「反応」するのではないだろうか。
　つまり、人間の社会的行為とは「刺激」がどのようなものであるのか、というその「意味」を「解釈」する過程を伴うのであって、それによって「反応」は多様になされる。
　たとえば、Aから「殴られる」という「刺激」に対して、Bはそれを単なる暴力として見なし、暴力をもってそれに応じることがあるだろう。しかし、場合によっては自分が悪い事をしたことに対して、親が叱るために「殴る」と判断したならば、うつむきながらじっと耐えることもあるかもしれない。これは先に挙げた、「バカ」という

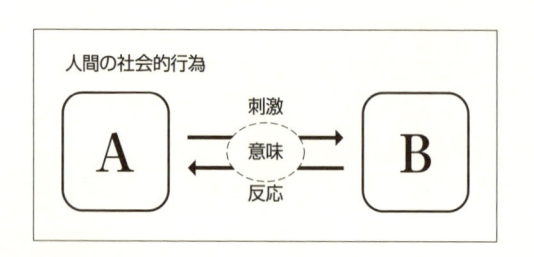

```
人間の社会的行為
┌─────────────────────┐
│  ┌───┐  刺激  ┌───┐  │
│  │ A │ ⇄(意味)│ B │  │
│  └───┘  反応  └───┘  │
└─────────────────────┘
```

ことばをめぐる反応でも同様である。「バカ」ということばは侮蔑的な意味合いばかりではなく、親愛の情からも、親身な人からの叱りとしても用いられるのである。
　この相互作用は、生まれたばかりの子どもに対しても適用可能である。確かに生まれたばかりの子どもの場合、「刺激」の意味を読み取り、それに対して「反応」するということはできないかもしれない。しかし、それは「刺激」が存在しないというわけではないのであって、多くの場合、子どもを育てる母親はことばをかけたり、手を添えたり、表情を変えたりという働きかけを常に行っていないだろうか。子どもが見える、聞こえる、判断するということができない状態でも、主としてそのような「身ぶり」による働きかけは行われている。
　このような「刺激」の反復の結果、子どもはその「刺激」を特定の意味と結びつけるようになり、また、それに対する「反応」の仕方も学習していくことになる。身近な例として、子どもがことばを習得していくプロセスにおいて発する「喃語」を例に取ろう。「喃語」はまだ特定の対象と結びついたシンボルとしての意味を持ってはいない。「わんわん」という声は必ずしもことばになっておらず、犬ばかりでなく猫を見ても車を見ても、極端に言えば動くものすべてに対して発せられる可能性もある。このような声について、養育する側は「あれは"にゃあにゃあ"でしょ」とか「あれは"ブーブー"と言うよ」などと修正していくこともあるだろう。この反復と蓄積の結果として、私たちは「言語」というシンボルを習得し、より高次のコミュニケーションを取ることが可能となる。
　この時、シンボルとしての言語は、養育者個々によってランダムに考え出されたものではない。子どもばかりではなく、養育者にさえも先だって社会的に蓄積されてきたシンボルと、その用法や規則などが環境的に先行しており、若干の差異はあるものの、その当該社会で流通する言語が学ばれていくことになる。第一、周囲にいる他者とコミュニケーションが取れないようなことばしか身につけていないようだったら、その社会で生きていくことは困難である。先にクーリーが用いた「適応」という概念はこのような意味も含まれている。
　たとえば、自分のことを「ボク」というか「ワタシ」というか、その自称についてはその社会で流通する意味がかなり強固に反映している。この自称を社会的環境の文脈と無関係に使用するのはかなり難しい。自分のことを

「ボク」だ、「ワタシ」だと判断できるということは、その社会の中で流通する規範や文化を学習することによってなされる。この時、子どもたちは、自分の性別に関する「**役割**」とそれに伴う行動様式の適切性も学習していく。性別以外でも、きょうだい順位や家系、性格の特性や周囲との関係の取り方などによって私たちは様々な「役割」を学習していく。これを「**役割取得**」（role taking of the other）と呼ぶ。

　さて、この「刺激」と「意味」の解釈、それに対する「反応」を反復していくことによって、私たちは特定の「刺激」に対する特定の「意味」をイメージしやすくなる。これは裏を返せば、自分の「刺激」に対して、相手がそれをどのように解釈し、どのように「反応」するのかを予測することができるようになるということでもある。先に挙げた例で説明するなら、相手に対して不用意に「バカ」ということばを投げかけると、そのことばそのものが社会的にあまり肯定的な意味として流通していないため、場合によっては相手と気まずい雰囲気になるかもしれない。下手をするとケンカになってしまう可能性もある。さらに言うなら、そのようなことばを使う人間として自分自身が「下品な人」、「口のきき方を知らない人」と見なされてしまうかもしれない（「自己言及性」）。だとしたら、ここで「バカ」とは言わず、「オイオイ、ちょっと待てよ」という言い方にしておいた方が無難だろう、と判断し実行することもありうるだろう。このように、自分自身の立場を離れて、自分がどのように見られるのかを判断できるようになる。それは裏を返せば、特定の「刺激」と「意味」の結びつきがよく見られること、つまり一般的に人は何を期待しているかということが了解できるものであるということでもある。このようなパターン化された刺激と意味の結びつきを「**一般化された他者**」（generalized other）の期待と言う。人は他者とのコミュニケーションを通して、他者の期待や態度を自らの内に取り込み、「私」を形成する。つまりここでいう「私」とは「自我」のことである。

　人間が自我を形成する過程で、他者と関わることは必然であり、その期待を学習（適応）することが必要である。このように、「私」（自我）とは社会的なものである。

3………「私」の構造と「社会」の変容

　上で述べた一連のプロセスは、**社会化** socialization という概念で説明される。人は社会化を通して当該社会の一員になり、社会化を通して自分の人

生を生きることができるようになる。

　一つ重要なことを付け加えておきたい。冒頭でも述べたように、「私」は変容するものである。それを「学習」といってもよいし「成長」といってもよい。つまり、「私」とはそれほど固定的なものとして捉える必要はないし、さらにはその変容も、子どもに限るものではない。社会化は二つのプロセスに分けて説明され、子どもの時期に行われる「第一次的社会化」と、それ以降に行われるすべての社会化を指す「第二次的社会化」とがある。

　第一次的社会化は、最も重要なプロセスであり、特にそれが言語の習得を含むことから、その後に続く全ての社会化の基礎または方向付けとなる。しかし、人間は幼少期に行われる社会化のみで、世の中を渡っていけるかというと、これは不可能である。たとえば、幼児の頃、全て自分が中心で回っていた世界は、成長し、世界が広がるにつれて、自分が中心でないという、ある種痛みを伴った認識のもとで様相を変えていく。「私」と同じように、自分が中心だと思う子どもたちが出会う場においてケンカが起こったりするのは、自分の世界と他の世界との異文化接触だと考えてもよいだろう。それを通して得られる、世の中は必ずしも自分の思い通りになるものではないという諦念は、その後の社会を生きるために、まさに一般化された他者の期待として身につけておく必要があるものである。もっとも、近年は自分の意に沿わないから、気に入らないからという、まさに「自己中心的」な理由でアグレッシブな行動に出る人達もよくいるようだが。

　個々人の生育歴に即して考えてみると、少なくとも自分中心の考え方は、家族の関係を超えて、あらたに共同体的な関係に触れることによって、あらたな局面を迎える。そこでは、すでに自分の生活の一部ともなっているような家族的な関係とは異なり、「刺激」と「意味」の結びつきを微調整する必要も生じるだろう。近年、この共同体的な関係が「崩壊」、「解体」したとされ、不明瞭になりつつあるようだが、それでも、人が成長し、家族や親族以外の人びとと関係を紡ぐ機会は必然的に訪れる。それは場としては保育所や幼稚園、小学校などの機関、またはそれに類する諸施設であるかもしれない。そこで個々人が体験することは、自分が必ずしも中心ではなく逆に多くの人達と協力することが求められるということであり、また、「私」もある特定の規準に従って評価される存在であることを認識することであるだろう。中学校では、この傾向に拍車がかかり、「私」がどのような道を選ぶのかということを意識した上で、自分に対する評価が深まっていく。その後どのよう

な道を選ぶとしても、最終的には人は社会に出て行くものとされ、予期的に、または社会人として実務に従事しながら、責任主体として自身を再社会化していくことが求められる。その後、昇進するに従って、責任や周囲からの期待は増加し、その地位や立場にふさわしいような立ち居振る舞いや持ち物、ファッションなどを身につけることが期待され、また上司として部下の面倒を見るようにと期待される。飲み会に行っていつも割り勘を主張する上司は、信用に値しないと値踏みされても文句は言えまい。私生活において、たとえば結婚しようと思うならば、それ相応の社会的な地位をもっていた方が相手の家族の心証も良いだろう。子どもが生まれたとなると、自分たちの人生だけでなく、養育者、庇護者としてが求められるかもしれない。生物学的に「親」になることよりも、社会的な役割として「親」になることの方が数倍大変なことで、そこでも自身の「変容」が求められる。「親」とは自然にではなく、社会的に「なる」ものである。社会人として、一度は承認された「私」であっても、それが雇用者である場合は特に、いずれその道からの「リタイヤ」を伴う。肩書きを失った「私」は、それでも周囲との関係を重視していく。肩書きがあった頃にできていたことの多くは、それを無くした後ではできないことも多く含まれている。そのギャップを埋めるために、再び「私」は変容しなければならない。足腰が弱り、視力や体力が衰えたら、若い頃のように活発に動くことはできなくなるだろう。そのような状態にある「私」を認めていけないならば、「私」自身が葛藤にさいなまれることになるかもしれない。これらのことから、第二次社会化は死ぬまで継続するということがおわかりいただけるだろう。私たちは死ぬまで変容し続ける存在なのである。

　一言付け加えておく必要があるかもしれない。以上の説明から、人によっては次のような疑問を抱く人がいるだろう。それでは私たちは、社会の必要に即して変容することを強いられる存在であるのかと。先に社会的決定論を否定したのは何故かと。確かに、社会がその構造を維持するために個々人を束縛する側面がないとは言えない。だからといって、当該社会の「社会規範」や「社会常識」に過剰に同調し（過社会化）、自身の希望や夢などを諦めていくこと、そのように自身に強いるのは「自己欺瞞」でしかないかもしれない。諦める以前に、社会の規範や制度、その構造をうまく利用し、自分自身の自由を達成する「社会学的マキャベリズム」（P・バーガー）は決して絵空事ではないはずである。人生がドラマであるとするならば、少なくと

もそれを演じる主体は舞台装置と舞台効果について習熟しておくことで、それを自身に有利に活用することも可能なのである。

（春日清孝）

●第2節● 自尊感情と自己

1……自分を他者に表現する

1. 自己開示と自己提示とは

　これまで「私」を中心にみてきたが「私」が「私」について考えるとき、心理学ではどのように考えるのか。ここではあらためて「自己」という概念からみていきたい。第1章第3節ですでに説明されている言葉だが、中村陽吉[2]は、自己をめぐる心理過程には、自分に目を向け（①自己への注目）、自分を知り（②自己の把握）、自分をこうだと思い（③自己の評価）、他者に示す（④自己の表出）に分けられるとしている。そして、その最後の過程において、ありのままの自分を見せようとする「**自己開示**」と、少しでも良く見せようとし、良い印象を得ようとする「**自己提示**」（自己呈示とも記す）の二通りのあり方が考えられる。もちろん、ありのままといっても、自分自身の把握や評価によって、そこには、実際とずれが生じるであろうし、自己開示しているつもりが、自己提示に限りなく近づく場合もあるだろう。たとえば、昨今流行のブログは、本心を話したいという自己開示欲求の表れともいえるが、ありのままというよりも、ブログを書くために、何かを見に行ったり、購入したり、消費したりするなど、自己提示と区別することが難しくなっている場合もあるようである。

2. 自己開示と自己提示の使い分け

　それでは、なぜ、このような二通りの自己の表現の仕方があるのだろうか。私たちは、ありのままの自分を評価して欲しいと思う反面、ありのままの自分に自信がない場合、自分を良く見せるように演技してでも相手からの良い評価を欲しいと思うのである。そこで、社会的承認や物質的報酬などの利益が得られるからである。また、言葉によるだけでなく、**非言語コミュニケー**

---

[2] 中村陽吉編, 1990『「自己過程」の社会心理学』東京大学出版会.

ションによっても好評価を得ようとする場合もある。自己提示は、相手の自分への印象を変えようとする意図もあることから、**印象操作**とよばれる一面も持っている。たとえば、恋愛関係がスタートした頃は、印象操作をして、相手から良く見えるようにふるまい、自己提示をしているのだが、だんだんとお互いが慣れてくると、気を遣わなくなり、ありのままの自分を見せても平気になる。それは、自己開示しているということである。また、自己の情報を与える点では、両者は似ているが、自己提示の場合、情報を与えるだけでなく、与えないことも含めて、自己のイメージを操作しようとするところが特徴的である。また、自己開示には、自分にとって本当のことを話すという意味で、精神的なはけ口となる場合もあり、自己を明確化することができ、さらに、**自己開示の返報性**といって、めったに人に話さないことを話されるという自己開示を受けた相手は、「実は私も……」と自らも自己開示を行うという現象が見られ、お互いの関係性が深まることがある。

2………自己をどう思うか
1. 自尊感情とは

そこまでしてなぜ、私たちは、他者からの良い評価を得ようとするのだろうか。私たちには、自己に対して、満足しているか不満足かのどちらかの感情を持っているが、それは、自分の持っている願望をいかにかなえているかで決まるとW・ジェームズ（1892 = 1992）[3]は述べている。そして、自分が良い人間であり、自分に満足しているという**自尊感情**があるが、自分に満足できない状況が生じるか、生じそうになるとこの自尊心を守るために、自己防衛のために、現実の認知を変えてしまうことがある。また、M・リアリー（1995）によれば、自尊感情は、個人の内部で起こるというよりも他者との関係の中で変化するということがわかってきた。

2. 自己の上方比較と下方比較

自尊感情を持てるかどうか、自己を評価するために、私たちは他者と比較する。これを総称して**社会的比較**というが、これを心理学で初めて論じたのは、第4章第3節で登場した「**認知的不協和理論**」を唱えたフェスティンガーである。私たちが生きていくためには、環境に順応することが必要だが、そのためには正確な自己評価が必要である。つまり、周りの環境から自分が

---

3 ジェームズ, W., 今田寛訳, 1992『心理学（上）』岩波書店.

はみ出していないか常にチェックしていなければならない。社会学的に言えば、社会の常識から外れていないかを確認する必要があるということである。しかし、事実と近い正確な自己評価が常に行なわれているとは限らない。私たちは、自尊心を高め、より好ましいものであると認識したいという**自己高揚動機**を持っており、それに基づいた知覚を**下方比較**という。自尊心が低下することを防ぐために行なわれる比較であるが、たとえば、試験の成績が悪かったとき、より点数の低い者の存在を想起して、それよりはましであると思うのである。

　これに対し、**自己向上動機**に基づく社会的比較を**上方比較**という。これは、自尊心が高まっているときなどに、さらに、上を目指そうとするものである。たとえば、試験の結果が良かったときは自尊心が高められるので、より上位の者と比較し、それを理想とするのである。このように、自尊感情を保つために、私たちのこころの中では事実をありのままに受けいれ、評価するのではなく、自分の都合や感情によって認識を変えているのである。

3.　セルフハンディキャッピング

　上記の上方比較と下方比較が自尊感情の自己防衛だとすれば、他者の評価から自尊感情を守るために行なっていることがある。たとえば、試験が終わった後、「いやあ、ぜんぜん勉強しなかったから、あんまりできなかったなあ」と聞こえよがしに言っている人を見たことはないだろうか。あるいは、自分自身がそのように言った経験があるかもしれない。実際は、試験は、思いのほか、（あるいは、実は、予想通り？）よくできているかもしれないし、本当にできていないかもしれない。どちらにしても、試験や試合の前に、わざわざこのように言ったりするのはなぜなのだろうか。

　人は、自分が不利な状況にあることを他者に伝えたり、それだけでなく、不利な状況をあらかじめ作り出すことで自分を守ろうとする。これを**セルフハンディキャッピング**という。これは、自分が他者から評価される際に、高い評価を得られる自信がなく、自尊感情が脅かされるときの対処なのである。試験の前に、遊び歩いたと吹聴しておけば、点数がよければ、「勉強しなくてもできるのだ」と高い評価を得、もし、点数が悪ければ、「遊んでいたのだからしょうがない（遊んでいなかったらできたはずと思われるだろうというもくろみも含めて）」と思われるだろうということで、自尊感情は守られる。また、セルフハンディキャッピングは、自己提示の方略として大いに関

連していると言えるだろう。　　　　　　　　　　　　　　　　　　（佐藤典子）

●第3節● 原因帰属（状況のせいか、個人の性格か）

　私たちは、人がある行動をとった時、その理由をどのように考えるだろうか。たとえば、友人が怒っていた時、その日は、たまたま、外出先で嫌なことがあって、怒りっぽくなっていて、怒っていたのか、あるいは、もともと、怒りやすい性格で怒っていたのか、私たちの判断は、その人をどのように見ているかということを表す。このように、他者の行動の理由を何に求めるのかを「原因の帰属」というが、理由付けの方向性によって、たとえば、前者のように、「状況」によるものという外的なものを「**外的帰属**」と言い、後者のように、能力や性格といった内的な「属性」によるものと考える場合、「**内的帰属**」と言う。

　その際、何に行動の原因を求めるか、その解釈によって、異なった評価となることに注意しなくてはならない。たとえば、その代表的なものは、「**基本的な帰属の誤り**」というものである。これは、他者の言動の理由を推測する場合、明らかに外的な影響を受けていることが分かっているにも関わらず、行為者自身の性格などといった「内的帰属」させやすいという一般的な傾向を言う。たとえば、上司の命令に逆らえずに違法行為をしたとしても、行為者自身の性格によってそれを行ったと考えられてしまう場合などである。また、「**行為者-観察者バイアス**」は、物事がうまくいかなかった場合、自分に近い存在に対しては、物事の原因を外部に求め、反対に、自分から遠い存在に対しては、その人の自身といった内部にその原因を求めるという傾向があることを言う。

　さらに、自分自身に対しては、成功に関しては、自分の能力に帰属していると考え、失敗に関しては、環境など外部に理由を求めるなどの傾向があるが、これを「**セルフサービングバイアス**」と言う。たとえば、テストがよくできた時は、自分が優秀だった、あるいは、努力したからだと考え、できなかったときは、テストが難しすぎたからだというように、自分以外に理由を見つけるなどしている。ほかに、「**コントロール幻想**」と呼ばれ、くじ引き

など、偶然に左右されることなどであっても、自分がくじを引けばいい結果が出ると思い込んでいる傾向があるなど、自分の意志でいい結果が出せると思っている場合や、偶然の事故や災害などであっても、その被害者に過度の責任を見出そうとする「**過度の責任帰属**」[4]といったバイアスがある。たとえば、華美な服を着ているから、盗難の被害にあうのだという言説などがその一例である。このような言説は、ラーナーによって「**公平世界仮説**」と呼ばれている。それは、この世では、良い人には良いことが、悪い人には悪いことが起こる、公平な世界であるという信念である。この信念に従って、悪いことが起きた人は、その被害を引き起こすような悪い何かが本人にあるのだという、何の根拠もなく被害者に責任を求める考え方である。

このように、帰属の処理を行う際には、行動を起こした人にばかり目が向きがちであるが、同様に、それが何によって引き起こされたのか、とりわけ、外的な状況要因についても考える必要がある。

（佐藤典子）

●第4節● ステレオタイプとは何か

1………血液型とステレオタイプの関係

朝の情報番組では、ニュースやスポーツの結果、天気予報以外に、これだけは必ず見てから学校や会社に行く人がいるというくらい、占いのコーナーに人気がある。星座占いが定番であるものの、中には、血液型占いを放送している番組もある。血液型占いというのは、日本でとてもポピュラーなものであり、また、性格を表すものとして最近では、各血液型の性格や付き合い方を記した本がベストセラーになったりしている。そこで取り扱われる血液型は、A型、B型、O型、AB型の4つなのであるが、本当に性格は、4種類に分類されるのであろうか。

1. 血液型の分類

多くの場合、日本では、血液型は、4種類とされているが、実は、赤血球膜の20種類の血液型や血清タンパクの遺伝性物質などによる分類など、一

---

[4] 外山みどり，2005「責任の帰属と法」菅原郁夫他編『法と心理学のフロンティアⅠ巻 理論・制度編』北大路書房．

卵性双生児以外の場合、二者の血液型が完全に一致することは、900億分の1程度の確率といわれている。また、完成骨髄性白血病患者で、骨髄移植の手術を受けた患者の血液型が変わることはよくあることとされている。このように、血液型の違いは非常に多様で、また、治療によっては、血液型が変化するのに、性格と血液型が連動しているということは事実なのだろうか。

実験者効果

血液型の性格判断がなされたのは、昭和初期の古川竹二の「血液型気質説」[5]が由来とされている。しかし、日本以外の国でこの血液型性格判断が定着することはこれまでなかった。古川は、実験の際に、各血液型の性格特徴を被験者に説明している。これによって、誘導されたということは十分に考えられる。今日、私たちは、何らかの形で、その血液型とその性格の傾向は知りえている（血液型と性格の本がベストセラーになっているくらいである）。こういった情報に影響を受けたことはないのだろうか。また、古川は、軍人にはO型が多いとして、O型は勇気があることを特徴としているからだと述べているが、統計的にそのような傾向は全くない。

2. フリーサイズ効果

血液型と性格の本をよく読んでみると、質問の内容がどのようにも取れる、誰にでもあてはまるものが少なくない。たとえば、「夢中になると周りが見えなくなる」といった質問があるが、誰であれ、夢中になれば周りは見えない。周りが見えなくなるくらいであるから夢中になっているといえるのである。これは、血液型だけでなく、他の多くの占いに見られる手法である。

3. 思い込みと条件付け

それでも血液型占い信奉者はこう言うだろう。「そんなこと言ったって、実際にA型はまじめじゃないか！ 占いは当たっているよ」。しかし、こうした情報は、子どもの頃から親や周囲の環境によって植え付けられたものである。「この血液型の性格は、こうだから」と他人に対してだけでなく、自分に対してもそのような見方をし、さらに、意識的に、また、無意識的にその特徴に一致するように相手を見るようになり、自分自身もその典型の型に当てはまるように行動してしまう。これが**血液型ステレオタイプ**であり、逆

---

5 古川竹二, 1932『血液型と気質』三省堂.

説的だが、よりいっそう、血液型性格判断を確かなものとしてしまうのである。それゆえ、成長するにつれてより強くその血液型ステレオタイプがあてはまるという傾向が見られる。それは、そのステレオタイプに合わせようと血液型別にそれぞれ自分の性格タイプを学習し、そのようにふるまってしまうからである。「A型ならまじめ」、「O型なら大ざっぱ」というようにである。一方、年少であればあるほど、血液型ステレオタイプを学習してしまう機会が少ないので、血液型ステレオタイプはあまり見られない。よって小さな子どもであればあるほど血液型による性格の差は見られないのである。それほど血液型によるステレオタイプは日本で定着している。

2……ステレオタイプ

　これまで見てきたように、血液の分類が性格を決めてしまうという認識が、現代の日本には、常識となって定着している。それは、作られたものであるにも関わらず、強く信じられ、次の世代にも受け継がれている。それでは、こうした血液型と性格の関係は、社会心理学ではどのように説明されるのであろうか。

1. カテゴリー化

　私たちは、物事を認識するために、ある規則に従ってそれを分類している。それが、分ける＝分かることである。たとえば、メモ用紙と壁紙は同じ紙から作られているが、その用途は異なる。その分類、すなわち、**カテゴリー化**ができていない乳幼児は、その違いが分からずに、メモ用紙であれ、壁紙であれ、お絵かきをしてしまうのである。

　こうした認知のための分類は、人に対しても行なわれ、特に、外見などの属性によって、人は分類される。性別、年齢、国籍、宗教、人種、出身地、学歴、容姿、職業、血液型などあらゆるものがカテゴリー化されている。そして、私たちはそれだけでなく、そのカテゴリー化にしたがって、そのカテゴリーの典型的な情報とみなされるものがセットになって、その文化や社会に共有される。それが、**ステレオタイプ**である。

2. ステレオタイプとは

　W・リップマンが『世論』（1922）で社会心理学、社会学の概念として使用した。特定の社会集団の成員がある社会的事象について判断する際、その

事象をあるがままに認知し、判断するのではなく、「頭の中の映像」すなわち、ある特定のイメージに基づいた先入観によって分類し判断していることを明らかにした。それは、単純化され、画一化し、固定的なイメージであり、ある社会的事象に対して特定の社会集団の成員が共通に受け入れているものであり、そこには、好き嫌いや善悪などの価値なども付随していることが特徴である。

　こうした情報は、定着し、「○○な人は△△だ」という**ステレオタイプ化**をもたらし、さらに定着させてしまう。オルポートは、ステレオタイプには、肯定的なものと否定的なものがあるとしているが、問題となるのは、否定的なものである。それらは、差別の温床となるのである。

3. 内集団びいきと外集団均一性認知——いじめや疎外の発生

　認知は、元来、節約的で、物事を単純に認知しようとする。そして、この節約的認知には、悪感情が加わりやすく、**外集団**に対する偏見やステレオタイプを招く。同一のものへは、好感情を持ちやすいので、セールスマンなどが、相手に対して、自分が同県出身であることや好物が一緒などをアピールして好印象を植え付けることもある。また、外集団の事例として、これまで、おたくが挙げられることもあったが、オタクと呼ばれる人々は、中森明夫が1983年6月号の『漫画ブリッコ』でコミケの人々の会話から命名したとされているが、第4章のコラムでも述べられているように、1988-89年の幼女連続誘拐事件でネガティブなイメージをもたれてしまった。しかし、野村総研では数千億円以上の市場として、期待されており、2004年の「電車男」など、恋愛に真摯な態度が肯定的なイメージを植えつけ、海外でのブームもあり、聖地である秋葉原はより一層の賑わいを見せている。それは、かつては、人々にとって遠い、外集団であったものが**内集団化**（自分に近い身内のような存在になり）し、オタク自体の多様性に目を向けることができるようになったといえるであろう（第4章第1節参照のこと）。

（佐藤典子）

Column
人は何をオシャレと思うのか？

● 服装の色や形、メイクの仕方（つまりファッション）に流行があるのは、誰もが知っていることである。私が大学に入学した頃（1993年当時）の同世代の女性のファッションといえば、まゆ毛は太くて口紅は真っ赤、髪型はソバージュでコートには分厚い肩パットを入れるというのが定番であった。もちろん、今、この姿かたちを見ると（おそらく写っている当人ですら）違和感を覚える。

● しかし、現在のファッションが優れていて当時のものが遅れているかというと、そうではない。当然ながら、現在のファッションは1993年当時に行けば、大変な違和感を持って迎えられたであろう。たとえば、今の話と少しだけ時代はズレるが、映画『バブルへGO!! タイムマシンはドラム式』（2007年、フジテレビ他制作）では、2007年から1990年へのタイムトラベルが描かれているが、この中で、広末涼子演じる2007年の主人公のファッションは、1990年の人々から違和感を持って迎えられている。

● ここで指摘しておきたいことは、現在も1990年代も、その時代のファッションについて、人々は「心から」綺麗、かわいい、格好良いと考えているということである。「何をあたりまえな」と思うかもしれないが、このことは、私たちの心が社会によって影響を受けているということを端的に示しているといえる。

● 時代ごとに変わるオシャレな格好は、それぞれの時代において、心の底から綺麗・かわいい・格好良いと思われている。一方で、時代や集団が異なると、その姿かたちには違和感を覚えてしまう。

● これは、時代が同じでも集団（たとえば世代が）が異なると、同じことが当てはまる。たとえば、同じ現在を生きる人々でも、『egg』の読者と『CanCam』の読者、『Oggi』の読者は、自らの集団のファッションを綺麗でかわいい・格好良いと感じ、他の雑誌のファッションが勧めるファッション（他の集団のファッション）については、なんだか違和感を覚えることになるのではないだろうか。

● 時代や集団が異なると、何をもって綺麗と捉えるかは異なる。つまり、社会が異なると価値観が異なるのだ。しかも、それぞれの時代や集団の中では、それぞれの流行をその成員は「心から」綺麗と考えているのである。

● 社会とは、こうした身近なところからも感じ取ることができる。さて、10年後、あなたは今の自分の格好を見てどう思うだろう？

（土居洋平）

Column
自我と社会の間(はざま)に漂うこころの病と理論

●こころの病に陥って、自分のことをためらいながらも口にすることができる人々が増えたのは、本当にここ数年間のことだろう。インターネットのブログに自分自身のことを書き連ねて不特定多数の人へ発信することが流行し、そこでは病に陥った人の（恐らく）本音も赤裸々に語られている。それを見た人々によって、さらに自身の病を語る連鎖が起き、"ピアカウンセリング"の状態が自然発生しているようだ。そして、本屋の店頭には病に関する本が山積みされ、心療内科のクリニックが盛況だと聞けば、こころの病の認知度が上がったことを実感せずにはいられない。

●しかしながら、病の存在に対する認知度は上がっても、当事者たちの思いが正しく理解されているとは言い難く、だからこそブログで切々と訴えられているのだろう。というのも、彼らの思いは複雑で、何が原因でなぜそうなったのか、一筋縄では説明できないからである。

●例えば、「摂食障害」。これは、摂食行動に異常を生ずる疾患で、多くは思春期に発生すると言われている。この病に陥った人々は、"自我が未発達"で"成熟拒否願望"、"幼少時の母親の愛情不足"や"対人関係恐怖"があり、さらに"メディアによるやせの賞賛の影響"などが要因となるという説がある。これは、自分が原因かそれとも社会か、社会心理学の分野なら「帰属理論」で説明されたりする。実際に、大人になりたくないとか、やせなければ自分を見てもらえないなどの意識に駆られていたことを自覚した人には、その説明が受け入れられ易いだろう。しかし、「摂食障害に陥った人々のことをそのような要因説で十把一絡げに括られるのはいや。偏見をもって見ないで。」というメッセージを強烈に発していることもある。社会が決めた枠にはまらないことを主張する一方で、社会には大いに認められたいという彼らの意志をそこに感じ、まるで社会と自我の間に漂っているようにも思うのだが、これも「勝手にそんなこと思わないで」と一蹴されてしまえば、彼らのこころを理解しようにもそれはまた困難を極めるのである。

●とはいえ、社会に所属する「ヒト」に生ずる摂食障害であり、こころの病である。苦しんでいるのであれば、なんとかして助けたいとも思う。理論を学び、それを活用することは、こころの病に苦しむ人々を救うことにはならないのだろうか。やはり、彼らを理解する一助として理論を用いるのは、彼らにとって酷なことだろうか。看護学を教授する仕事に携わってきた者としては、悩ましい限りである。　　　　（平井　葵）

第4章
人間関係はむずかしい？

　本章では対人関係の問題を扱う。私たちは、好むと好まざるとに関わらず、他者と関わりながら生きており、その関係から自分勝手に降りることはできない。「社会」というものが様々な関係の織りなす束であるならば、それは個人の主観によって意味づけされるものであるばかりでなく、自身とは無関係に、自身を超えた関係としても存立している。それでは、私たちは他者と、実際にどのように関係しているのだろう。人間の関係存在という側面を、特に親密な関係を切り口に考えてみたい。

●第1節● 友だち関係の「ここちよさ」と「息苦しさ」

1………友だち関係を考える

　一般に、「友人」は「居る」、「在る」ということが意識されるのだが、その「(友人)関係」とはどのようなものであるのか、ということまで踏み込んで考えられることはあまりないかもしれない。一方で、「友人」は自身を支え勇気づけてくれるような存在で、時に楽しく、時に厳しく自身を教えたり叱ったりしてくれる存在であろう。しかし他方で、親しい関係であるが故に、それが自身にとっての葛藤の源泉にもなりうるような「関係」でもある。まずは、私たちの日常生活においてなじみ深く、当たり前と見なされている類の「関係」に注目してみよう。

　数量データからみてみることにする。「(財)日本青少年研究所」が平成18年度に行った「高校生の友人関係と生活意識」調査において、「現在大事にしているもの」を質問している。この調査は日本とアメリカ、中国、韓国の国際比較調査だったが、日本で最も高い数値を示したのは「5. 友人関係

がうまくいくこと」(39.8％)だった。因みに他国では「1. 希望の大学に入学すること」、「2. 成績がよくなること」などの学歴的な選択肢のポイントが高いが、日本ではその比重はそれほど高くない。

　次に、とても仲の良い友人の人数について見てみよう。内閣府の実施した「第2回青少年の生活と意識に関する基本調査」(平成13年)によれば、小学生(4～6年生)では「4～5人」が最も多い(24.7％)が、10人以上いると答える比率も38.2％で、他の年齢階層とくらべるとこの時期がもっとも親しい友人の数が多い。その後、仲の良い人数は減少していき、22～24歳では、「4～5人」が33％、10人以上の数値は16.1％に過ぎない。前回調査(平成7年)とくらべると、年齢が上がるごとに親しい友人数が減少するという傾向は同様であるが、10人以上という選択肢の回答比率は前回の方が高い数値を示している。「友だち百人」という傾向は、小学生段階から小規模化する傾向があるのかもしれない。

　では実際の友だち付き合いはどのようなものか。同じ調査から得られたデータで、「なんでも話せる友だちがいる」という比率は小学生段階で68.1％だが、年齢階層が高くなると増加し、22～24歳で80.1％になっている。友人数は年齢を経るごとに減少するが、関係は深まると考えてよいだろう。しかし反面、友人関係を「めんどうくさい」とみなす比率も、特に中学校以降に跳ね上がり、15歳以上の年齢階層ではほぼ4人に1人が否定的な評価を行っている。また、友人関係の「楽しさ」についても、肯定的評価(「とても楽しい」＋「楽しい」)が全年齢階層で95％を超えているものの、「とても楽しい」と答える率は小学生の74.6％が最大値で、それ以降は徐々に減少し、22～24歳という年齢階層では51％にまで減少する。このように見ていくと、関係の深まりは葛藤の深まりと関連しているように考えられる。これらのデータを踏まえつつ、友人関係を理論的に見てみよう。

　友人を「仲間」として意訳し、「相互に共通な関心によって選択され、共通の集団行動をとる同世代の他人」[1]という定義を援用しよう。このような、身近な個人や集団に対して抱く「**われわれ意識 we-feeling**」を契機として形成される集団を「**仲間集団(ピア・グループ peer group)**」と呼ぶ。因みに、その「われわれ意識」が強烈になった集団を**ギャング gang**と呼び、これが頻繁に形成される時期を**ギャング・エイジ gang age**という。

　このとき、「われわれ」という意識は、それ以外の関係(「彼ら」、「よそ

---

[1] 住田正樹，2000『子どもの仲間集団の研究』九州大学出版会，p.18.

者」）と区別される。W・G・サムナーは前者を「**内集団 in-group**」、後者を「**外集団 out-group**」と呼んだ。他にも類似の概念としてC・H・クーリーの第一次集団／第二次集団、G・E・メイヨーによるインフォーマルグループ／フォーマルグループ、F・テンニースのゲマインシャフト／ゲゼルシャフトなどがある。個々の概念規定は厳密には異なるが、それぞれの対概念の前者が、親密性、連帯感、一体感という特徴を持つ点は共通している。

　内集団のメンバー間では「相互に、平和、秩序、法、統治、勤勉」が期待され、「自分たちがもつ意識、態度、行動上の特質を美化して自尊心や自負心」が抱かれる一方で、外集団との関係は敵対的なものになりやすく、(「われわれ」ではない、)「彼ら」の集団に評価すべき点があったとしても、それに関しては無関心になる傾向がある[2]。この**自民族中心主義（エスノセントリズム）**という内集団の特徴は、外集団を排除することによって内集団の結束を増し、そこに所属する個人を保証し、その存在の不安定性から救ってくれるものでもある。この結果成立するものを「居場所」と言ってもよいし、存在証明と言ってもよい。ただし、この内集団と外集団の線引きは、**状況依存的**に変容しうるものであり、客観的・静態的に固定されたものではないということは付け加えておこう。ここでの文脈上「友人集団」を例としてきたが、内集団にはそれ以外にも、家族、出身学校、所属サークル、働く企業、出身県や国家などがある。重要なのは、「外」を指定することによって「内」の「われわれ意識」が事後的に醸成されるという性質と、そこには様々な力学が働いているという認識である（第3章第4節および第9章参照）。

　視点を集団から個々人の関係のあり方へ転じてみよう。この時、自己の存在は他者との関係において形成されるという認識が重要になってくる。私たちにとって、自らが何者であるのかという存在証明は極めて重要な関心事である（第3章の1を参照）。ここで「存在証明」と記したが、これは以前、「自己同一性」という訳語を当てられていた**アイデンティティ**のことを指している。この概念はE・H・エリクソンによって整理されたもので、人間のライフサイクルのなかで特に青年期の発達課題として提起された。自分は何者であるのかという確証について、確立－拡散という対抗軸をめぐり、その克服が課題とされたわけだが、それは個人の内部で自己完結的に行われるものではない。もしそうだとするなら、それは単なる思いこみでしかないだろう。そうではなく、アイデンティティとは、自分自身による「わたし」のイ

---

[2] 日本教育社会学会編, 1986『新教育社会学辞典』東洋館出版.

メージと、周囲からの「わたし」イメージとの折り合い、摺り合わせの上に結像する「わたし」についての信頼と確証のことだと考えてよい。今日、アイデンティティということばは一般化しているが、それが他者による「承認」を必要とするということ、つまりそれが社会的なものであることは忘れられてはなるまい。この「承認」において、友人関係は重要な役割を果たす。因みにJ・ターナーは社会関係におけるアイデンティティについて注目し、**個人的なアイデンティティ**と**社会的なアイデンティティ**とを分けている。前者は親密で個人的な関係において承認された自己であり、後者は集団的、制度的な社会関係において承認された自己とされる。

友人関係に立ち戻ると、それは主観的に「楽しい」関係であるばかりでなく、自身とその居場所を保証してくれるものでもあり、社会における自身の存在を担保してくれるような関係のネットワークとして捉えることができる。それゆえ、子どもの仲間集団は、「教育的機能」、「社会化機能」という観点からも注目されるのである。

次に、「友人関係」の中でも、特に親しい「親友」について踏み込んで考えてみよう。

2………「親友」とは何者か

「親友」ということばを客観的に表現するのは難しい。しかし、このことばによって示される関係ほど、様々な時代において文学的、哲学的なテーマとなっているものは他にはあまりないのではないか。

仮に親友を、友人のなかでも特に親密な関係・存在を指すものとするなら、それを**重要な他者** significant others と呼んでもよいかもしれない。重要な他者とは、自身がどのような関係や意味を志向するのかという点において規準となるような他者のことであり、それは自己評価の基準としても、自身の存在の起点としても、その他の存在や人間関係と比して特に重要に意味づけをされた他者のことを言う。私たちはその存在に大きく影響されながら成長し学習していくことになる。

ここで、ある調査による「親友」定義を見てみよう。

日本において比率が高い選択肢は、「7 何でも打ち明けられる人」、「8 ふざけられる人」、「20 自分の意見を率直に言える人」、「11 頼りになる人」などである。ここで見られる親友イメージは、そのまま先に触れた重要な他者としてのイメージでもあろう。親密であり、互いに隠すことが無く、しかも

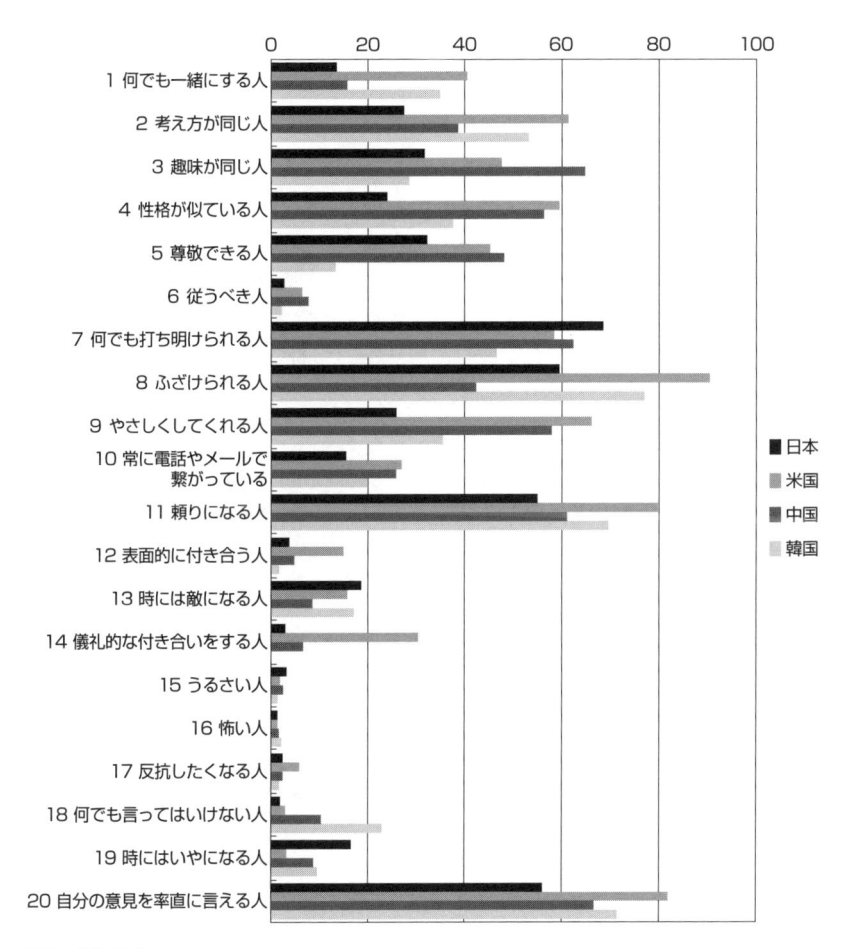

図1　親友定義
「高校生の友人関係と生活意識」調査、(財)日本青少年研究所、2006年

それは表面的で硬直した関係とは異なって、自身をさらけ出し合いそれを許し合える関係といってよいのかもしれない。

　ところで、他国の場合を見てみると、親友の定義が文化によって幅があることが窺える。少なくとも、日本では「2 考え方が同じ人」や「4 性格が似ている人」、「9 やさしくしてくれる人」などの比率が諸外国ほど高くはないし、同時に「12 表面的に付き合う人」、「14 儀礼的なつき合いをする人」の比率もアメリカほど高くはない。互いに似ているかいないかは**態度の類似性**

第4章………人間関係はむずかしい？　　091

と呼ばれ、対人魅力や関係形成において重視されるが、少なくともこの調査においては、「考え方」や「趣味」や「性格」などの類似性は、日本ではそれほど重視されていないと言える。親友とは文化的に多様な定義づけがなされるようだ。

　それでは歴史的・時代的に、親友とはどのように見なされてきたのだろうか。それは、歴史的に変動してこなかったのだろうか。

　一つ事例を紹介しよう。「親友」ということばが臆面もなく語られた60年代の漫画で、『巨人の星』という作品がある。そのディテールとして描かれた人間関係の表現は、現在と比較して興味深い素材である。この作品の主人公、星飛雄馬と伴宙太との関係は、自他共に認める「親友」と設定されており、その関係にはいささかもためらいがない。ともに言いたいことを言う仲で、感動する際には抱き合って涙を流す。その中に次のような下りがあった。星はとある事件の犯人として嫌疑をかけられるが、親友である伴に対しても真相を語らない。伴は内心いらだちつつ、直接星に問いかける。「親友の俺に言いたいことはないのか？」と。さて、仮にこのような問いが、あなたの親友から発せられたら、あなたはどう思うだろうか。

　先の調査結果から見る限り、このような関係のあり方が現代においても理想的なものとして流通している可能性は確かにある。しかし多くの人は、このような対応をしてくる相手を「押しつけがましい」と感じるのではないだろうか。仮にそのような人が多いなら、このアニメの放映当時と現代との感覚のギャップはなにゆえ生じたのだろう。

3………人間関係の葛藤をめぐって──〈やさしさ〉へのこだわり

　精神科医の大平健は先の、星－伴のような熱い関係を「ホット」な関係と呼ぶ。「ホット」な人は相手に同情したり相手の気持ちを察して一体感をもつのだが、これは言い方を変えれば、平気で他人の気持ちに「立ち入る」ことでもある。このような人間関係の取り方は、旧来は「やさしい」と呼ばれる関係でもあったが、現状においてはそれとは違う関係の取り方が一般的であるという。現代において流通するのは、相手の気持ちに立ち入らないような「やさしさ」である。これを「ウォーム」な関係という。

　歴史的に見ると、「やさしさ」という価値が人間関係において注目されるようになってきたのは1970年前後とされており、それは決して「伝統的」に維持されてきた文化特性というわけではない。「やさしさ」が一つの価値

として登場してくる背景には、当時の時代状況があったといわれている。活発であった学生運動が追いつめられていく閉塞状況のもとで、多くの学生たちは自身のアイデンティティを揺るがせ、精神的に傷つき追いつめられていった。そのような状況下で、若者たちは互いの内面的な痛みを共有することによってそれを癒そうとした。このような背景から当然の結果として、相手の中に立ち入っていく「ホット」な関係、言い換えれば、「癒しとしてのやさしさ」が登場したと大平は言う。この観点は、栗原彬が『〈やさしさ〉のゆくえ』という著作で示したように、高度産業社会における生産価値や達成価値の優位と、それを下支えするように再編成された家庭、学校、地域社会の変容を通じて、産業社会的で管理社会的な諸価値を「自明視」し「正当化」するように促す圧力への抵抗として、主に青年達によって選び取られた「やさしさ」という生き方と軌を一にしている。この旧来の「やさしさ」を図式化したのが次図である。

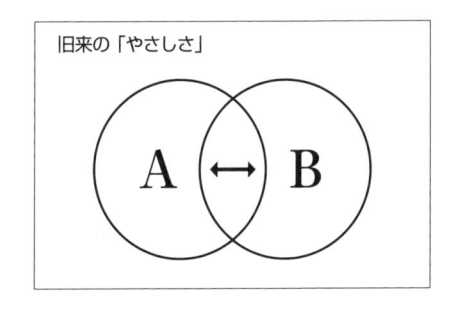

この図におけるAとBは、互いの痛みや傷を分かち合うために、相手の世界に立ち入っていく。そうすることによって一体感を、言い換えれば共同性を醸造することになり、その結果、痛みや苦しみは半減するということだろうか。先に挙げた、「巨人の星」の主人公に見られる関係の取り方はこちらの図式に限りなく近い。

それでは、最近の「ウォーム」なやさしさはどのようなものか。それは旧来のやさしさのような「癒し」を目指すのではない。それ以前に、そのように傷つかないための「予防」としての「やさしさ」である。図示すると次ページのようになろうか。

「ウォーム」な関係においては、互いに立ち入らないような注意深さが必要とされ、何よりも互いの関係がなめらかに維持されることが優先されるのが特徴である。この時、「ホット」な関係のように相手の領域に立ち入ることは、「違い」（対立点）を際だたせてしまうことになりがちで、そのことによってなめらかさを損なう可能性があるため、努めて避けられることになる。現在の「予防」としてのやさしさにおいて、たとえば、一方が何かに思い悩

現代の「やさしさ」

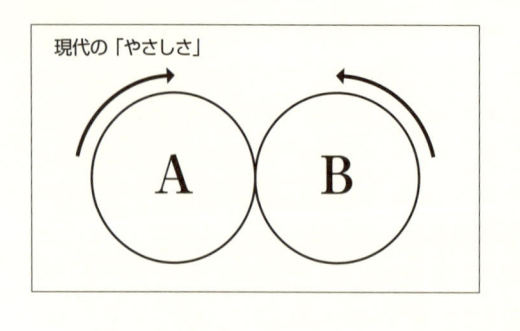

A　B

んでいる様子があったとしても他方はそこに立ち入ったり、問い詰めたりしない。だからといって無視するわけではなく、元気の出るようなことを一緒にしたり、気分転換や気晴らしに誘ったりする。もちろん、そうしたからと言って一方の悩みが解決するわけではないが、少なくともそのなめらかな関係は維持されつつ「気遣っている」という相手の意向だけは伝わる可能性がある。このような関係の延長線上に、大平は「年寄りに席をゆずらないやさしさ」（相手を年寄り扱いしないから）、「親から小遣いをもらってあげるやさしさ」（共働きで稼ぐばかりの親の見栄を満たしてあげるため）などを位置づけている。ただしこの時、相手の世界に立ち入ることを控えることから、相手の気持ちを自分の想定する範囲で決めつけ、それを押しつけてしまいやすく、「きっとこうだろう」という自身の抱く**ステレオタイプ**を再生産してしまう可能性もある。ステレオタイプとは、ある特定の文化、社会のメンバーに広く共有された単純化されたものの見方のことをいう（第3章第4節および第7章第4節参照）。一般に、われわれは相手の外見から（「大きい人」＝頼りがいがある、「色白の人」＝おとなしい、「朗らかな人」＝明るく楽しい、など）その人のパーソナリティを推し量る素朴なステレオタイプを保持しているが（「**暗黙のパーソナリティ**」）、それらは「ウォーム」な関係では維持されやすい。繰り返すが、「ウォーム」な関係においては、相手に関わったり立ち入ったりすることによる関係の深まりや気持ちの共有が直接的には目指されないため、結果的に存在の不安定性と流動性を引き込んでしまうことになる。それは、自身のアイデンティティにとって致命的なものになりかねない。このようなジレンマはどのように構造化したのだろう。

4………対立回避と自己肯定観の脆弱化

　土井隆義は、現代的な対立回避（先に触れた「ウォームなやさしさ」）をしようとする意識の背景に、**自己肯定観の脆弱化**を挙げている[3]。現在の人間関係、特に友人関係における安心感のなさは、多くの若者に共有されてい

3　土井隆義，2008『友だち地獄』ちくま新書．

るという。先にも述べたように、周囲からの承認を得ることなしに、自身のアイデンティティを安定させることは難しい。ところが、現代的な人間関係においては対立回避が主眼となるため、自らの差異を表出することは関係に葛藤要因を持ち込むことになりやすい。そのリスクを避けようと、自己表出をあえて控えることによって、結果的に自らのアイデンティティを流動化させてしまうというパラドクスを抱えこむことになる。しかし、自己肯定観の脆弱化した自己は周囲の人間関係に依存せざるを得ないため、自身の感じる違和感を抑圧しつつ、関係を維持することが図られる。つまり、やさしい関係を再生産する。

　一方、現代社会では一元的な価値感が多様化し、さらにそれが状況によって流動的に変化するため、そこを生きる個々のリアリティも不安定なものにならざるを得ない。他方、複雑化した現代において、個々人は様々な諸関係を同時に、しかも複合的に生きることが求められ、それぞれの関係ごとに自身のあり方を変容させ、アイデンティティを錯綜させてしまう蓋然性も高くなる。しかも、私たちはこのような現代社会を自己の責任において生きて行くことを求められる。

　このような状況の下で、その対処戦略として用いられるのが、関係を限定することであり、自らの世界への「引きこもり」とでもいうべき方法である。社会との関係を取り結び、開示していくことは、逆に言えば他から自身への介入機会を増やすことにもなりかねない。これは自分の世界が相対化される危険性にもつながる。これを避けるために、関係のあり方を意図的に調整・制限しようとして、ネット世界の特性が活用されている。現代的な関係構造の変容を土井の論点を基に再構成すると以上のようになろうか。

　同様に、福重清も現代の友人関係について触れ、その特徴を「多様性」として指摘している。「友人」の捉え方にしても、「つきあい方」にしても、それらが傾向として「分散」していることに触れた上で、福重は次のように結論付ける。「これまでのような、友人関係において自己の内面を開示し、人格的な信頼を築いていくというやり方が難しくなっている、ということがありそうである」[4]。一般に対人関係の発展は、表面的なものから内面的なものに深化発展していくと考えられているが（**社会的浸透理論**）、上記のように、必ずしも内面開示を伴わないような友人関係が成立しつつあるという指摘はとても興味深い。

4　福重清, 2006「若者の友人関係はどうなっているか」浅野智彦編『検証・若者の変貌』勁草書房, pp.115-145.

ところで、様々な葛藤を抱えつつも、私たちは現に具体的な関係を生きている。その際、私たちは一方的に状況を受動的に受け止めるばかりではなく、たとえば、自らを演出することによって積極的に状況に働きかけてもいる。次節ではこの一例としてファッションを取りあげ、関係構築のもう一つの側面を検討したい。

●第2節● カラダを見せる、カラダで魅せる

1………ファッションによる自己提示

　私たちは衣服を着る。衣服は、暑さや寒さを凌いだり、皮膚や体を保護するために必要だが、その「実用性」を超えた機能を、衣服は併せ持っている。たとえば、丈夫で気楽だからといって、ジーパンにTシャツ姿でどこにでも出かけるわけにはいかない。「公的」、「儀礼的」な場ではそのような服装は不適当である。何より、就職活動をそのような服装で行うものはいないだろう。服装には、TPOがある。言い換えればそこには、状況に対する適切性が存在しているということであり、それは個人の嗜好のレベルで決められるものではない。状況において求められる服装があるということ、まずはこの点を確認しておきたい。

　さらに服装とは、それをまとう人間がどのような社会的存在であるのかを表示する用具でもあり、同時に自身のアイデンティティを表示／確認するためのものでもある。

　もともと特定の衣服は誰でも自由に身につけられるものではなかった。服装とは、そこに地域差、職業差、身分差、経済差を表示させる「機能」をもたせた、制度でもあったのである。北山晴一は、近代においてそのような地位表示機能が消滅していったプロセスを指して「ユニフォーム化」と捉えたが[5]、現代においてこのユニフォームは新たに意味づけされて活用されている。たとえば、特定の職業における制服や、状況的に求められる儀礼的な服装などを思い起こしていただきたい。現代においてユニフォームは、**役割**と

---

[5] 北山晴一, 1996「モードの権力」井上俊他編『岩波講座現代社会学 21 モード・デザイン・ファッション』岩波書店, pp.101-122.

直接的に結びついているのである。役割とは、ある地位や存在にふさわしいように周囲から期待され当人によって学習される行為行動様式のことであり、そこにはある種の規範や価値、そして感情の状態が含まれている。特定のユニフォームを身につけるものには、その服装に応じた行動様式が潜在的に期待されているのである。

　他方、今日において制限や禁止の体系から解放された衣服は、経済的な豊かさとも相まって、自分を表現するための有効な手段となっている。人はこの時、役割に制限されず、逆にその役割をも利用しながら、自分らしさを表現するために衣服を用いる。迷彩柄の衣服をまとっているからといって軍国主義的な思想の持ち主とは限らない。それは自らのアクティヴィティの表現であるかもしれない。金属製の装飾品と黒系の革製品に身を包んでいるからといって、実際にメタルやパンクの音楽活動をしているとは限らない。自分の「気合い」を見せつけようとしているのだとも言える。80年代には、当時流行していたサーファーに見られたくて、こんがりと日焼けして髪を脱色した「陸（おか）サーファー」が渋谷あたりを闊歩していた。自己表現としてのファッション。これはコミュニケーションの一つの側面でもある。

2………制服と役割

　まず、制服ということから考えてみよう。私たちの生活環境には様々な制服があふれている。たとえば、警察官や軍隊の制服、医者や看護師の白衣、鉄道会社の制服などがよく引き合いに出されるところだが、それ以外にも引っ越しや宅配便、郵便関係、ファーストフードなど、個別の制服を数え上げれば枚挙にいとまがない。

　一方で私たちは、着用された制服から、それをまとっている存在を類推する。たとえば私たちは、警察の制服をまとっている人を警察官であるとステレオタイプ的に見なしてしまいやすい。しかし、警察官だと思って家の鍵を開けた瞬間、押し込み強盗に早変わり、ということもありうるのだ。ここには二つのステレオタイプが働いている。一つは言うまでもなく、制服とそれを身につけた人の職業について。もう一つが、制服が表示する職業と個人のパーソナリティとの類推性についてである。これは言い換えれば役割とパーソナリティとの関係の問題である。

　P・G・ジンバルドーによってなされた**刑務所実験**は、このことに関連して興味深いデータを示している。ジンバルドーは囚人や看守などによく見ら

れる性向がどのように生じるのかを調べるため、模擬刑務所をつくり、そこに募集したアルバイト学生を任意に「囚人」役と「看守」役に振り分け配置する実験を行った。囚人役の学生は、自宅にいるところを地元の警察（因みに本物）に逮捕され、実際に取り調べを受けた上で、この模擬刑務所に収監された。刑務所内の生活は、本物の刑務所に準じており、囚人役の学生は私物の所持が禁止され、常に番号でしか呼ばれず、日常的な点呼や監視の下に置かれるなど限定的な生活を強いられた。

　服装についてだが、囚人役は胸と背中にナンバーの入った実際の囚人服と囚人帽を着用し、看守役にはカーキ色の制服と反射鏡になったサングラス（つまり相手からは見えない）、そして警棒と手錠が渡されたという。

　このような服装に代表される舞台装置のもとで、囚人役の学生たちも看守役の学生たちもその「役割」を超えて囚人そのもの、看守そのものになってしまうまでに時間はかからなかった。囚人役の学生たちは見る間に受動的、服従的になっていき、無力感にさいなまれ、号泣したり激怒したりという兆候が現れてきた。対して看守役の学生たちは、見る間に攻撃的、支配的になっていき、後には実験としては禁止されていた暴力を振るうようにもなった。本来、2週間を予定していたこの実験は、結果的に6日間で中止となる。

　自分たちがどのような状況に置かれ、どのような役割を演じているのかということは、端的にその舞台装置である服装によって、大きく規定されている。そしてここで見たように、個人の自我や主体性がどのような状況をもコントロールする（しうる）というわけではなく、置かれた状況とそこで従事した役割によって、個人の主体性や意志も変容しうる。私たちは、まず主体というものがあって、それが関係を取り結ぶのだと考えてしまいがちであるが、実は関係が先にあり、その関係を通して主体や自我が形成されていくという理解の方が、この場合には正鵠を射ているのではないか。人は他者との関係と役割を通して、自身のアイデンティティを構築していく存在であるともいえる。

3………自分の印象を演出する——印象操作

　一方、服装は周囲の友人や知人などに自分自身をアピールするためにも用いられる。このような動機にもとづく意図的な自己の表現を**自己提示**というが、言うまでもなくこれは日常的に行なわれていることであろう。人は他者へ情報を出したり出さなかったりすることで、与える印象を意図的に操作し

ようとすることがある。これを**印象操作**という。因みにこの印象操作は相手に嘘をついて陥れてやろうというような意味ばかりではなく、相手に自分のイメージを提示し、それを維持管理するという意味合いの方が強い。

　印象操作という概念と直接的に関係するのは**対人魅力**という概念である。対人魅力とは、他者に対する魅力のありよう一般を指すが、それがどのように生じるのか、どのような要因が影響を与えるのかはとても興味深いテーマである。テレビ番組などでも時々見かけるが、複数人の写真の中からどの人が魅力的かを選ばせるような企画がある。写真という限られた情報の中で、人は表情や髪型、そして服装や若干の装飾品からその人の魅力を判定するのだが、その際、**身体的魅力**が最も重視される傾向がある。この身体的魅力が後光のようにその人間の様々な人間性を照らしだし、その人の評価を全体的に底上げする（**ハロー効果**）。

　実は身体的魅力の内実はまだ明らかになっていないことが多いのだが、これが「外見」に関係するということは確かである。たとえば、見た目のよい人は、他の人間評価の基準である、性格のよさ、人柄のよさ、能力の高さなどでもプラスに評価される傾向が強いという（K・ダイオンの調査）。言うまでもなくこれは**偏見**なのだが、その偏見はかなり一般的に共有されており、多くの人の生活感覚にまで沈潜している結果として、人はファッションセンスを磨いたり、ダイエットやフィットネスにいそしんだり、化粧に凝ったり装飾用品を集めたりということに執着するのだろう。人が**第一印象**に拘るのは、理由がないわけではないのである。

　改めて考えてみると、地域や時代を超えた、普遍的な魅力というものが存在すると仮定するのは難しい。少なくとも、日本において過去に「美人」とされていた容姿と、現代におけるそれとが異なっていることを私たちは知っている。また、地域の文化によって「美人」定義が多様であることも広く知られている。この点からすると、魅力とは文化的なステレオタイプの一種であると考えた方が理解しやすいだろう。

　また、ここには**流行**の問題も関係してくる。流行現象とは、新しいモノや行動様式が社会の中で急速に広まり、そして急速に廃れていく現象を指すが、その際、そこには同質性（皆と同じということ）への志向と独自性（自分の個性的、独自的なあり方）への志向が緊張関係を伴いながら併存している。服装の流行現象を順を追って説明すると、〔①新しい服装の登場（独自性）→②マスコミ等の宣伝→③多くの人の同調（同質性）〕となるか、逆に①と

②が逆転し、〔①マスコミ等の宣伝→②新しい服装の登場（独自性）→③多くの人の同調（同質性）〕とするような段階を踏む。最終段階で同質性に至ると、新たな独自性が目指されていくことになり、そこにダイナミックな循環が行われる。この循環は市場原理と馴染みやすいため、流行には宣伝を通して常に、商業的な価値が入り込む余地を残すことになる。

　魅力についてのステレオタイプと流行を現出する諸力とが相まって、現代のトレンドとしての対人魅力を形作っている。「イケてる」、「イケてない」ということばが流通するのは、このような磁場においてであり、前者においては外見上の魅力が正のハロー効果として作用し、その人の人間的な評価をプラスに押し上げるかもしれないが、後者の場合は負のハロー効果として、外見上の非魅力が偏見として流通する可能性を残してしまう。

　因みに、「魅力」定義のステレオタイプ性と「市場原理」による個性の演出を、市場やメディアに踊らされた結果として批判的に見る向きもあるが、これは一概にそうとも言い切れまい。確かに、それらが市場原理において特定の利害と結びつく可能性は存在するが、行為主体としての個人は必ずしも用意された筋道に従うばかりではない。それを「利用」しながら自己を演出し、新たな関係を「主体的に」展開することも可能であろう。

　以上、人間の関係存在という側面について考えてきた。一方で友人関係に代表される親密な人間関係が重視されつつも、それが難しさを抱えてしまう現状がある。そのような難しさの上に、私たちは行為主体として様々な工夫をしながら関係を取り結び、同時に自身を構築していく。

　このことを確認した上で、次に人間関係における葛藤について、より踏み込んで検討していくことにしよう。

●第3節● 意見の違いをどうしのぐ？

1………合意するとはどういうことか──同調

　私たちの過ごす日常生活においては実に様々な事が生じており、そこでは必ずしも自分の意に添わぬことであっても引き受けなければならないこともある。たとえば、今、これを読んでいるあなたは、場合によっては授業のテ

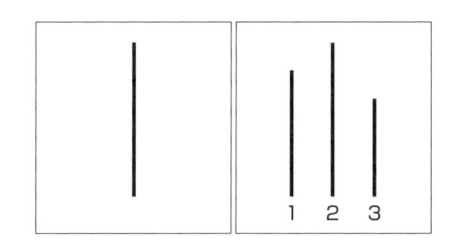

キストとして興味のわかない文章を目で追っているかもしれない。試験勉強を前に、嫌々ながらこの文章に付き合っているかもしれない。

　重要なことは、自分の意に添わないことであっても、「あわせる」「付き合う」という行為を人間は選択できる、ということである。これを**同調行動**という。このことを概念化した**S・E・アッシュ**は次のような実験を行った。

　上の左図の線分は、右図の1から3までの線分のどれと最も長さが近いか、という問いに対して、数人の被験者が回答する。ところが実は、真に試験を受けているのは最後に答えることになっている一人のみであり、他の被験者は皆サクラであった。この右図で、左図と最も長さが近いのは2であるが、サクラが示し合わせて1と答えていったとき、被験者はそれを2と言わず、皆にあわせて1と答える率が高まった。要するに、自分の判断よりも大勢に従ったということである[6]。人間は自己判断・自己決定する存在と期待されるが、同時に、状況による適切性を読み取り、フレキシブルに対応することができる存在でもある。

　ところで、あらゆる関係において相手がいつ如何なる時も同調してくれるとは限らない。関係の一方が他方の同調をもとめて働きかけるとき、**説得**が用いられる。説得は主にことばによって行われ、そのやりとりの過程を**説得的コミュニケーション**と呼ぶ。説得のプロセスは**ホブランド**によって、①注意：メッセージが説得される人の注意を引く②理解：メッセージが理解される③受容：受け入れて態度を変容する④記憶保持：説得されたことが記憶に残る、という4段階に分類されている。ところがこれらのプロセスは、実は説得以前の状況、すなわち、説得する側がどのような人であるかということに依存している。ここに**信憑性**という概念が登場する。信憑性とは、説得される側が説得する側に抱く観念であり、「信頼性」と「専門性」からなって

---

[6] この時、それが本心から納得しての同調であれば「私的受容による同調」、単に大勢に従っただけであれば「公的受容による同調」と区別されるのだが、この区別には重要な論点が残る。一つは、「人間の本心」を誰がどのように判断するかという技術的な問題点であり、もう一つは、「人間の本心」というものが存在するのか否かという認識論的な問題点である。これは、人間の理性や心理というものをどこまで本質的・実体的なものと捉えることができるのかという議論に関わる。

いる。見ず知らずの他人よりは著名な専門家の方がこの信憑性が高い分、説得が効果的になされるとされる。一歩進めると、人間は権威に弱く、権威に服従していくという認識につながっていく。

しかしながら、専門的知識人の方が正しい知識を多く持っている、とか、その人たちは自分たちに嘘を言うわけがない、などの前提はステレオタイプにしか過ぎず、この前提そのものが、今日どの程度の「信憑性」を持っているかは問われる必要があろう。社会の自明性と信頼性が崩れつつある現代のような**危険社会**[7]において、そのような「信憑性」そのものが信憑性を失いかけていると言えないか。権威や権力、信憑性や自明性というものが雪崩を打ってその存在根拠を揺るがす現代では、権威や権力の言説は、取り回しが効く自己免責のための有効な用具でしかないかもしれない。それらの言説を掲げておけば、少なくとも自身が直接的に他者に晒される際の盾にはなるだろう。

同様なことが、集団決定の問題にも関係する。次のように実験がある。質問紙に特定の状況を記し、一方の選択肢は他方よりもリスクが高いが、成功したときの利益を大きく設定する（たとえば、給料は高いが不安定な職に就くか、そこそこの給料が保証されている現在の職にとどまるか）。これを集団討議の上で決めさせた場合、個人で判断する場合よりもリスクも利益も高い選択肢が選ばれる傾向（例で言えば前者）があった。これを**リスキーシフト**という（M・A・ワラック＆N・コーガンの実験）。しかし、全ての決定が常にリスキーな方向にシフトするわけではなく、その逆に用心深い方向にシフトする傾向（**コーシャスシフト**）もあることから、集団決定の問題は必ずしも因果的法則的に説明されたとは言い難い。場合によっては、ここでなされた諸現象（リスキー、コーシャスをあわせて**集団分極化**という）を、主体的な判断として読むのではなく、単に個々の判断を棚上げにした同調行動であると考えた方が納得しやすいこともあるだろう。同調も説得も、平場における関係とその状況をどのように定義するかに大きく依存していると考えられる。

たとえば、先に触れた「やさしい」関係も同調行動として見なすことができる。ここでは、葛藤状況に直面しないために互いの相違点をできるかぎり明らかにしない工夫がなされており、そのように、周囲に気を配る高度な「関係のマネージメント」が必要である。これは文脈を読み取り、適切に対

7　ウルリヒ・ベック，11998『危険社会』法政大学出版局．

応するという同調行動と関連しよう。

2……KYの現象学——正と負のサンクション

　KYとは「空気を読めないヤツ」の省略形だと言われるが、この「空気を読めない」ということが現代においてそれなりに説得力を持っているのはなぜだろう。一つには、先にも触れた土井が言うように、対立回避を主眼とする「"優しい関係"は強迫神経症のように過同調を互いに煽りあった結果として成立しているので、コミュニケーションへ没入していない人間が一人でもいると、その関係がじつは砂上の楼閣に過ぎないことが白日の下に晒されてしまう」[8]ということに関係する。そのような非同調によって暗黙のルールが暴露される可能性に対しては厳しい**サンクション**が与えられる。サンクションとは、他者の行為に対する肯定的または否定的な評価態度のことで、これによって秩序の維持が図られる。何も特別なことではなく、私たちも日常的に用いている方法である。サンクションにはフォーマルなものとインフォーマルなものがあり、賞罰という点ではフォーマルなサンクションは権威づけられているものの、特に制裁という意味においては、インフォーマルなサンクションの方がダメージが大きい場合がある。たとえば、「トロい」、「臭い」、「ダサイ」、「ウザイ」、「キモイ」などは、フォーマルには使いづらいものであるが、ひとたび、それが仲間集団や内集団において用いられるとき、その集団の凝集性によっては決定的な排除のことばとなりうる。上でのKYに関する用法では、負のサンクション、それも場合によってはかなり重大な制裁となる可能性がある。

　他方で、負のサンクションと表裏の関係にある正のサンクションは、否定性とは逆に規範性や模範性として用いられるため、フォーマルな文脈において活用されることが多い。そしてこの正のサンクションと負のサンクションとは、個別に用いられるというよりも、それぞれが正と負の一方の極を代表することで、二項対立的な構造に単純化させて現状社会を再生産することに貢献していると考えられる。

　ところで、KYということばが、「空気を読めない」、すなわち誰かから言われる前にその場の雰囲気を自ら感じ取って同調しろ、という意味合いで用いられていることには注意が必要である。それは、個人的にどうしても承伏しがたい状況や行為であったとしても、その場の雰囲気がそれを求めていな

---

[8] 土井前掲：47.

い時には、波風を立てないようにその違和感を撤回するか飲み込むようにすることが潜在的に求められているとも考えられる。それは現代的な「やさしい関係」を基調とした予定調和的な世界に自発的に服従していくことであり、KYとはそのための装置として極めて有効だと言えるのではないか。同調行動がサンクションのもとで強いられていくことは、それが支配と暴力の問題へと連なっていく可能性を胚胎させる。

　それでは、サンクションとは制度や権威を再生産する仕方でしか存在しないのだろうか。もともとサンクションが他者の行為行動についての評価態度であるとすれば、その表出は他者との関係において必要なものでもある。問題はそれが現行の秩序を維持することを無批判に最優先してしまうところにあるだろう。しかし、ネットワーク化され、制度的な規範や文化に対して相対的自律性を高めつつある現代の諸個人や諸集団において、特に正のサンクションによる関係構築の可能性は十分にありうるだろう。それは個々の関係性を媒介し、それを基調とした「居場所」や「仲間」づくりとしても展開していくこともできよう。情報ネットワークを媒介とすれば、それは物理的な限界を超えて（「ネットコミュニティ」）形成可能だろう。

　秩序や権威に同化・同調をうながす圧力に対して、差異性を前提とした関係構築の可能性を否定する必要はあるまい。

3………考え方の違いなんか関係ない──均衡理論と不協和理論

　同調や説得の少し手前、もう少し日常的なレベルで、指向の違いに直面することがある。たとえば、見に行く映画でもめたり、食べたいものが違ったり、行きたい旅先が異なったり。そのようなことに直面したとき、人はどうするのだろうか。このように、対人関係において葛藤状況が生まれたときにどのように対応するのかを研究したのが、均衡理論と不協和理論である。

　均衡理論とは、**ハイダー**によって提唱されたもので、**バランス理論**とも言われる。主に親密な二者関係において生じる葛藤は、この理論を使うとわかりやすい。たとえば、私はカレーライスを食べたいと思うのだが、私の友人は「ラーメンを食べたい」という。しかし、私は今、ラーメンを食べたくない。図式化すると次頁のようになる。

　このような葛藤状況において、3辺をかけ合わせて、それが＋になれば均衡状態で、−になれば不均衡状態である。ラーメンについては私が食べたくないわけだから−となり、こちらは不均衡状態となる。対してカレーライス

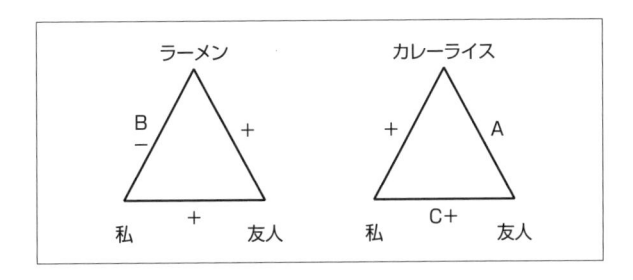

については、Aの辺が＋に、つまり友人が「カレーでもよいよ」と言ってくれれば均衡状態が成立するが、逆にAが－になった、友人が「カレーじゃやだよ」と言った場合には不均衡となる。不均衡となった場合、それを均衡状態にするには、自分が「やっぱりラーメンを食べよう」と考え直すか（この時、Bは－から＋になる）、それともカレーライスの素晴らしさを力説し、相手を説得する（Aを＋にする）か、そうでなければ、これは極端だが、「カレーライスを嫌いな人間なんて友だちじゃない！」と、私と友人との関係（C）を－にするしかない。このように考えると、自分と相手との関係において均衡をもたらすことは、日常的にもよく行われていることかもしれない。

　一方の不協和理論は、正式には**認知的不協和理論**と言い、**L・フェスティンガー**によって唱えられた。均衡理論が「関係」に着目したとすると、不協和理論は自身の認識における内的な葛藤を扱っている。人の知識や信念は全て整合的な関係ではないため、時に矛盾をきたすことになる。その状態を「不協和」と呼ぶ。たとえば、先に取りあげた同調実験において、実は自分は線分の2が正しいと思ったのに、他の人が皆違う番号を言ったので、自分の意志を曲げて、その場の圧力に従ってしまった、と思い悩む人がいたとしたら、それは自身の認識において不協和を生じていることになる。それぞれの知識や信念などは「認知要素」と呼ばれるが、人はその不協和による不快を低減させるため、この認知要素を変化させる。フェスティンガーはこの不協和低減の方法を三つ提示している。第一に、行動に関する認知要素を変化させること。周囲の環境についての認知要素と、自身の行動や感情についての認知要素では、後者の方が変化させやすい。ピクニックに行って雨が降り出したならば、帰ってくればよい、というように、自分の行動を変えることで不協和を低減することができる。第二に、環境に対する認知要素を変化さ

せることで不協和を低減することもできる。この場合、自然的環境というよりも社会的環境に関する認知要素の変更が主に行われる。たとえば、政権担当者の行動や政治情勢を変えることはできなくても、担当者そのものについての意見は変えることができるのである。第三に、二つの認知要素間の不協和を低減するために、新たな要素を追加することも可能である。喫煙者が喫煙による悪影響を知ったうえで喫煙を継続する場合、たとえば、自動車事故の方がよほど危険である、という新たな認知要素を追加することによって、喫煙による不協和の重要性を減じることができる。総じて、自身の感情や行動、認識を変えることによって不協和は低減されるということである。先に取りあげた線分実験における不協和は、「実は自分にも皆と同じように見えたのだ」と認知要素を変更することによって不協和を低減できるし、皆が敢えてそのような意見を言ったのは、自分も知らない何かの取り決めがあったからだ、と考えることによっても不協和を低減できるのである。このように考えると、不協和低減の試みも特殊なことではなく、身近なところで頻繁に起こっていることがおわかりいただけるだろう。

　ところで、均衡理論と不協和理論に共通するのは、状況的な不均衡や不協和へ対応するために態度変容を伴うということであり、また態度変容が可能であるということである。つまり、自己と呼ばれるものは確固として構造化された実体ではなく、状況や文脈によって変容する可能性を常に備えているものである。人間の認識のあり方を考える上で、これは重要な観点であろう。

4………「事実」はそれほど重要じゃない？──意味の連続性を保とうとするリアリティ

　不協和理論にはもう一つの含意がある。それは、認知要素を変更する、ということに関連する。端的に言えば、人はある事象が一般に事実として認知されていたとしても、それを認めずに否定することがありうるのである。フェスティンガーはいくつかの事例を挙げている。まず、第二次大戦中アメリカ在住の日本人の一部が、日本本国への送還を要請したケース。この日本人グループが他の日本人グループと異なったのは、日本が戦争に勝つと信じていたことである。その後、収容所内でも日本が戦争に負けたという噂が広がったが、帰国希望者はそれをアメリカ軍による宣伝活動として受け入れなかった。日本の敗戦という事実は、戦後になって彼らが実際に荒れ果てた日本に上陸した時にようやく受け入れられる。

　もう一つの事例は宇宙の神と交信できるという団体の事例である。宇宙の

神々からの託宣を受け大洪水が起こるとした予言者とそのグループは大洪水に備えて準備を進めていたが、結果としてその予言は外れて終わる。本来ならばそこで、このグループにおける予言者の信憑性が失われ、グループも求心力を失い解散すると思われよう。ところがこの時、大洪水が起きなかったという結果に関して、信者たちによる再解釈が行われた。それは、信仰心の厚いそのグループに免じて、神々が洪水を起こすのを猶予したというものである。このように、自分たちにとっての意味（この場合は信仰）を否定せず、それを維持するために新たな認知要素が加えられ、再解釈された「意味」を信者が支え合うことで、そのグループと自分たちの信仰が維持されたという。フェスティンガーはこれらの事例において、互いに支持しあえるような集団や関係があれば、ある事象が傍目には「虚構」や「物語」であったとしても、当事者にとっては「真実」としてみなされ、それが維持されるという傾向を指摘している。自分たちにとっての意味の連続性を保持するために、「事実」が否定されたわけである。

　フェスティンガーはこの事例の成立条件として、それなりの規模のグループを想定していたが、場合によってはそれが少数であっても成り立つのではないだろうか。たとえば本章の最初に見たような「やさしい」関係を生きる人々を想定してもよいし、また、戦時中の日本軍における残虐行為を「なかった」として否定するリビジョニスト達を想定してもよい。たとえば、ジェンダーフリー問題に対するバックラッシュなどの動きも、この観点から捉えなおすことが可能であろう。情報化された現代において、信念の維持は対面的な人間関係を必要とせず、たとえばネットを活用したHPやブログ、MLなどでも手軽にできる。不協和低減のための「事実の否定」は、人数や規模にかかわらず可能であり、しかもそれを維持し流通させる可能性さえフィクションではない。

　しかし、ここで触れた認知要素の変更は、新たな関係を開いていくために必須であるかもしれない。先にあげた事例は確かに問題であるけれど、それは私たちの日常と無縁ではない。私たちが新たにある組織や集団、機関に所属する際には、自身の認知要素を変更し、その「場」において暗黙の内に求められている諸基準を受け入れたり学習することは経験的にも起こりうることなのではないか。重要なのは、それを暗黙の内に行うのではなく、その場において何が求められているのか、何故求められているのかということを自分なりに明示化してみることかもしれない。少なくとも、現状における諸関

係を点検し直してみることは必要ではないだろうか。

●第4節● 差異を前提とした関係構築のために

　以上のような見方をすると、私たちの生活は葛藤に満ちあふれ、針のむしろに座らせられているかのようなイメージを抱く人が居るかもしれない。しかし、ここでふれた人間関係の諸相はすでに多くの方々が当事者として経験済みのことではないだろうか。

　本章で扱ってきたことをもう一度振り返っておくと、友人や親友はわたしのアイデンティティにとってとても大切だが、一方でその関係が硬直しつつある現状があるということ。しかし、それでも私たちは社会を生きており、役割を生きているということ。役割は一方で自分を規制するかもしれないけれど、それをファッションとして活用することもできるし、そうすることによって新たな関係を築いていける可能性もある。それぞれの意見が違っても、私たちは柔軟に対応することで関係の幅を広げていくことだってできるのではないか。近年の社会関係の複雑さや情報化によって、錯綜とし、抑圧的な側面があったとしても、そこには常にもう一つの可能性も開かれていよう。

　次の田中美津のことばは含蓄がある。

　　関係はどんな場合でもデコとボコ。だから相手を変えようと四苦八苦するより、自分が変わってしまうのが簡単早道。（田中美津『いのちのイメージトレーニング』新潮文庫、2006: 193）

　　「癌が治ったら幸せ」の世界より、「癌でも幸せ」の世界で生きていきたいから。たらよりでもよ。（田中美津　同：196）

　また、人間関係の葛藤について以下のようなテクニックもよく用いられるはずだ。

　　竜馬は、議論をしない。議論などは、よほど重大なときでないかぎり、してはなら

ぬと自分にいいきかせている。
　もし議論に勝ったとせよ。
　相手の名誉をうばうだけのことである。通常、人間は議論に負けても自分の所論や生き方は変えぬ生きものだし、負けたあと、持つのは、負けた恨みだけである。(司馬遼太郎『竜馬がゆく（三）』文春文庫、1975: 235)

　私たちは自身をとりまく様々な人々との関わりを一方的に拡大し、しかも自身を中心とした宇宙を想定してしまいやすい。しかしながら、総当たり的に人間関係を拡大しすぎると、補給が間に合わず息切れをするような状態に陥りやすいとも言える。だからといって、自分自身の関係を操作可能な範囲にとどめる必要もないだろう。それは、道徳的な含意からではなく、新たな世界や関係に自ら背を向けるのはもったいないという意味においてだ。確かに、人間関係の葛藤はその感じ方も個々別々であり、人によってそれは大きく深いものかもしれないが、その関係性を多様に構築していくことも可能ではないだろうか。たとえば、自分の親友や恋愛のパートナーであったとしても、自分が知らない関係を他にもっていることは「事実」である。自分との関係を最優先するよう相手に求めることはできても、強制はできない。そしてこのことは相手や他者から自身に向けられる場合にも真である。どのような関係であったとしても、その関係を個人的にマネージメントしきることはできない。この意味で私たちの日常は相手への信頼に基づいている。
　先にやさしさを説明する際に用いた図を再度使って説明しよう。以前用いた際には存在は二者に限ったが、現実の人間関係は次頁の図のようになっている。Aからすると、Bとは今風の関係でつながっており、Cとは昔風の関係でつながっている。しかし、CにはA以上に共有するところが多いDという存在がおり、その存在をAは知らない。またEのことをAは全く知らないが、自分の周囲にいるBもCも、そしてDもEのことについては知っている。さらに、Eは、DとBとは共有するところがある。
　このような関係をどのレベルで仲間内と見なすだろう。Aの観点からしてみると、接触があるのはB、Cであり、仲間内はここに限られるかもしれない。つまりDとEとは接触がないため、仲間内から外される。しかし逆にEの観点からすると、Aをのぞく、B、C、Dは仲間内である。ここに登場させた全ての人間に関わるのはCだけであり、それぞれの関係の取り結び方が異なっていることをまずは認める必要がある。この意味で、人間は様々

現実の人間関係

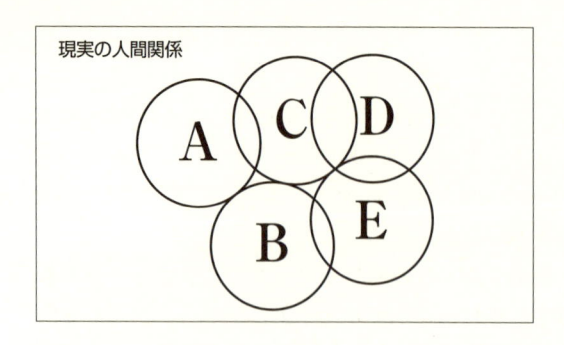

な関係を生きる存在であり、同時に様々な役割を演ずる「多元的役割演技者」（E・ゴッフマン）である。

「多元的」であるということは、上で示したように個々の関係が多様であるというばかりではない。私たちはこの現代社会において、様々な役割を期待され、それにふさわしい行動をとることを要求される存在でもある（第3章第1節参照）。それらは自身が関係する身近な関係を超えて、組織的、集団的に（まさに社会的に）私たちのあり方を一元的に規定しようとする傾向も否定できない。個々人が所属する集団や組織的な関係（たとえば国家とか会社・企業、学校、家庭など）を、他の関係よりも優先されるものとして、個人に要求、提示する文脈はいまだに健在である。しかし他方で、諸集団や諸個人の相対的自律性が高まっていることも否定できない事実であろう。

上野千鶴子は社会集団に見られる関係構造について、従来的な「地縁」、「血縁」、「社縁」という運命的に義務づける「縁」に対して、「選択縁」としての「女縁」を提起した[9]。大きな特徴は、個人が集団（全体）の一員（部分）として位置づけられるのではなく、「グループよりつねに個人が優先」され、「単位はあくまで個人」であり、「個人の中に全体がある」（上野千鶴子『「女縁」が世の中を変える』日本経済新聞社、1988: 91）。この形態においてはグループ・アイデンティティは形成されづらく、そのため動員力や統制力は劣るが、逆に「各メンバーは個人として、勝手に主体的に動き回り」さまざまな活動の層をつくってゆく。つまり、「"匿名の群衆"化しない」（上野前掲、1988: 97）。自らが選び取り形成する関係としての「選択

---

[9] 「社縁」を最初に用いたのは米山俊直とされ、そこにはどの会社を選ぶのかという選択的な要素があるものの、「いったん利害を共有してしまえばオリるにオリられない不自由さがつきまとう」（上野千鶴子『「女縁」が世の中を変える』日本経済新聞社、1988: 20）と上野はとらえている。

縁」は何も女性ばかりに限らない。

　人間の生きる関係においては、それが個人レベルでも集団組織レベルであっても、一元化する必要はない。それぞれの個人が対面したり、相互にやりとりをしている時にはその関係性を生き、制度的な役割関係や実体的な関係構造は留保することも可能である。一方で制度的な側面を否定する必要はないが、逆にそれを「至高の現実」として高いプライオリティを置く必要もない。確かに、全面的な関与を要求する組織人も多いが、そのような場合には以下のことばが有効かもしれない。

　謝るが勝ち!!　ごめんなさいは最幸の武器（清水克衛 NPO 読書普及協会）＊傍点筆者

　私たちは人間関係の一方の当事者である。そこにどのような期待や希望を織り込むのか、それは個々の自由である。しかし、それが実現するかどうかは関係構築の仕方によろう。既存の規範に囚われず、関係性を問うてみてはどうだろうか。

（春日清孝）

Column
オタクの社会心理

● 現在でもその傾向はあるが、オタクは過去においてネガティブな存在として扱われてきた。とある資料（『コミケット 20's コミックマーケット 20 周年記念資料集』1996）に集録されている 80 年代の報道記事では、「女子高生がむさぼり読む"裏マンガ"って何だ？」、「ネクラの証明？ 男性アニメ族──架空の美少女に夢中」などの文字が躍っている。さらに、1989 年に発生した「幼女連続誘拐殺人事件」が「オタクの犯罪」として報道されたことから、当時オタクは危険で異常な存在としてラベリングされていた。

● 近年はこの状況が変化しつつある。「オタク」、「オタッキー」ということばが流通し、ドラマでもそのスジの登場人物が設定されている。また、ビジネスマーケットとしてのオタクが積極的に取りあげられるようになった。80 年代にオタク文化の洗礼を受けた世代が社会の中堅層に参画してきたこととあわせて、現在、オタクに関する状況定義の資源配分が変わりつつあるということであろう。

● 因みに、現実のオタク的な人々は、先のラベリングとは無関係である。彼ら、彼女らは職に就き、結婚し、子育てをするなど日常的な生活を送っている。第一、働かなければ「萌え」対象のグッズを購入することもできない。

● 岡田斗司夫は、オタクを「映像の時代に過剰適応した視力と、ジャンルをクロスする高性能なレファレンス能力で、作り手の暗号を一つ残らず読み取ろうとする、貪欲な鑑賞者」とし、そのことに「飽くなき向上心と自己顕示欲」を過剰に持ち合わせた存在と定義づける（『オタク学入門』太田出版、1996）。この見解には、男性オタクを前提にしている傾向も見出されるものの、それでも興味関心の「過剰」さには注目したい。「必要」を超えた「過剰さ」。これは、それを可能とした社会的諸条件に依存していよう。

● 80 年代は、過剰な興味関心が何のてらいもなく追求されるようになった時代だった。当時のキーワードは「漫才」「アイドル」「新人類」「週刊少年ジャンプ」「ファミコン」などであり、これは、制度によって公認されていない俗的な文化（サブカルチャー）の爛熟を示す。この状況が、個々人に多様な自己の定義を可能としたと言えるだろう。社会総体における流動化や多様化という状況において、個々人はそれでも様々に選択し、自己とその関係を構築して行かざるを得ない。オタクとは特にその 80 年代的な社会状況に適応した、存在の一つのあり方だったのではないか。

（春日清孝）

第5章 コミュニケーションの多様性

●第1節● 非言語コミュニケーション

　2007年にはKY＝「空気（K）読めない（Y）」という言葉が流行った。ここで言う「空気」とは、相手に応じ、言葉を選び、適切な場所で、適切なタイミングにコミュニケーションを行う際の暗黙のルールの総体である。わたしたちは、言葉をもって会話するという表面上のコミュニケーションの背後で、相手、言葉づかい、場所、タイミングについての情報を処理しているのである。これを**非言語コミュニケーション**というが、以下には、1. 容姿、2. 所作、3 環境の側面でコミュニケーションの非言語的側面があることを考えていく。

1………容姿

　容姿が目に入ることで、すでにわれわれのコミュニケーションは始まっている。特に気になるのは、肥満体型である。近年、肥満は健康の敵であり、健康の敵を退治しないのは健全な社会生活において罪であるような風潮さえ見られる。なるほど世界的に肥満は社会問題視されているというのである。2008年5月14日の中日新聞の記事によると、アメリカでは肥満の社員に対してネガティブに処罰するのではなく、ポジティブに、社員のダイエットに報奨を出す仕組みを作ったとある。スコットランドでは自転車通勤が奨励され、フランスとドイツでは会社が手を打つのではなく、肥満対策は自己責任となっている。フランスはプライバシーの尊重、ドイツはかつてナチスが健康管理の名目で企業内の人間を管理した記憶から、企業による健康管理に反感があるからである。肥満の人については、自己管理が欠如しているイメージや、体型コンプレックスによって暗い性格なのではないかというイメージ

を持つ人たちもいる。雇う側がそのようなイメージに基づいて雇用に消極的な場合もありうる。

　さて、ここに、体型とそのイメージの類型化であるステレオタイプの関係についての研究がある。それによれば、120人の被験者に、太った人、中肉中背、やせた男性らしき人の影絵を見てもらい、24組の対義語となる形容詞で評定させた。同じ背の高さにつくられた影絵だが、太った影絵は背が低く見え、やせた影絵は高く見えている。他にも、次のような評定がある。

・太った―年取った―古風―肉体的に強くなく―見栄えがせず―おしゃべり―心温かい―人がいい―愛想がいい―他人に甘える―他人を信頼する
・やせた―若い―野心的―他人に対して疑い深い―緊張―神経質―あまり男性的でない―頑固―気難しい―悲観的―静か
・中肉中背も背が高く見えており、若い―他の人より強く―男性的―器量がいい―冒険好き―大人らしい行動―独立心がある（Wells, W. & Siegel, B. 1961: 77-78）。

　1960年代の調査であるために、肥満に対しては、今と比べてそれほどネガティブなイメージはない。近年では、肥満大国アメリカは格差と貧困の大国であり、肥満は貧困が原因だという議論がある（堤2008）。貧困層はジャンクフードしか食べられず、仕事に追われて食事による健康管理ができない。しかも、健康によい食物は値が張る。そもそも「メタボリック症候群」という語に象徴されるように、健康管理や治療の対象となることそのものが肥満をネガティブなものとしてクローズアップしている。心理的ステレオタイプは、アメリカ格差社会の被害者としての肥満の人びとの深刻さを増幅させているようである。

　ところで、人の容姿にはもっとコントロールしやすい側面がある。それは衣服である。

　1960年のアメリカ合衆国、ケネディとニクソンのテレビ討論の話は、大統領選挙におけるマス・メディアの役割の拡大について語られる際によく例示される。この討論において、誰もが勝つと思われたニクソンがケネディに人気をさらわれた。紺のスーツをパリッと着こなし涼しい顔で、しかし赤いネクタイが情熱的なハンサムのケネディと、汗だくのグレースーツのニクソンという対比は、討論の内容を二の次にさせた。この話は、マス・メディア

の役割ばかりでなく、衣服をはじめとした外見的印象の重要さを物語っている。

1955年のR・レフコウィッツたちの研究は興味深い（Lefkowitz, R., Blake, R. & Mouton, J. 1955: 704-706）。被験者が、身分の高そうな立派な格好の人物、すなわちスーツにネクタイに帽子の人物のあとに続くか、あるいは並列して歩いているとする。すると、その人物が信号無視した際、被験者も信号無視してしまう率が高い。この見かけの身分の実験をする際、服装が決め手となっている。近年になっても、中間層に比べると、身分の低そうな人の信号無視に人々がついていかないという続編のような研究がある（Guéguen, N. & Pichot, N. 2001）。

2………所作

たとえば、好きな相手から誕生日プレゼントをもらい、それがたいしたものでないと思っても、相手が好きだから嫌われたくないと思ったとき、人は過剰に喜んで反応する。その際の表情のコントロールを、心理学では**表示規則**（display rule）と言う（Ekman Friesen 1969: 76）。表情ばかりでなく、大げさな身振りもつくだろう。身振りは、相手に対する好意を暗黙に露呈する。シェフレンは、**擬似求婚行動**という説を出している（Scheflen 1965: 245-57）。「求婚準備態勢」においては背筋を伸ばすとかおなかを引っ込めることが多くなり、「めかしこみ行動」においては髪の毛を整えメーキャップを直し、鏡をのぞき、着崩れを直す。「位置の手がかり」においては、姿勢の崩れや位置のとり方から、好意を露呈させる。「誘い込み行為」においては、流し目や直視、足を組んで腿を見せる。手首や手のひらを見せ、胸を突き出す。しかし、われわれは動物ではない。実際には、以上の表情や身振りのような所作が好意の信号とは限らないものだ。

3………環境

非言語コミュニケーション研究の草分けというべきE・ホールは、「**プロクセミックス**（proxemics）**=近接学**」というものを提唱し（Hall 1966）、空間の概念について、建物のことを**固定空間**、机やイスのようなものを**半固定空間**と分類した。彼はもう一つを、**変則空間**（informal space）として分類している。この空間にはさらに四つの分類がある。密接空間、個体空間、社会空間、公的空間である。結局何のことかと言えば、**なわばり**意識のこと

である。しかし、なわばりというと印象の悪い言葉にも聞こえるが、わたしたちは、自分たちの周りにさらに拡張した皮膚を持っているようなものである。他人と接触する目に見えない広がりがあるのだ。特に変則空間の概念は、わたしたちの言語コミュニケーションの限界をこえた、非言語コミュニケーションの奥深さを示してくれる。**密接空間**においては、肌がふれあい、体臭がし、体温が伝わるときもある。**個体空間**は抱擁可能な範囲であり、パーティーや仕事の場での相手との対話は**社会空間**を示し、集会や電車の中は**公的空間**の身の置き方をしている。ホールはアメリカの中間層を観察して結論を出したが、このような空間は文化的にさまざまである。このなかでも、社会空間とは個人の社会的地位や権威によって変化するものを指している。そして公的空間は、電車が例に挙げられているが、日本の満員電車にあっては密接空間ほどに込み合うと考えると、「公的」という意味もさまざまである。変則空間は、文化、政治、経済、そしてテクノロジーによって意味が変わる。男女それぞれ専用の空間が用意されるイスラーム文化圏の一部、日本の温泉や銭湯のような混浴の文化、経済的には世界中に見られる貧困による住空間の混雑、逆に富裕層の東京ドーム何個分で考えられるような敷地の家などさまざまである。

　上記の議論と関係するが、アメリカの心理学的研究においては、授業における学生の授業参加と教室空間のあり方が議論されている。これはいわば固定空間としての学校の建物の中で反固定空間である教壇と変則的な選択の可能な座席との関係を観察している。心理学者R・ソマーは、いくつかの教室形態を用いて観察している（Sommer 1969: 110-119）。彼によれば、ゼミナール用の小教室における少人数の参加学生のうち、授業参加が最も活発なのは教師の対面に座る学生であることが分かった。そして、教師の両端は、たとえ席が埋まっていても学生が座りたがらない。教師の隣に座った場合、その学生は一言も発言しないという結果も出た。イスが直列になった中規模以上の教室においては、教師と視線の合う中央の列、そして後ろよりも前に参加する学生が活発に授業参加することが分かった。そして、受講者の人数と授業参加の度合いは反比例することも分かった。

4………**最後に**──「趣味」という非言語コミュニケーション

　社会学者P・ブルデューは、『ディスタンクシオン』（Bourdieu 1979）において、心理的な効果を持つものとして以上にみてきたもの、すなわち容姿、

所作、そして環境は、社会構造の階級分化に沿って「**差異化（＝ディスタンクシオン）**」されていると論じた。建物や家具をはじめ、生活にかかわる物品や食事のような生活様式までが、財産や学歴などに応じた階級に属す人それぞれの**趣味**の開示である。人と人とが話し合う際に、言葉で相性を確認するまでもなく、「趣味」という暗黙のメッセージと、その背後にそれを組織した階級構造は、互いを対話不能なものにしているときもあり、逆に妙にこころが通じあうようにもしている。ただし、ブルデューは、それら立場には優劣があるとみている。そして彼は、優勢な者の権力が象徴的に劣勢の者によって真似されたり、コンプレックスをもって否定されたりする事例を描き出している。非言語的なコミュニケーションは、心理学的なものも、ブルデューの議論のような社会学的なものも含め、解明することによって人と人とがわかりあうコミュニケーションへの手助けとなりうるだろう。　　　**（楠　秀樹）**

【参考・引用文献】
Bourdieu, P. ,1979, *La distinction. Critique sociale du jugement.* édition de minuit. 邦訳 1990『ディスタンクシオン──社会的判断力批判』石井洋二郎訳、藤原書店.
Ekman, P., Friesen W. V. ,1969, A Tool for the Analysis of Motion Picture Film or Video Tape. in *American Psychologist* 24: 240-243.
Guéguen, N., Pichot, N. ,2001, The influence of status on pedestrians' failure to observe a road-safety rule. In *The Journal of Social Psychology*, 141（3）, 413-415.
Hall, E.L. ,1966, *The Hidden Dimension*. New York.
Knapp, M. L., 1972, *Nonverbal Communication in Human Interaction.* Holt Rinehart & Winston. 邦訳 1979『人間関係における非言語情報伝達』牧野成一・牧野泰子訳、東海大学出版会.
Lefkowitz, R., Blake, R., Mouton, J., 1955, Status factors in pedestrian violation of traffic signals. in *Journal of Abnormal and Social Psychology* 51, 704-706.
Scheflen, A. E., 1965, Quasi-Courtship Behavior in Psychotherapy. in *Psychiatry* 28: 245-257.
Sommer, R., 1969, *Personal Space*. Prentice-Hall.
堤未果、2008『ルポ貧困大国アメリカ』岩波新書.
Wells, W., Siegel, B., 1961, Stereotyped Somatypes. in *Psychological Reports* 8: 77-78.

●第2節● 予言の自己成就

1………これはどういう事態なのだ！──状況定義の重要性

　私たちは自らがどのような状態にあるのかを把握しておかないと不安にさいなまれる。「ここはどこ？　わたしはだれ？」ということばは単なる冗談ではなく、自分とは何者か、ここはどのような場所であり、そこで自分がどのような関係や状態に置かれているのかということを、私たちは最低限でも知っておく必要があるのである。

特に現代のような複雑化した社会において、自らの体験で得ることができる情報は限られているため、テレビ、新聞、ラジオなどによって提供される情報の必要度は高くなっている。お天気情報や交通情報からはじまり、事故や物流、今後の社会生活について予測や批評など、様々な情報を抜きに、私たちの生活は立ちゆかない。

　ところで、私たちは通常、マスコミの報道する内容が「事実」であり、その姿勢も公正中立であることを「信じている」か、またはそこに疑いを差し挟むことを（よほどのことがないかぎり）停止している。しかしながら近年、この**信憑性**が揺らいでいるのではないだろうか。たとえば、ネット掲示板などで「マスゴミ」ということばを目にする機会が多くなったが、それと共に、マスコミの「公的」な見解とは明らかに異なる見解や情報が書き込まれることも増加している。もちろんそのようなネット上の見解が常に正しいわけではなく、単なる「とんでも情報」であることも多いが、それでも公的な見解と「異なる見解」が存在するということは注目に値する。

　マスコミによる情報を批判的に見なすのは、ネット上だけにとどまらない。近年、マスコミ報道を主体的に読み解き使いこなす能力として「メディア・リテラシー」が注目されている。この観点からすると、メディアは中立ではなく、ある社会的、商業的な意味を流布し、「現実」の構成に積極的に関与している存在とされる[1]。

　メディアについて正面から検討する試みと、そこから発信される情報とは異なった情報の存在が一般の目に触れるようになったことは大きい。このことは、複雑化した社会において、自身をとりまく事態がどのようなものであるのかという**状況の定義づけ**が、一元的に決められず、多元化し、流動化したという事態を示す。

　状況の定義づけ（状況定義）という概念を提唱したのはW・I・トマスである。辞書的にいうならば、状況の定義とは、「個人が自分自身の置かれた状況を知覚しその意味を解釈すること」（有斐閣『社会学辞典』）である。重要なのは、人がその状況を「解釈」するという点であり、それは「ある人間がその状況を真実であると見なしたら、その状況は結果として真実になる」という**トマスの公理**につながる。つまり、特定の状況は必ずしも客観的・一義的に存在しているわけではなく、それは解釈の結果による。この時、その解釈の枠組みが複数存在する場合には、それぞれが真実性を主張し、競いあ

1　鈴木みどり編, 1997『メディアリテラシーを学ぶ人のために』世界思想社.

う状態となる。もっとも科学の観点からすると、主観的なものはいい加減で、客観性や合理性を伴わないものは普遍性や一般性を認知されないという公準があるから、そのスケールにそぐわないような状況定義はそれとして認められないこともある。しかし、少なくとも異なった状況の定義が在るということは、そこに葛藤や競争、広い意味での政治の存在を指摘できよう。

　何が事実であるのかという判断を人々がどのようになしているのかという点を人々の（エスニック）方法論（メソッド）という観点から検討するのが、**エスノメソドロジー**である。たとえば**メルヴィン・ポルナー**は、王の幽霊をめぐるハムレットと王妃の会話で、王妃から投げかけられた「お前の心の迷いです」ということばを論文タイトルに冠し、事実認定の政治性を扱っている[2]。この世界について相矛盾する複数の経験があるという事態は**リアリティ分離**と呼ばれ、その「解決」は自然にではなく、ある種「政治的」に行われるということが示された。たとえば、幽霊が見えるという言明については、そのリアリティの信憑性について決着をつけるのは比較的容易かもしれない。それは幽霊が存在しないからではなく、幽霊という「非科学性」の不在という認識が多くの人たちに共有されているからという事情による。「私たちは必ずある文化の中に生まれ、いやがおうにも、その文化の一人のメンバーとして、慣習的に共同で行われている考え方や推論方法を無自覚的に身につけ、また、それを通して日々具体的な場面において以前とほとんど変わらない文化、あるいは社会をつくり出している」[3]。しかし、これが幽霊ではなく、たとえば「人生は面倒なことをせずにおもしろおかしく暮らすもの」とか「他者には誠実に対すること」などの言明であった場合、どちらにもそれ相応の支持者がいるため一義的に決着をつけるのが難しい。たとえ社会的な権威を持ち出しても正当性を主張しきることは不可能に近いため、しばしば逆の方法が利用される。それは、自身の正当性を主張するのではなく、相手の言明を「単なる思いこみ」であるとか、「わかっていない」などと、その信憑性をおとしめたり、皮肉ったり、からかうような政治を用いる方法である。このように政治的な力学を介して決定される状況の定義が、現状にフィットしているかどうかは別問題であることに注意しておこう。

　R・K・マートンは、状況の定義の仕方によって、ある事態が実現してしまう構図を「**予言の自己成就**」として示した。有名なのは、1932年に起こ

2　メルヴィン・ポルナー，1987「お前の心の迷いです」H・ガーフィンケル他『エスノメソドロジー』pp.41-80.
3　ガーフィンケル前掲　後書きより：p.314.

ったアメリカの旧ナショナル銀行の事例である。当時、ナショナル銀行が支払い不能になるという噂が立ち、預金者が預金を引き出しに殺到したため、現実に銀行が支払い不能に陥ってしまった。このような銀行の取り付け騒動は、日本においても起こっている（1973年、豊川信用金庫）。

　また、マートンは次のような事例も挙げている。受験を失敗するに違いないと思いこんでいる受験生は、受験勉強をするよりもくよくよ思い悩んで時間を浪費し、結果的に受験に失敗する。これは、自尊感情の低い人が、きっと何をやってもうまくいかないだろうと決め込み、何もしないことによって、結果的に失敗してしまう事例とも関係しよう。さらには、自分が試験で良い成績を収めたにもかかわらず、その成功とそれを導いた自身の能力や努力を信じられず、「自分にはそれほど能力がないのではないか」という強い自己疑惑を捨てきれない人もいる（インポスター現象）[4]。

　マートンによれば、状況の定義の仕方がその状況の構成部分となり、その状況の展開に影響を及ぼすことになると説明されている。この意味で、状況定義の問題は私たちの認識とも関係するものであり、状況の構成という点で、私たちはみな当事者であることを免れない。

2………こいつは信用できない──ラベリングと排除

　上で述べた予言の自己成就は、特に問題行動、非行・逸脱という面でも同様に見られる。

　アメリカにおいて人種的偏見が、偏見ではなく客観的な事実として見なされていた当時、黒人を労働組合から排斥する方策が取られていた。黒人はその生活水準が低いため、ストライキを率先して破ると見なされており、「労働階級の裏切り者」であるとされた（つまり定義された）ためであるが、その結果、黒人は実際に生活に困り、結果としてストライキを破ることになったという。

　自分たちの住んでいる地域に、多くの人から嫌われる子どもがいるとしよう。その子は反抗的な態度を取り、素直に人と口をきくこともあまりない。いつもフラフラして、何をしでかすかわからない雰囲気だ。大人たちは子どもに言うかもしれない。「きっとあいつは何かをやらかすに違いない。みん

---

[4] ポリーヌ・R・クランス（小此木啓吾・大野裕訳）, 1988『インポスター現象』筑摩書房. インポスター impostorとは「詐欺師」、「ペテン師」のことで、自身の高い能力が客観的な指標（例えば成績）で示されているにもかかわらず、それを自分で信じられず、周りから高評価を受ける自身を「詐欺師」と感じるような現象を指す。

な、あいつに近づくんじゃないぞ」。結果的に、彼の周りに近づく人は居なくなった。一緒にいてくれるのは、周囲から同様に「何をしでかすかわからない」と見なされた人たちである。彼は結果として、そのような自分を受け入れてくれる人たちと関わるようになり、ヤクザものの世界に入っていくことになる。重要なのは、この彼は、生まれながらにして逸脱的な存在だったわけではなく、周囲からそのように扱われることによって、逸脱者にならざるを得なかったということである。つまり、逸脱者を周囲の人間がつくりだしたのである。H・S・ベッカーは、このような周囲のレッテル貼りの機能に着目し、**ラベリング理論**を提唱した。いつの時代でも、どのような状況でも共通に逸脱と見なされる行為が存在するのではない。そうではなく、「社会集団は、これを犯せば逸脱となるような規則を設け、それを特定の人々に適用し、彼らにアウトサイダーのレッテルを貼ることによって、逸脱を生みだすのである。この観点からすれば、逸脱とは人間の行為の性質ではなくして、むしろ、他者によってこの規則と制裁とが"違反者"に適用された結果なのである」[5]。単純に言い換えれば、犯罪やそれに近い行為を行うから信用されないのではなく、信用されない故に、行動が犯罪や逸脱として状況定義されてしまうということである。

3………きっと良くなるよ──プラシーボとピグマリオン

　R・ローゼンタールは対象に対する期待度の違いによって、結果に違いが生じることに注目し、以下のような実験を行った。サンフランシスコの小学校で突発性学習能力予測テストというものを行い、その後、担任教師に、数人の子どもたちについて「近い将来学力が伸びる」という予言を残した。実はこれは予言でも何でもなく、学力が伸びるとされた子は単にランダムに選ばれたにすぎないのだが、実際にその子どもたちの学力は伸びたという。つまり予言が実現してしまったのである。これは、教師がその子どもたちを、「伸びる」ものとして期待し、そのように面と向かった結果であると考えられている。この効果を**ピグマリオン効果**という。ただし、後日他者によって行われた再実験では、同様の結果が出ていないことから、この効果に対しては疑問視する向きもある。しかし、教師と子どもの関係のみならず、親と子の関係をはじめとするその他の関係においても、相手の認識や存在を肯定的に受けとめることが、結果的に良好な関係と個人の安定をもたらすことは経

5　H・S・ベッカー，1978『アウトサイダーズ』新泉社，p.17.

験的にも認められるところではないだろうか。

　医学の領域では特に薬理作用のない薬のことをプラシーボ（偽薬）といい、それを投与することによって得られる効果を、プラシーボ効果（偽薬効果）と呼んでいる。ピグマリオン効果とは若干異なるが、何の薬効成分もない澱粉や生理食塩水（偽の薬）であっても、暗示によって効果を発揮する場合がある。関連して、病の程度が重くても、あのお医者さんに見てもらえば、とか、あの（民間）療法は効くそうだ、という暗示が、実際に効果を発揮することもある。おそらくこれらのことについては、俗に「病は気から」という文言で理解されていることと同義であろう。ただし、プラシーボは常に誰にでも効果があるとは言い切れず、また、プラシーボによる副作用が生じることもある点には注意が必要である。さらに、現代医学では暗示については科学的な客観性という観点から否定的であることも付け加えておきたい。しかしながら、いわゆる偽薬によって人間の体が回復することがあり得るという事実は、少なくとも治療における方法論として検討することも必要であろうし、敷延するならば、合理的・科学的な認識論を問いなおす契機ともなるのではないか。ただし、このことは科学を超えた超越論的な認識論とか存在論に安易にすり寄ることとは全く異なる。そうではなく、人間が相互作用を通して構成し共有していく社会的なイメージを、単なる虚偽として否定せずに、社会的な構成物として正当に扱うことが必要ではないかという主張である。

　このように、人間の意味解釈やそれにもとづく状況定義が、社会的な事実を形成する上で重要なはたらきをするということは確認しておきたい。その意味でも人間は社会的な動物である。

（春日清孝）

●第3節● 群衆

　渋谷や新宿のような大きな街の交差点で信号が変わり、大勢の人が歩き始める。そこに自分もいるとして、不思議な気分になったことはないだろうか。個性的なファッションの人びと、年齢や性別もさまざまな人びと、「彼らには一人ひとりの人生のストーリーがあるはずだ」、「なぜあの人とわたしはここですれ違う歩行者というだけで知り合いにはならなかったのだろう」、「こ

のなかにはすでにわたしと関わりのあった人々がいて、あるいは将来関係のある人がいるのではないだろうか」、そんなことを考えたりするけれど、信号機の変わるとき、わたしたちはただ「マエヘススム」。機械に反応して同じように動く、群れを成す人間たちだ。これを**群衆**と言う。

1………群衆論の起源における流言とデマ

　群衆論はヨーロッパではじまり、アメリカ合衆国で発展した。そのヨーロッパの中でも、群衆論は 19 世紀のフランスから始まっている。18 世紀末のフランス革命のインパクトを引きずって、さまざまな思想が生じた。時間がたち、そこには冷静に歴史を見直すまなざしがあった。物事の矛盾点も見えてきたのである。フランス革命は、自由や平等という美徳を目的としつつも、人びとは今までの特権階級に対して恨みをはらし、自分たちの行いに反するものを探し出して殺した。しかも、その殺しをショーのように楽しむところがあった。フランス革命に限らずとも、歴史にはこのような血なまぐさい出来事が多いのだが。

　ギュスターヴ・ル・ボン（1841-1931）は、こういう状況を群衆心理ととらえた。彼の作品『群衆心理』（1895）によれば、その特徴は、「情動的」であること、すなわち、怒りや悲しみの激しい動きであり、それらが同じように同じものに対して向けられている「等質な状態」であること、誰がその行動の責任をとるかを考えない「無責任」な状態にあり、果たして自分の行動が正しいのか問わない「無批判」な性質にある。言葉や行動に促されて、よく考えもせずに周囲と同じ行動をするというこのような状態を、**暗示**にかかった状態とも言う。

　ル・ボンによれば、以上のような群衆行動を**乱集**という。しかし、やはり彼によれば、そもそも人びとが意思や熱狂を共有する動機で集まる場合もある。それを**会集**とした。講演会や音楽会が例に挙げられるが、もっと現代風に言えば、ライブやコンサートなどのイベントである。前者が行動的な群衆であるのに対して、後者は受動的な群衆である。そして、前者は人が群れたことが「原因」となって意思や熱狂を共有しているが、後者は意思や熱狂を共有するために群れるという「目的」となっている。

　いずれにせよ、群衆心理は、非日常的で、人びとは気分を高ぶらせる。個人の気持ちが高まり、社会の常識や約束事、道徳や倫理と言われる人間としての根本的な条件を逸脱するときがあるが、それが多数の人間の行いである

ためにますます促進される様子が群衆現象である。彼の議論は、コミュニケーションの理論から言うならば、大量の人間による**対人的コミュニケーション**の状況が生じた場合にみられる。すなわち、顔や行動を肉眼で見られる位置に互いが存在するコミュニケーションの状況である[6]。先に革命の例を挙げたが、そのような情動に駆られた大量の人間の逸脱行動は、歴史に数多くあり、他には災害や事件の例がある。

　一例を挙げよう。1970年代の愛知県のある町で起こった事件である。就職志望の高校生たちが地元の信用金庫について話し合っていたところ、そのうちの一人から「そこは危ないよ」という発言があった。その意味は「銀行強盗が来たりして」という軽いジョークであったようだが、この「危ない」を真剣に経営不振として理解した他の高校生が、親戚に「信用金庫は危ないの？」と質問した。そこから幾人かの口を経て、とうとう預金をおろす人間が出てきた。それを発端として、次々と預金解消者が出てくる。結果的に、経営不振の**流言**と預金解消という行動は町中に広がり、信金からは20億円が引き出された。

　アメリカの心理学者ゴードン・W・オールポート（1897-1967）とレオ・ポストマンは、流言現象を、ことがらの重要度と状況の不確かさの積に比例して広がると述べ、その流言内容の平均化と、部分的強調が特徴であると述べた。預金の安全という重要な事柄と、「危ない」というあいまいな表現とがこの場合の鍵である。この預金を引き出しに来た群衆の現象を、先に述べた革命の暴動と等質に考えてよいのだろうか。

　革命の場合は、「革命に従わない者を殺せ」と指導する者や、その考え方の宣伝が働いている。流言が人びとの潜在的な不安から生じたものだとすれば、この革命の例は**デマゴギー**、または日本語特有の省略で**デマ**と言われる。すなわち、その群衆現象は何者かに意図的に操られている。信用金庫の例においても、デマであれば、業務妨害に当たるため、愛知県警が捜査した結果、流言のルートが明瞭になったのである。法的にも、流言とデマは区別されている。

6　対人コミュニケーションとは逆に、一部の者が、メディアを通して不特定多数受信者に情報を送信するのがマス・コミュニケーションである。しかし、この両コミュニケーションの中間には、マスとも少数ともいえない関心を共有した特定多数のコミュニケーションがありうる。これを中間的コミュニケーションと言う。ただし、対人コミュニケーションの道具となるコンピューターによる通信が、特定のコミュニケーション集団形成にも、不特定多数に向けての情報媒体としても機能しうることから、現在はメディア・コミュニケーションという多義的な表現もある。

2………群衆ではなく公衆

ここで群衆現象をコミュニケーション論から確認するならば、それは対人的コミュニケーションに基づき、流言から自然発生し、あるいはデマによって人工的に生じる。もう一点コミュニケーション上の問題点を含み、群衆論の原点に戻るならば、やはり 19 世紀フランスに、ガブリエル・タルド（1843-1904）という論者を見出せる。彼は、『世論と群衆』（1901）において、**公衆**という概念を提出している。彼の議論は、群衆論に比べ、コミュニケーション論的に言えば、**マス・コミュニケーション**を基礎としている。また、群衆が規範意識から逸脱した非日常的な犯罪的行動の現象であるのに比べ、公衆は日常的で理性的である。タルドとル・ボンは同時代人だが、ル・ボンが大量の人間の集合行動を非合理的だと考えることで、均質化する都市生活の名もない人びとの暮らしを軽蔑するところを含んでいたのに対して、同時代のタルドは、人びとの生活や教育の水準が上昇していると考え、むしろ人びとの高い自立性に期待していた。タルドは、19 世紀後半のフランスで発達してきていた新聞が、公衆の世論を形成し、政治を動かす重要なマス・メディアだと考えた。彼は、この新聞を介して、多くの人びとが理性的な意見を冷静に受け止めて、それが多くの人びとに伝播すると考えた。

そもそもタルドも**模倣**という概念によって、人間の社会は、この節の冒頭で述べた信号の例のように、刺激に反応して自動的に人と同じことをしてしまう「模倣＝真似」に基づいていると考えた。また、信号の場合は交通ルールを前もって知っているが、自分がそもそもよく知らない社会の状況におかれて仕方なく人の真似をする模倣もあると考えた。しかし、彼は、模倣を刺激への反応や、気分や無知という受動的なものばかりでなく、自立的な選択によってよいものを真似することでもあると考え、それがマス・コミュニケーション上の**世論**のような結果となると考えた（第 1 章第 2 節参照）。

3………議論の系譜と影響

以上のル・ボンの群衆論とタルドの公衆論は、コミュニケーション研究の原則となるものと言える。あえて単純化して言うならば、コミュニケーションにおいて人は理性的か。また、マス・メディアの情報を受容するに際して人は理性的かという問題である。と言うのも、タルドがマス・コミュニケーションとマス・メディアにおいて人々が理性的だと考えたのに反して、ル・ボンのところで出てきたようなデマはマス・メディアでも意図的に拡げられ

ると考えられるからである。

　特に、人びとのマス・メディアが映画、ラジオ、テレビと機械技術の込み入ったものになるにともない、人間理性の楽観論ばかりでなく悲観論が強くなり、マス・メディアによって人々は一定の政治的意図を頭に吹き込まれるか、あるいはマス・メディアそのものが人びとを無能にしてしまうという議論が出てくる。これは第2章でも述べたように、1933年以来のナチス政権による大量の人間の意志の操作が、映画やラジオのようなマス・メディアを介して行われたことへの、当時の学者たちの危機感や批判が込められている。

　したがって、群衆論と公衆論は、ヨーロッパからアメリカ合衆国へと亡命した知識人たちによって亡命先で盛んに研究されることとなった。加えて、このアメリカにおいては、マス・メディアの技術が発達し、ヨーロッパより先進的に普及していたことによって、メディアを介した群衆心理とも言うべき出来事が起こっていた。1938年、ラジオから臨時放送が流れ、「火星人」（火星からきた宇宙人）が地球を滅ぼしに来たところを実況中継した。世界大戦の予感の中、まだ自分の国土に敵の上陸してきたことのないアメリカ国民が震え上がり、なるほどナチスよりも強力な宇宙人の攻撃に混乱した。ラジオの番組とはいえ、大量の人間が混乱する**パニック**という現象が起きたのである。

　岡田直之は、アメリカを中心とした第二次世界大戦後のコミュニケーション研究における群衆論と公衆論の後裔を、大衆社会論的視座と実証主義的視座としてまとめている。岡田によれば、大衆社会論的視座は[7]、先に筆者が述べたようなヨーロッパでの学者たちのファシズムの経験を動機としている。そして、やや簡略化して紹介するならば、第一に、一部の支配エリートが受動的な多数の人びとを操るという一元的な社会像、第二に、心理的に画一化して操作可能な人間像、そして第三に、新しい技術に基づくマス・コミュニケーションが人間支配の全能の道具となるというマス・メディア像を特徴としている。

　後者の議論は前者の行き過ぎを批判して成り立つ。第一に、大衆社会論的視座における支配的なエリートも、受動的な多数者も、多様で複雑な社会の

7　岡田のここで言う**大衆**は、心理的に操作され、自然な感情に流される多数者という意味では群衆像に近い。しかし、群衆論は対人的コミュニケーションに基づいているものであり、彼のマス・コミュニケーションの理論においては適切な言葉ではない。その上、群衆はあくまで情動的に流される人々の現象に過ぎないが、大衆は、大衆を論じている研究者を含めて、国民を操る政治的支配者や、人びとの理性を骨抜きにするマス・メディアに対する批判を込めている概念である。岡田が大衆という用語を用いているのは、これらの点で妥当性がある。

実際面からは単純すぎるという批判がある。すなわち、一元的社会像に対する多元的社会像からの批判がある。そして第二に、人間観においても、マス・メディアによって人々が無力化されるか、あるいはメディアを介して少数の支配者に操られるのではなく、人々はマス・メディアを道具として活用し、むしろ政治や社会に批判的に対処するという人間像が出てきた。もちろん、第三の面においても、マス・メディア像に対する実際の調査や実験などの検証から、むしろ無能なマス・メディア像が出現することとなった。これらは、実証主義的視座と岡田が示すように、調査や実験に基づいた結果を示している。ただし、岡田は、ここで、大衆社会論的視座に対する実証主義的な調査や実験が、大衆社会論的視座をすべて覆したわけではないと述べている。個別な部分に対する反論としては有効だが、むしろ大衆社会論的視座のように、ファシズムへの批判や警戒を含んだ議論の視野の大きな目的に欠けるというのである。

4……むすび

　私たちのコミュニケーションにとって便利なテクノロジーが出現するたびに、それは人間にとって善か悪かと問われる。結局は、道具を使う人間のこころや行動の善悪に対して、逆に道具の善悪が人を支配しているという議論もある。映画、ラジオ、テレビはもちろんのこと、現在は、コンピューターや携帯電話に焦点が当てられている。使う人の悪については法律の規制があり、技術面の悪に関しては技術規制が考えられている。わたしたちは、メディアとの日々の接触における自分たちの行動の善悪や、メディア機器の機能が導く善悪について、今一度自分自身で考えてみるべきではないだろうか。

(楠　秀樹)

【参考文献】
Allport, G.W. & Postman, L. 1947, *The Psychology of Rumor*. New York. 邦訳 1952『デマの心理学』南博訳，岩波書店.
岡田直之，1992『マスコミ研究の視座と課題』東京大学出版会.
Tarde, Gabriel, 1901, *L'opinion et la foule*. Paris 邦訳 1989『世論と群衆』稲葉三千男訳，未来社.
Le Bon, Gustave, 1919, *Psychologie des foules*. Paris. 邦訳 1993『群衆心理』櫻井成夫訳，講談社.

●第4節● 口コミと都市伝説

1……うわさの構造

　先にもマスコミの報道に対してネット上に現れる様々な情報について触れたが（第2節）、情報というものをより広い意味での「しらせ」や「知識」一般として捉えるなら、私たちの日常生活はそのような情報に満ちあふれている。それはマス・メディアを媒介に提供される様々な番組やCM・PRばかりでなく、新規開店するお店の看板やチラシ、交通安全の標識、行政の広報車や選挙活動の宣伝文句、敢えてマフラーを外したバイクのやかましい排気音、ウナギや焼き鳥のかぐわしい匂い、ミネラル分を含ませたおいしい水、電車やバスの座り心地など、情報とは人間の五感に関わるあらゆる事象に付いてまわるものである。私たちの日常生活は、様々な情報に接し、それを人に伝えたり、逆に伝えられるということの反復であるといってもよい。

　この時、「うわさ」とは情報をやりとりする方法の一つである。川上義郎によると、このうわさの語源は「うわさた（浮沙汰）」であり、それは「世間の人々の判断を示すもの」であったとされる[1]。現在、マス・メディアに比して信用のおけないものとされ、極端な場合、デマと同義的に扱われる場合もある（G・オルポートとL・ポストマン）。しかし、川上によれば、オルポートたちが伝言ゲームに模して明らかにした流言[2]の不確実性、つまり、しだいに要約され平易になっていく傾向（平均化：leveling）、限られた要素を強調していく傾向（強調化：sharpening）、そして、既存のステレオタイプに同化していく傾向（同化：assimilation）は、ことうわさの構造については一面を述べたに過ぎない。なぜなら、うわさは伝言ゲームとは異なり、伝達の経路も一方通行ではないし、何よりもメッセージの「送り手は伝えたい内容と伝えたいという気持ちを持っている」[3]のである。その意味で、うわさは伝達というより「創造」のプロセスであると川上は主張する。T・シブタニの流言についての定義を用いて、人が日常的なステレオタイプで物事を処

1　川上義郎，1997『うわさが走る』サイエンス社．p1.
2　ここでは、うわさと流言をあえて区別していない。
3　川上前掲：p.17.

理できなくなったとき、あらたにその状況を再定義しようとして、互いに有意味な解釈を出し合っていくことで、うわさが生じるとされている。因みに、オルポートとポストマンは、うわさの発生について、流言の流布量 R ＝ 重要性 i × 曖昧さ a という定式化を行っている。ここから考えると、うわさとは、自分たちにとって重要な事柄であるにもかかわらず、状況が曖昧であるとき、うわさの流量が増加するということになる。もっとも、何を重要と判断するかという基準については、シブタニの議論を参照することが可能であるように思う。これは、フェスティンガーの認知的不協和の理論で指摘された、不協和低減の方法とも関連しよう。

2………口コミ（WOM）

　この、うわさのような情報が伝達する際に、最も頻繁に用いられる方法が「口コミ」（WOM: ward of mouth）である。
　一般に、WOMによる情報をマスコミ情報よりも劣ったものと見なしたり、また、操作的な情報戦略の一種とする傾向もある。因みに、情報戦略としてのWOMは「アンプリファイドWOM」または「ペイドWOM」といわれ、自然発生的なWOMを「オーガニックWOM」という。しかし、WOMによる情報伝達は場合によってはマスコミ報道を凌駕する場合もある。
　WOMの効果を示した興味深い実験がある（P・M・ヘアー他）。被験者を募り、新型のパソコンの消費者レポートを読ませた上で、一つのグループでは実際の使用経験者（実はサクラ）がその製品に対するポジティブな感想を述べ、もう一つのグループでは使用経験者の電話インタビューをプリントにしたものが配られた。さらに同様の実験をネガティブな内容でも行った。結果、サクラに直接話を聞いたグループの方が、印刷物を配布されたグループよりも、ポジティブな面についてはよりポジティブに、ネガティブな面についてはよりネガティブに印象づけられたという。先に引用した川上はこの事例を紹介しつつ、それらの印象があらたなWOM行動につながるケースを説明している。ポジティブなWOM行動もネガティブなWOM行動もそうそう頻繁に起こることはない。特に、ネガティブなWOM行動は、購入した商品が気に入らなかった場合、第1次的には、もうその店やメーカーの商品は買わないと決めたり（脱出行動）、苦情を言って新しい製品と交換したり、無償修理をしてもらったり（苦情行動）するものであり、それが何らかの理由によってできなかった場合に、具体的なWOM行動が発生するとい

われる。そして、そのようなWOM行動は企業としては余り喜ばしいものではないため、それらを発生させない対策が取られる。今日のように情報化が進んだ時代において、この対応はなおさら必要であろう。

3………インターネット告発

　口コミとは若干異なるが、ICT（Information and Communication Technology）社会と言われる今日において、インターネット告発（以下、ネット告発）が頻繁に生じるようになったと言われる。

　ネット告発はアメリカにおいて、インターネットの普及にあわせてかなり早期から起こっていたようだが、日本においてこれが世間の耳目を集めたのは1999年の、通称「東芝クレーマー事件」からであろう。東芝製のビデオデッキを購入したユーザーが、その製品に対する問い合わせをメーカー側に行ったところ、そのやりとりがこじれていき、メーカー側の担当窓口がユーザーに対して発した乱暴な言説が、そのままネット上で音声ファイルとして公開され、東芝製品の不買運動にまで発展した事例である。その後、この問題はメーカー側が謝罪する形で一応の決着をみたが、ICTが発展した今日において、個々人が行政や企業という大きな組織に対抗する手段を得たという点は注目に値しよう。これは、社会の木鐸としてのマス・メディアの力を借りずとも、そのような異議申し立てが行える環境整備がなされたということである。先のネガティブWOMについても同様のことが言えるが、そのような企業告発の可能性があることを想定した上で、企業担当者も顧客サービスや対応窓口を整備する必要が生じている。そして場合によってはマスコミが、ミニコミの後塵を拝することも生じている。

　試みに、「ネット告発」というキーワードでインターネット検索を行うと、様々なHPがヒットしてくるし、それらの告発系HPの検索サイトさえも存在する。

　新保豊によれば、ネット告発は1996年頃から、アメリカにおいて、消費者が企業を訴える形で生起してきたという[4]。新保はそのプロセスを、消費者と企業との対決の度合いに応じて、以下の4段階に分類する。①苦情：消費者からの苦情が訴えられるもの、②告発／侮辱：言いっぱなしではなく系統的に批判したり、補償を求めたりするもの、③紛争（商標侵害等）：企業側が応戦するケース、④収束（和解／サイト閉鎖等）：企業側が補償したり

4　新保豊, 2000「『告発サイト』勢い続く米国　企業側の対応にも変化」『論座』1月号, 朝日新聞社.

製品回収をしたりするケース。

　因みに、ネット告発において、③の紛争で企業側は必ずしも勝利するわけではない。なぜならネット上の書き込みを確実に管理するすべがないからである。この構造はうわさと類似しており、強圧的な対応はあらたな告発の呼び水となり、結果として泥仕合の様相を呈する可能性もある。

　逆に、あまりにも理不尽な書き込みに対しては、ネット上でもそれ相応の対応がなされることもあり、必ずしも書いたもの勝ちというわけではない。ただ、書かれた内容に対する信憑性は、マスコミなどの「権威」によるのではなく、書かれた「内容それ自体」によっていることは注意が必要であろう。ただし、ネット上に書かれた内容には、事実性を問わない、問われないものも存在しうる。それが次に触れる都市伝説である。

4………都市伝説の存在論

　都市伝説という用語を初めて用いたのは、フランスの社会学者エドガール・モランとされている。モランは、1969年にオルレアン地方に蔓延した、ブティックの試着室にはいった女性が行方不明になるという女性誘拐のうわさを扱っている。女性の消えるとされたブティックがユダヤ人の経営によるものであったことから、しだいにそれがユダヤ人に対する民族差別・偏見と結びついていき、『ル・モンド』などの新聞社もそのうわさについて否定するアンチキャンペーンを展開する大騒ぎとなった。

　これを原型とする様々なバリエーションが存在し、たとえばアジアにおいては誘拐された女性が手足を切断された状態で見せ物になっているという、「だるま」に関するものである。日本人を対象とした、その種のうわさも枚挙にいとまがない。

　日本国内でも様々な都市伝説が存在し、「口裂け女」、「人面魚」、「トイレの花子さん」などのオカルト的なものから、猫肉を使ったハンバーガー、カラスを使ったフライドチキンなどの食品的なものまで、数え上げたらきりがない。

　この種の都市伝説はジャン・ハロルド・ブルンヴァンによって精力的に研究されており、それらは数冊の著作となっている。タイトルになっているものを挙げるだけでも、たとえば、ヒッチハイカーを車に乗せていたら自然といなくなっていた（『消えるヒッチハイカー』）、飼っていたドーベルマンが侵入者の指を噛みちぎりのどを詰まらせていた（『チョーキング・ドーベル

マン』)、メキシコの近辺で拾ってきたペットが実はドブネズミだった(『メキシコから来たペット』)、ナンパした女性とホテルに行った翌朝、血文字で「エイズの世界にようこそ」と書かれていた(『くそっ！なんてこった』)、早朝に走る貨物列車の騒音でたたき起こされた若夫婦がしかたなく子作りに励み出生率が上がる(『赤ちゃん列車が行く』)などがある。

　近年、都市伝説についてはネット上で流通することが多くなり、それらの伝播も容易になってきた。しかも、ネットが発信源となる都市伝説も多く存在し、それらは**ネットロア**と呼ばれている[5]。ネットロアとされるものの中には、ホラー的な内容のものも含まれるが、それ以外のチェーンメールに類するものも含まれている。有名なものとしては、『世界がもし100人の村だったら』の原型もここに含まれる。

　それでは、このような様々な都市伝説が流通する基盤とは何なのだろう。野村一夫は言う。「ことわざに"火のないところに煙はたたぬ"というが、"火"は〈うわさされる側〉ではなく、じつは〈うわさする側〉にある、ということを"オルレアンのうわさ"は明確に示している。つまり、曖昧な状況や新しい事態に対する人びとの漠然とした不安やとまどいこそ、うわさの"火もと"なのである」[6]。先にも「状況の再定義」ということに触れたが、「うわさする側」に生じた要因とは何なのか、考えてみると興味深い。様々な都市伝説、それがオカルト的なものであったとしても、うがった見方をすれば、それはうわさする側にとって必要なことだったのかもしれない。現代社会における安全で合理的な生活、しかもある程度の自明性を確保された日常の裂け目を突くような都市伝説をわれわれはどこかで求めていると言えないだろうか。

（春日清孝）

5　ネットロアとは一般に、ネット（net）とフォークロア（folklore）からなる造語とされている。
6　野村一夫，1998『社会学感覚』文化書房博文社．

Column

福祉現場の関係性と専門性

●専門職の専門性とは何なのだろう。ユニットケアについての報道番組に触れ、考えさせられたことがある[1]。ユニットケアとは、認知症の入所者を十数人程度のグループに分け、それぞれのグループごとに食堂や団欒の場を設けるもので、そこでは決まったメンバーとスタッフとが家族のように生活する。番組で取り上げられた事例（認知症が進んだ高齢女性）では、ユニットケア型の施設に入所してわずかで様々な症状の改善されたことが紹介されていた（会話をする、食欲も出てくる、文字も書く）。この時、スタッフの中に、今まで自分たちがやらせてこなかっただけなのではないのかという疑問が生じ、「何でもいっぱいやってもらおう」と考え方をあらためたという。入所者一人ひとりが自分の役割を得、同時にそこを居場所とすることができる。

●一方で、スタッフにはそれまでとは異なる負担が強いられる。通常施設においては、おむつ交換、食事、入浴介助は施設側やスタッフの都合が優先されるが、ユニットケアでは利用者に一人の人間として向き合い寄り添っていくことが求められるためである。それぞれの業務をスタッフが皆でやっていれば安心でき、そのような業務形態でもそれなりの満足感を得ることができた。逆に、入所者と二人きりにされると会話ができないという恐れや、重い認知症のお年寄りの場合、心を通わせることそれ自体ができるのかという疑念もあったという。

●問題は、介護や福祉・医療・教育などの人間に関係する諸領域に専門職として従事する人々が、そこを利用する人々とどのような関係を構築できるのかということではないだろうか。機能的合理的に考えれば、相手をモノとして扱ったほうが心理的に負担も少ないといえ、また、そのような関わり方が客観性を確保するために必要という意見もある。しかし、相手のやる気を奪うような「認知症患者役割」を押しつけることが、職業的な効率性という観点から自明視されるのも問題だろう。

●中西正司と上野千鶴子は『当事者主権』（岩波新書、2003）において、しょうがい者／児を自己決定できない存在として決めつける専門職や施設職員が多いことについて触れ、専門的な知識や技術よりもコミュニケーション能力こそが重要だと指摘している。ケア care、すなわち、気づかうこと、寄り添うことが注目されつつある現代において、私たちはもう少し他者に対してセンシティブであってもよいのではないか。

（春日清孝）

1　NHK『クローズアップ現代』No.1533、「変わる痴ほうの介護」2002 年 1 月 22 日（火）放送.

第6章 教育とメディア

●第1節● 科学技術はコミュニケーションをどう変えたのか──教育の情報化とメディアの活用

1………教育メディアに対するイメージ

1. メディアとは何か

　高度情報化社会といわれている今日、メディアと聞いて思い浮かぶことを訪ねてみると、ほとんどの人がマルチメディアあるいはコンピュータやインターネットという言葉を挙げる。

　確かに現代のメディアは、コンピュータやインターネット抜きでは成り立たない現実がある。しかしながら、狭義の意味でならそれらの答えは正解であるが、実は、メディアというものは、人々の情報を伝えるという本質は一貫しているものの、コンピュータやインターネットが主流になる以前から社会の歴史の変遷とともに発達を続けており、それだけにはとどまらないものである。

　では、メディアについてもう少し具体的に述べてみよう。

　メディアは、現代ではテレビ・ラジオ・新聞などのマス・メディア[1]の略語として使われる場合が多いが、本来は"媒体"や"中間"を意味する言葉であり、情報媒体とも訳され、情報を伝達する手段ということになるだろう[2]。つまり人から別の人へ伝達される際には、その間には何らかのメディ

---

[1] 『教育心理学辞典』(教育出版, 1995)によると、マス・メディア(mass media)とは、「新聞、雑誌、ラジオ、映画、テレビなどのマス・コミュニケーション媒体。大きく分けると印刷媒体と電波媒体とに分けられ、前者は19世紀半ばに、後者は19世紀末から今世紀にかけて成立した。」のように記されている。マス・メディアの典型的なイメージは、いわゆる報道に関わる諸機関だが、その他に映画、音楽や出版業界をここに含めることが多い。

[2] メディアには多様な意味が与えられている。『図書館情報学ハンドブック』(丸善, 1999)および田村紀雄『メディア事典』(KDDクリエイティブ, 1996)には次のように記されている。メディアは、まずマス・メディアを意味している。長く、メディアは、テレビ、新聞、雑誌などの総称であった。また従来から視聴覚教育の分野で視聴覚資料をメディアと呼んでいた。ところが、1980年代はじめから、ニューメディアが急速に増えはじめ、1985年を頂点として使われなくなっていく。現在では、電子メディア、デジタルメディア、サイバーメディアといった語の使用例が増え、写真、電話、ワープロ、あるいは広告や博物館や美術館までをメディアとして捉えようとする人々もいえる。

アが介在していると言えるのである。

　仏教の教えは、当初は口伝えであったから[1]、人間自体がメディアであった。2008年に開催された北京オリンピックの開会式では、中国の四大発明が大々的にショーアップされたが、孔子の教えは竹簡(ちくかん)[2]に書き付けて伝えられ、その後紙の発明によって飛躍的に情報化が進んだことが示された。

　メディアとは何かを端的に述べるなら、媒質に情報を定着させたものということになる。媒質というのは、中国の例なら竹簡や紙にあたり、現代の主流で示すならば差し詰めUSB（Universal Serial Bus）メモリやインターネットの検索画面[3]やポータルサイト[4]ということになろうか。

　さて、このメディアも多くの人々は生まれたときから接しているし、生活していく上でも必要不可欠なほど身近なものとしてとらえられていることだろう。

　しかし最近では、メディアが人々に悪影響を及ぼしているという主張を、それこそメディアを通して耳にすることがある[5]。多くの意見は、コンピュータやインターネット、あるいは携帯電話といった電子媒体の発達が人々の生活を脅かしているというような内容に集約される。しかし、よく考えてみれば、それらの恩恵を受けて生活が豊かになったことも事実であり、悪い影響だけが取り沙汰されてメディアを悪者扱いにするのは問題がある。

　まして、コンピュータやインターネットはメディアの一部なのであって、それらがなにがしかの悪影響を与えているとしても、そのことでメディアのすべてを否定されるのでは真の議論にならない。メディアそのものの本質に触れ、それらの理解の上にメディアに対する議論は成り立つのである。

　本章では、我々が社会化していく上で必ず通過する学校教育の現場を舞台にしてメディアの本質に遡り、幅広くメディアを理解できるように解説を試みる。

2. メディアと学校教育

　学校教育におけるメディアについて議論する前に、日本の学校教育で扱うメディアに関する歴史的変遷について少し触れておくことにしよう。

　現代に至る日本の学校教育は、第二次世界大戦終戦を境に基本方針を大転換した。戦前の学校教育の基本方針は、学習者（児童・生徒）が国家に有為な臣民となるような教育内容を国定教科書（明治時代の初期に義務教育制度が始まった頃は、検定済教科書が用いられた）に集約して、すべての学校に

おける学習者に対して同一教材を配布し、その内容を即注入することであった[6]。このように、国益を優先して編纂された教科書の内容を忠実に伝えることが、教師にとっての「教授すること」であり、活動を含めた学習指導のすべてであった。また、学習者にとっては、教科書の内容を覚えることが「学習すること」のすべてであった。

日本の学校教育は、国家の法体系に基づいて遂行されており、現代の学校教育は、1946年に制定された「日本国憲法」、さらに翌年に発布・施行の「教育基本法」に準じて立法された「学校教育基本法」(1947年) に基づいている[7]。

この法律によれば、「教科用図書以外の教科用図書（この場合の図書は「教科書」とはされていない）その他の教材で、有益適切なものは、これを使用することができる」(学校教育基本法第34条2項) としており、戦後初めて教科書以外の資料やそれを提供する部門の必要性を認めている[3]。

また、「学校教育法施行規則」(1947年制定・2008年最終改正) では、「学校には、その学校の目的を実現するために必要な校地、校舎、校具、運動場、図書館又は図書室、保健室その他の設備を整えなければならない」(第1節第1条) とあり、学校の教育課程との関連において、児童や生徒の学習環境を整えることの必要性が明記されている[8]。

さらに、学校教育で扱うメディアの要となる学校図書館についても、「学校図書館法」(1953年制定・2008年1部改正) が制定され、「学校図書館」とは「小学校（特別支援学校の小学部を含む）、中学校（中等教育学校の前期課程及び特別支援学校の中学部を含む）及び高等学校（中等教育学校の後期課程及び特別支援学校の高等部を含む）（以下「学校」という）において、図書、視覚聴覚教育の資料その他学校教育に必要な資料（以下「図書館資料」という）を収集し、整理し、及び保存し、これを児童又は生徒及び教員の利用に供することによって、学校の教育課程の展開に寄与するとともに、児童又は生徒の健全な教養を育成することを目的として設けられる学校の設備をいう」(第2条) と学校図書館の定義が示された[9]。

戦前・戦後から今日にかけて、学校教育の現場ではその時代に応じたメディアと共生し、その都度メディアは児童・生徒たちの学習を支えているので

3　教科用図書とは、日本の学校教育法に基づいて、初等教育・中等教育において主たる教材として使用される図書のことである。「教科書」とも呼ばれるが、「教科書」には「教科書に準ずるもの」として「地図」が含まれること（この場合の「地図」は、「教科書」として法令上みなされている）、また、一部に「教科書以外の教科用図書」（この場合の図書は「教科書」とはされていない）が使用されていることに留意を要する。

ある。戦前の学校教育は、その時代に支配的であったメディア（国定教科書）を中心に情報を収集し、生きていくための知識を提供してきたが、現代では幅広いメディアの活用が必要であることが法律にも謳われており、それを実行する努力が続けられている。

さて、近年の学校教育においては、コンピュータやインターネットを利用した学習が定着しつつあるが、学校教育におけるメディアの役割を理解するためには「学習指導要領」の内容を把握しておく必要があるだろう[10]。

「学習指導要領」（以下、要領と略）は、1947年に「試案」として発表されて以来、その内容や要領自体の法的拘束力の有無について議論の対象となってきた。これまでに、数回の改訂と有識者による議論を経て、現在では学校教育現場において一定の法的拘束力を有するとみる考え方が有力であり、多くの学校がこの要領に沿った教育課程を展開している。

教育課程とメディアとの関係をそれまで以上に発展させる契機となったのは、1989年の改訂（学習指導要領は1989年に告示され、小学校は1992年度、中学校は1993年度から実施された。高等学校は1994年度の第1学年から学年進行で実施された）である。ここでは、「総則」の「教育課程の一般方針」において「自ら学ぶ意欲と社会の変化に主体的に対応できる能力の育成」を内容とする新しい学力観[11]が提唱され、さらに「指導計画の作成などに当たって配慮すべき事項」の中で「視聴覚教材や教育機器などの教材・教具の適切な活用を図るとともに、学校図書館を計画的に利用しその機能の活用に努めること」とされた。その後、1998年の戦後7度目と言われる改訂では「今回の改訂の基本的なねらい」として3点の教育の指針（学習指導要領には"教育の柱"として明記）が示された。

これらのうち「自ら学び、自ら考える力を育成すること」という指針については、「各教科及び総合的な学習の時間において体験的な学習、問題解決的な学習の充実」を図り、「コンピュータ等の情報手段の活用を一層促進」するという内容が盛り込まれ、授業の中で図書館資料の活用とコンピュータの利用を結ぶメディア教育の道筋を示した。これを受けて、学校図書館メディア基準（2000年3月全国学校図書館協議会制定）は、「学校図書館メディアは、学校の教育課程の展開に寄与し、児童生徒の健全な教養を育成することを目的とし、図書、視聴覚資料、コンピュータ・ソフト等の各種のメディアをもって構成する。本基準は、学校図書館メディアにおける最低の基準を定めたものである」と示されるようになった[12]。学校教育におけるメディ

アは、教授者と学習者との中間にあって教授内容を伝達する媒体であり、教授・学習活動する教材である。今日の教育現場では、学習者の学習活動を促進させる充実した教材を配置した豊かな環境を整えることが求められているのである。

2………科学技術の発達と学校教育メディア

学校教育におけるメディアは、教授内容を教師から学習者に伝達する媒体であり、教材（学習材）と呼ばれているものがそれにあたる[4]。

各種のさまざまなメディアは、授業・自己学習活動の中での使い方によっては、知識や価値の一方的伝達、あるいは無意図的偶発的な感化・訓育から、目的的で意図的な活動にまで高められるものになる。

学校教育で使用される典型的なメディアは、まずは教科用図書（以下、教科書）である[5]。教科書とは、「小学校・中学校・高等学校およびこれらに準ずる学校において、教科課程の構成に応じて組織配列された教科の主たる教材として、教授の用に供せれる児童又は生徒用図書」（発行法第2条，1948年）であり、「文部科学大臣の検定を経たもの又は文部科学省が著作の名義を有するものをいう」（教科書の発行に関する臨時措置法第2条1項，1948年）である。特に、小学校・中学校・高等学校においては、授業で教科書を使用する義務が課せられているのである[6]。

また、「小学校においては、文部科学大臣の検定を経た教科用図書又は文部科学省が著作の名義を有する教育用図書を使用しなければならない。前項の教科用図書以外の図書その他の教材で、有益適切なものは、これを使用す

---

[4] 『日本教育工学辞典』（文教出版，2000）によると、教材とは、「教育活動において、ある意図の下に教育用の媒材として用いられるすべての文化財を教材と呼ぶ。近年、学習者への関心が高まり研究も進み、学ぶための材料としての「学習材（がくしゅうざい）」が注目されるようになった。」と記されている。『教育心理学辞典』によると、教材とは、「児童・生徒により深く本心的な認識を形成するための手段として教授、学習過程において意味づけられ、役割づけられている素材」と記されている。つまり、教育の場においては、教えるにあたって解説などに使用する教材が学習材としても機能する。学校教育現場で使用される学習材（教材）としては、教科書（教科用図書）、問題集、資料集などの図書、授業で配布されるプリント、ワークシートなど教師が作成した資料のほか、理科室で実験を行う際に使用する器具や人体模型、体育館にあるボール、英単語とその意味が書かれたフラッシュカードなど、授業で扱われているさまざまなものがこれにあたる。
[5] 『日本教育工学辞典』によると、教科書とは、「一定の教育目的の下に編成した教育内容をカリキュラム化し、これに即して主たる教材を配列し、印刷した教育用冊子が教科書である。日本の小・中・高等学校では、文部科学省の検定合格済の教科書のみが使用を許される。」と記されている。また文部科学省の次のサイトに詳細に記載されている。http://www.mext.go.jp/a_menu/shotou/kyoukasho/main3_a2.htm （Cited; 2008. 08. 31）その他教科書について、無償法（義務教育諸学校の教科用図書の無償に関する法律（1962年））、無償措置法（義務教育諸学校の教科用図書の無償措置に関する法律（1963年））等の法律も反映されている。
[6] 教科書の使用義務については、「すべての児童生徒は、教科書を用いて学習する必要があります。学校教育法第34条には、小学校においては、文部科学大臣の検定を経た教科用図書又は文部科学省が著作の名義を有する教科用図書を使用しなければならないと定められており、この規定は、中学校、高等学校、中等教育学校等にも準用されています。」と記されている。

ることができる。」(学校教育法小学校第4章第34条2項，1947年，2007年最終改正[13])と謳われており、教科書以外の図書やその他の教材の充実にも力を注がれてきた。さらに、1998年に文部科学省が開催した「教育分野におけるインターネットの活用促進に関する懇談会（報告書）[14]」では、学校におけるインターネット活用体制の充実を推進するように、(1) すべての教員にインターネット利用能力を育成、(2) 学校の学習情報センターとして学校図書館の整備、(3) 普通教室における教育用コンピュータの整備、(4) 学校をあげての取組みの4点に注力することが示された。

　中でもメディアの収集拠点である学校図書館は、インターネットを活用して学校の学習センターとしての機能を一層発揮すべきであると明示され、「総合的な学習の時間」の創設に伴って学習者のコンピュータやインターネットを活用した学習が推奨され、その時間以外（教科教育[7]など）のさまざまな場面においても新しいメディアを活用できるような環境について検討がなされるようになり、「その他の教材」としてコンピュータを筆頭とした電子メディアもにわかに注目を浴びるようになった。

　学校教育で取り扱うメディアは「教科用図書」「教科用図書以外の図書」および「その他の教材」が法的に位置づけられている。本章ではこのうち「教科用図書以外の図書」と「その他の教材」に重点を置き、現在学校教育で欠かすことのできないメディアの詳細を述べ、「学校教育メディア」を検討する。

1. メディアの種類

　義務教育を受けていた頃を思い出していただきたい。学校教育の現場ではさまざまなメディアが使われているのだが、教科書、図書館の本、最近の若い世代ならコンピュータやテレビ放送あるいはゲームなど、それ以外にどのようなメディアが思い浮かぶだろうか。

　学校教育で取り扱う学校教育メディアを議論する前に、メディアの種類について一通り学習しておこう。（表1・表2）

　メディアの分類[15]というのは、分類方針自体が明確になっておらず、それぞれの学校の方針・判断によって多様である。学校の使命は、学習者の教

---

7 『教育心理学辞典』によると、教科教育とは「教科における特質、歴史、目標、内容、指導の実際、評価などを取り上げる教育」とあり、いわゆる算数・数学・理科・社会などの科目を指し、現行学習指導要領にもコンピュータの活用のことは明記されている。

表1　印刷メディア（図書および雑誌を中心とした）の種類

①図書を中心とした印刷メディア			
図書	図書		冊子体の形をとる比較的大部な内容を伝達するメディア。国内で出版され、かつ、公衆が利用可能である、表紙を除き少なくとも49ページ以上の印刷された非定期的出版物（ユネスコ）
	一般図書	絵本	絵を主として絵と文がひとつのストーリーを形成することで構成された本で、本来は子ども向けのもの。大半は、物語絵本を占めるが、昔話絵本や知識絵本、写真絵本、仕掛け絵本、点字絵本などがあり、幼児期の言語経験の拡大に重要な役割をもつ。
		童話	童話の定義はあいまいであるが、幼年向けの創作文学を指すことが多い。
		物語・小説	子ども向けの長篇フィクションを指す。ファンタジーとリアリズムの2つの系譜がある。伝記物語や歴史物語に分割される作品群もる。
		ノンフィクション	被伝者の生涯、事跡の記録である伝記、手記など事実に即して記述された文献を指す。
		知識の本	人間の知識について、事実や情報を伝える本
		実用書	スポーツ、ゲーム、料理、手芸などが楽しめる本
		ヤングアダルト書	ヤングアダルト読者（12〜18歳）が読む可能性が高い図書。図書館が上記の読者に用意する必要のある図書。
		漫画・劇画	図書に分類するか、まだ議論のあるところであるが、絵とせりふからなる場面の連続性によって表現された絵物語（コミック）を主な内容とした資料。
	参考図書（レファレンスツール）	辞書・百科事典・地図・地図帳	
		年鑑・年表	年鑑は総合年鑑、地域年鑑、専門年鑑を指す。年表は、事項を年代順に配列して示したもの。
		図鑑	特定の主題・分野について、写真や図を系列的に配列して解説を加えたもの。
		書誌	ある規準により、図書、論文、記事の特徴を記し、一定の記述規則に基づき書誌データに表現し探索しやすく配列したリスト。
		目録	一図書館が所蔵する図書館資料の目録記入を、各種の標目を検索手段として、明確かつ統一的な一定の順序で配列したもの。
		索引	特定の図書や記事に含まれている情報を探索できるように項目として配列し、所在指示の機能を付した二次資料を指す。
	パンフレット・リーフレットなどのファイル資料		
		パンフレット	図書と比較して、5ページ以上48ページ以下の非定期的出版物（ユネスコ）
		リーフレット	1枚の紙葉に印刷し、1回折りたたんだだけで、綴じていない（製本もかがりもしていない）4ページまでの刊行物。
		ブロードサイド	1枚もの、チラシ。
		新聞・雑誌の切り抜き資料	クリッピングともいい、テーマや単元ごとにファイル資料として作成されることが多く、重要な役割がある。
		1枚刷り資料	
		手稿（手書き資料）	日記帳やメモ帳など様々な形態がある。
②雑誌を中心とした印刷メディア			
雑誌	逐次刊行物		終期を予定せず継続して分冊される媒体で、1つのタイトルで刊行される資料。終刊を定めず、定期・不定期を問わない。定期刊行形態として、日刊、週刊、旬刊、半月刊、月刊、隔月刊、季刊、隔年刊がある。
		新聞	
		雑誌	
		年報・年鑑	逐次刊行物に含めない機関もある。
		紀要	
		会議録	
	官公庁出版物		国、地方公共団体の諸機関の刊行物。国会や議会の議事録。法令集。政府刊行物、地方自治体の刊行物。裁判所の判例などがある。

表2 視聴覚メディアおよびインターネット情報源の種類

③電子メディアを中心とした視聴覚メディアおよびインターネット情報源			
アナログ機器依存型視聴覚メディア			
音声メディア	録音テープ		磁気を利用して録音したもので、ヘッドと呼ばれる部分で録音・再生する。
	レコード		シェラック、塩化ビニール、ビニール素材に、音溝を利用して録音・再生。LPとEP盤がある。
	CD		直径120mm、80mm、厚さ1.2mmの光ディスクで、音を電気により記号に変換し、音楽用データを記録する。
	MD		ソニーが製品化した光磁気ディスクで、直径はCDの約半分の64mm、録音・再生が可能である。
静止画像メディア	OHPシート		透明なプラスチックのシートに文字や絵を書き、OHP機器を利用して投影する。
	スライド		OHPシートに類似した手軽な画像資料。ポジフィルムで1コマ式と長巻き式があるが、1コマ式の方が普及している。
	楽譜		
	紙芝居		A3〜B4判程度の厚紙に物語を描き、12〜32枚程度で1セットになっている絵物語で、日本独特のものである。
	マイクロフィルム		ロールフィルムであり、幅35mm、16mm、長さ10フィートが一般的。図書館では新聞を収録したものがある。
	マイクロフィッシュ		シートフィルムであり、4×6インチが一般的である。美術作品の写真を収録したものがある。
動画像メディア	映画フィルム		フィルム画像を映写して連続する動態を体感させるもの。通常、学校では16mmフィルム、8mmフィルムを利用する。
	ビデオフィルム		映画・録音された磁気テープを再生・利用する。VHS、ベータ、8mmの中で、VHSが主流である。
	ビデオディスク		画像保存力に優れ、瞬時に検出する昨日がある。特にLDは、直径300mm、200mmで音声・映像を記録する光学式ビデオディスクで高音質、半永久的寿命である。
デジタル機器依存型視聴覚メディア			
データ（パッケージ）系デジタル・メディア	磁気ディスク		表面に磁性体が塗布されているディスクであり、データの読み書きに磁気が使用されるデジタルメディアである。代表的なものにFDがある。
	光ディスク		データの読み書きにレーザ光が利用されるデジタル・メディアである。
	光磁気ディスク		磁気記憶方式に光学技術を併用したデジタル・メディアである。代表的なものにMDがある。
	フラッシュメモリ		データの読み書きを行うことができ、電源を切っても内容が消えない半導体メモリの1種である。代表的なものにメモリカードやUSBなどがある。
通信・マルチ系メディア（ネットワーク情報源）			
	オンラインデータベースや電子ジャーナル		契約によってアクセス権を得て利用することができる。
	インターネット情報源		電子メール、メーリングリスト、メールマガジン、ブログなどさまざまなサービス形態がある。
	TV会議システム		
放送メディア			
	地上波		ラジオ・テレビ
	衛星波		
	CATV		

第6章………教育とメディア　141

育効果の達成に、いかにメディアを通して貢献するかであるので、その分類にはどの学校（学校図書館）も苦心されていることだろう。

本書では、この後にメディアの特性を述べる関係で、①図書を中心とした印刷メディア②雑誌を中心とした印刷メディア③電子メディアを中心とした視聴覚メディアおよびインターネット情報源というように、メディアの材質を基準に大別した。

さて、学校教育現場で取り扱う学校教育メディアは、主に大部分が学校図書館で収集・保管され、「図書館メディア」という言葉でも総称される。これは1980年代のアメリカで、学校図書館が扱っている紙（印刷）メディアと電子メディア（視聴覚資料、その他の電子メディア）などの資料全体を指してライブラリーメディア（library media）という表現がなされるようになり、それを直訳したものである。

1998年に文部科学省は、学校図書館の充実などに関する報告を出して「学校図書館メディア」の概念を新たに打ち出し、図書館資料を「図書、視聴覚教育の資料その他学校教育に必要な資料」（学校図書館法第2条）と規定している。また、それ以前には、資料の種類を「図書のほか、雑誌、新聞、パンフレット、リーフレット、切抜き、地図、絵はがき、写真、紙芝居、フィルム、スライド、レコードなどの視聴覚資料や児童・生徒の作品などを含む」（文部省（現文部科学省）1959年学校図書館基準：学校図書館資料）と規定しており、学校教育に必要な資料の具体内容を表している[8]。

このように、現在の学校現場では、学校図書館メディアを「図書・雑誌などの紙（印刷）資料（メディア）のみならず、視聴覚教育メディア、その他の多様なコンピュータを中心とした電子メディアを含めた学校教育に必要とされる広範な形態・形状の資料」と定義している。

学校教育現場で取り扱う学校教育メディアの種類が多様であることがおわかりいただけただろうか。

次の章では紙メディアを支える技術や、学校教育に影響を与えている電子メディアの特性（視聴覚教育も含む）にも迫ってみよう。

8　学校図書館法や学校図書館メディア基準のほかに学校図書館については次のような法令や基準がある。①学校図書館図書標準（平成5年文部省設定）、②学校図書館憲章（1991年；全国学校図書館協議会）、③学校図書館図書選定基準（1980年制定；1988年改定・2008年改定；全国学校図書館協議会制定）、④学校図書館図書廃棄規準（1993年；全国学校図書館協議会制定）、⑤学校図書館施設基準（1990年制定；1999年改訂；全国学校図書館協議会制定）、⑥コンピュータ・ソフトウエア基準（1996年；全国学校図書館協議会制定）。

2. 紙メディアの要（かなめ）——複製技術

　コンピュータやインターネットなどが多用される高度情報化社会と言われるようになり、紙メディアに接触する機会が少なくなったと感じる人も多いことだろう。

　学校で、教科書は仕方なく手に取っても、それ以外の本に触れもしなかったと話す人は、左手に携帯電話を持ち、右手でマウスを操作していたりする。しかしながら、この高度情報化社会の土台となっている電子メディアの発達も、それだけが単独で急に起こった現象ではない。

　紀元前に文字が生まれて筆記媒体としてのパピルス（Papyrus）[9]が使用され、後に紙が発明されて書物を印刷し、複製する技術が考案されている。そして、これらの紙と複製の技術によって知的情報が伝えられ、科学技術発展の礎を築いてきたからこそ、電子メディアが発達し高度情報化社会が形成されたのである。したがって、現代の電子メディアの発達は、紙メディアそして複製技術の恩恵を最大限に受けていることに他ならないのである。

　もう少し具体的に印刷と複製技術の歴史を辿ってみよう。文字が生まれて書物（それが石や竹、木に書き付けられたものとしても）が作られるようになると、書物に記された情報の共有や保存のために同じものを作るという欲求が生まれ、人々の間では複製の方法が摸索された。紙が発明される以前は、石の彫刻に粘土をのせて転写させる押印法や、木や陶器、金属で作られた型版に染料をつけて布地に押し付ける捺染法（なっせん）などが考案された。紙が発明された中国では、11世紀ごろに陶製の、14世紀に入ってからは木製の活字が作られて印字を行ったことが伝えられているが、取り扱いの難しさから実用化には至っていない。

　画期的な印刷術が世に出てきたのは15世紀に入ってからのことで、ヨハネス・グーテンベルク（Johannes Gensfleisch zur Laden zum Gutenberg: 1397–1468）の功績は非常に大きい[16]。グーテンベルクが金属加工職人として仕事に就いた頃はすでに、ヨーロッパでは金属活字の製造が始まっており、印刷に使う油性のインキや葡萄をプレスする機械を改良した印刷機などはそれぞれ存在していた。彼の功績は、それらの技術を統合して印刷をシステム化

9　斉藤嘉博『メディアの技術史—洞窟画からインターネットへ』東京電気大学出版局，1999．pp.74-90（第5章印刷術の発明）．パピルス（Papyrus）は、カヤツリグサ科の植物の名。または、この植物の地上茎の内部組織（髄）から作られ、古代エジプトで使用された文字筆記のための媒体をも指す。中国で発明された「紙」を基準に、紙の定義が後に定められたからで、英語などの言語で紙を意味する"paper"や、フランス語の"le papier"などは"papyrus"に由来する。

第6章………教育とメディア　143

させたことにある。印刷技術の確立は、これまでとは比較にならないほど書物の複製を迅速にさせ、それによって情報の伝播速度も飛躍的に向上したのである。

今日では、印刷技術はより進化しており、早く、美しく印刷できる技術をもって現代の紙メディアを支えている。さらに、紙メディアを少数複製したり、カラーで写し出す複写技術が20世紀に入ってから現代に至るまでに目覚ましく発達し、学校教育現場あるいは社会（ビジネス界）全体に大きな影響を与えている。

複写機、俗にコピー機[17]と呼ばれている機械には、PPC式とジアゾ式の2種類があるが、より一般的なのはPPC複写機（以下、コピー機）である。1938年にコピー機の基本技術がアメリカで発明され、実際に市場に出回るようになったのは1959年になってからである。そして、コピー機の発祥はアメリカでも、その技術の飛躍的な発展に寄与しているのは日本である 10。

学校に複写機（コピー機）が設置されるようになると、教師にとっては授業の資料作りの頼もしい味方となり、子どもたちの創作活動の幅を広げることに大いに役立っている。

3. 視聴覚教育を支える電子メディア

学校の教育では、教科書や教師の話、黒板に書かれた文字や配られたプリントなど、どれも'視覚'や'聴覚'を必要とするのであるが、あえて教育方法の一つとして"視聴覚教育"という概念が使われるようになったのはそれなりの理由がある。

『日本教育工学辞典』による視聴覚教育の定義は、「視聴覚メディアを利用する教育方法の総称」であり、「視聴覚メディアの利用やメディアの開発などのメディア単体の利用から、コンピュータやマルチメディアなどの新しいメディアを含む授業設計、教育メディア環境の設計などより広い概念としてとらえられるようになった」と記されているから、文字通りコンピュータ等の電子メディアを使った教育ということになる[18]。

視聴覚教育の起源は必ずしも明確ではないが、教科書の中に'絵'を使ったボヘミア（現在のチェコ）の教育思想家コメニウス（Johannes Amos Comenius）が1658年に世界で初めて執筆したとされる、子どものための絵入り子ども百科事典『世界図絵』[19]という教科書をもって嚆矢とする説が

---

10 複写機（コピー機）についての情報等は、株式会社リコーより資料提供を受けた。

有力である。この'絵'にどんな意味があるのかを考えてみよう。

かつて、授業中に「先生の話だけ」「教科書を読むだけ」では目や耳を素通りし、「話だけではわかりにくい」あるいは「読んだだけでは実感がわかない」など、本当は意味のあることを学習しているにもかかわらず記憶に残らなかった経験はないだろうか。

しかし、'絵'を見ることによって、現代なら精緻な図や詳細な表、さらには映像等を見ることによって言葉だけではイメージしにくかったものが払拭され、より具体的に理解できるようになったことだろう。まさに、「百聞は一見に如かず」である。

現代の学校教育では、こうした絵や映像などを多用した授業が頻繁に行われるが、そうなってきた背景には、教育（学）界で言葉による学習を推し進めることについて繰り返し議論されてきたという経緯があり、「言語偏重主義」への批判と反省が込められている。言葉による学習のみでは、その言葉が意味している事象や現象がイメージしにくく、実態を伴わない学習になってしまうことへの懸念から、現実の体験に裏付けられた学習が重視されるようになってきたのである。

しかしながら、実体験を重視する学習といっても、時間の歩みが異なり、学習者にとって異空間にあるものすべてを直接的に体験することはできない。そこで、活用されるのが絵や映像や音声といった視聴覚メディアである。特に映像や音声の視聴は、言葉の意味のイメージ化がはるかに行われやすく、現実に近い間接的な経験をすることになるという点で、非常に重視されている。

以上のように、できるだけ現実に近い経験ができ、具体的なイメージを抱かせて学習者の理解を助けるような学習を進めることが視聴覚教育の本質であり、一つの教育方法として概念化された所以である。現在、学校では多様な視聴覚メディアが活用されている。教師が伝える内容を具現化し、児童や生徒の学習を助けているスライド、ビデオ、テレビ、そして映画などの電子メディアは、現代の視聴覚教育を大きく支えているのである。

以下、視聴覚メディアの概念と視聴覚教育機器について理解しておくこととしよう。

①視聴覚メディアの概念

日本の視聴覚教育に大きな理論影響を及ぼしたのはデール（Edgar Dale

1950) である[20]。デールは1946年「経験の円錐（Corn of Experience）」という図を示し、人間の認知は直接的・具体的な経験から、種々の抽象化を経て、最後に最も抽象的な言語象徴すなわち「概念化」に達すると説明した。この円錐は、頂点に象徴的メディアが、底辺には具体的なメディアが配置されている。上昇方向は、「具体から象徴」、下降方向は「象徴から具体」への流れを表し、視聴覚メディアは「具体」と「象徴」の間に配されている。

現在では「経験の円錐」図は、多様な教育メディアを活用することによって、この円錐の上昇方向（具体から抽象へ）と、下降方向（抽象から具体へ）の両方向への動きが活発に行われることで教育的に豊かな経験となる、といった説明に用いられる。

②視聴覚教育機器の発達

続いて、視聴覚教育機器の発達にも少し触れておこう。第二次世界大戦後に文部科学省（当時は文部省：2001年の中央省庁再編に伴い科学技術庁と統合した）は、学習指導要領や学習指導書の書面で、幾度か視聴覚教材の利用に触れているが、さまざまな技術が進んだ今日、学校では教育活動・学習活動が様々な方法や形態をもって行われ、視聴覚メディアは頻繁に利用されている。

1960年代は、写真、絵、図類、実物、標本、模型、紙芝居、スライド、レコード、録音、ラジオ、映画、テレビジョンを視聴覚教材とし、視聴覚的活動として、掲示、展示、演示、劇化、見学、自作、校内放送をあげた。この中には、電子機器の使用が前提となるものがある。

最近では、紙メディアに変わって電子メディアが視聴覚教育を席巻しつつあるが、それらを動かすためには、やはりコンピュータやLD/DVDプレーヤなど機器が必要である。学校教育で用いられる電子メディアのうち画像や映像、音声や音響を支持する働きを持つものを視聴覚教育機器と呼んでいる。この視聴覚教育機器について文部科学省は、1967年以降には学校に基本的に必要とされる教材（国庫負担の対象とする教材）の品目及び数量を示すものとして「教材基準」が定められ、1976年度までの第1次教材整備計画及び1978年度から1987年度までの第2次教材整備計画が策定され、教材整備が図られた。なお、1978年度の「教材基準」の改訂では、学校において標準的に必要とされる教材とされ、品目及び数量ともに充実された。その後、1985年度に教材費の国庫負担が廃止され、一般財源化されたことを踏まえ、

1992年度からの学習指導要領の実施に伴い、学校において標準的に必要とされる教材の品目及び数量を示すものとして、1991年に「標準教材品目」を設け、その品目として視聴覚教育機器が含められている[11]。

当然ながら、これら視聴覚教育に使用される機器も、この100年余りの間に急速に進化してきている。

教科書や教育図書に多用される写真の技術は19世紀中期に、現代でもよく使われるようになった映像は[21]、19世紀末に発明された。19世紀末にはブラウン管が考案され、その後、電子走査方式のテレビジョン映像管・受信管の発明・改良が進み、第二次世界大戦後からテレビジョン（テレビ）放送が再開されて放送技術も進んだ[22]。続いて1950年代にはビデオテープレコーダ（VTR）や前述した複写機（コピー機）の開発が進み、これらの技術開発と同時に、デジタルコンピュータ及びその周辺機器の開発が行われ、半導体素子の発明やその集積回路の改良によるコンピュータの信頼性の向上と小型化、ソフトウエアの開発、レーザーによる情報記録の応用などが目まぐるしく進み、その進化は現在進行形である。

3………学校教育メディアとICT

今日の学校教育においては、学習内容や学習方法の変化に伴って学習者の学習環境が多様化する兆しを見せている。教育の現場では、様々な学習環境にあわせて教育メディアを使い分け、学習者の理解を助ける工夫を行う必要があり、果たすべき役割は増大してきている。

したがって、多様な活動場面を想定し、学校教育の顕在化しているニーズにとどまらず、潜在的ニーズを把握してそれらに対応することが急務である。また、常に数年先（近未来）の学校教育を視野に入れ、社会的に進歩を続けている情報技術を取り入れた教育活動の展開を考慮することも必要になっている。まずIT（Information Technology: 情報技術）、すなわちコンピュータ・プロジェクタ・スクリーン（もしくはマグネットスクリーン）を設置してインターネットやデジタル教材を利用することが、授業の中に取り入れられた。そして近年の学校教育現場では、機器の操作やそれを使用するのみのイメー

11　視聴覚教育機器などの整備については、平成13年の「これからの義務教育諸学校の教材整備の在り方について（最終報告）」で詳細に記述されている。http://www.mext.go.jp/a_menu/shotou/kinou/011101/009.htm.（Cited, 2008. 09. 31）なお、教材機能分類表（平成13年11月5日付け文科初等第718号初等中等教育局長通知）の中に、新学習指導要領の趣旨を踏まえ、児童生徒の「生きる力」を育成する観点等を重視しつつ教材整備が図られるよう、教材の機能を大きく次の4つに分類し、視聴覚機器などについても示されている。http://www.mext.go.jp/a_menu/shotou/kinou/main12_a2.htm

ジが強かった IT という概念から、電子機器とそれを使う人々をも対象とし、情報や知識の共有までも念頭に置かれた ICT（Information and Communication Technology: 情報通信技術）[12] という考え方を取り入れた授業展開の検討が始まっている。

1. ICT を活用した学習環境のための施策

前述のデール（E. Dale）が示した「学習指導における視聴覚的方法」の影響を受け、我が国の学校教育にもスライド・OHP をはじめ、レコード、ラジオ、録音機（テープレコーダ）から、映画フィルム教材やビデオ、さらにはテレビジョン等が理科教育を中心に導入されるようになった[23]。

しかし、時代の流れは ICT（Information and Communication Technology: 情報通信技術）の導入に移ってきている。当初、我が国が学校教育に 'IT（Information Technology: 情報技術）' を導入しようとしたときに IT 基本戦略を示し、その内の「Ⅱ重点政策分野・4. 人材育成の強化 (2) 目標」の中で、「小中高等学校及び大学の IT 教育体制の強化」、ならびに「同・4. 人材育成の強化」を打ち出した。そして推進すべき方策として以下の4項目が示されている[24]。

①情報リテラシーの向上
② IT を指導する人材の育成
③ IT 技術者・研究者の育成
④コンテンツ・クリエイターの育成

特に、学校教育と関係の深い情報リテラシーの向上については、具体的内容に次のような方策が講じられた。

・ミレニアムプロジェクト「教育の情報化」の早期達成
・小・中・高等学校のインターネット接続の環境整備
・IT（情報技術）を利用した教育を可能にする
・図書館、公民館等の公共施設にインターネット接続可能な環境を整備す

---

12 『教育の情報化用語辞典』（学文社, 2002）によると、ICT とは「情報通信技術のこと、コンピュータやデータ通信に関する技術をさす用語で、日本では IT ということが多い。」と記されている。日本では、1995年2月に「高度情報通信社会推進に向けた基本方針」を策定した。その中で、情報通信技術の整備として、アプリケーションの開発・普及、ネットワークインフラの整備、情報通信技術の研究開発、情報通信ニュービジネスの企業を掲げている。2000年11月には、IT を国家戦略とする「e-Japan 戦略」を掲げて政府が広報活動を行っていた。「IT 革命」の全盛期で、情報通信機器を駆使した各種技術や製品が数多く誕生しており、産業革命以来の人類の大革命ともてはやされ、世界経済のみならず不況下にあった日本経済の牽引役となった。移動体通信網の整備、固定通信網の高速大容量化などのインフラと、それらを支える技術の飛躍的進歩によって、インターネットを中心とした通信ネットワーク網を生活やビジネスなどに活用できるようにしたもの、つまりこれらすべてに関わる技術の総称として IT であり、ICT である。

148

る
- 教育用コンテンツの充実を図る
- IT を使った授業や IT の倫理・マナー教育を充実する
- インターネット時代にますます重要となる英語教育を充実させると共に、数学や理科などの科目を重視して論理的思考力を育てる。同時に、自己表現能力を培い、想像力の涵養（かんよう）に努める
- 学校単位でインターネットを活用した国内外の他地域の学校との交流を促進し、異なる文化・立場を持つ人々とも協働できるような人材を育てる

このように、教育の現場に ICT を導入するにあたって国策が講じられるにはいくつかの要因がある。まず、国際的な学習到達度調査（OECD や TIMMSS）の結果が広く知られ、日本の児童や生徒の読解力や数学リテラシーあるいは科学リテラシーなどの点で他国に後れを見せ、「学力低下」が顕著になったことである。その陰で学校教育において「理数離れ」が起こっており、我が国の IT 導入の取り組みが遅れていることも要因として挙げられよう。これらの要因は、科学技術創造立国[13]を目指している日本の将来を考えると、重大で深刻な問題と言わざるを得ず、早急に対策を講じることが課題である。

このようなことから、学習者の学力向上のための方法を検討することが必須になり、その対策の一環として「PISA（OECD 児童生徒の学習到達度調査）」調査が行われた。その結果、学習者の「学力の全体的な低下傾向」が判明した。その解決には学習者へ「分かる授業」を実施する必要があり、国家の方針として学校教育における"教育の情報化"を策定し、『情報教育の実践と学校の情報化新「情報教育に関する手引き」』[25]や、『IT で築く確かな学力：その実現と定着のための視点と方策』[26]を示した。

これらは、コンピュータやインターネットを日常的に活用することによって、教師がよりわかりやすい授業を展開して学習者の学力の向上を目指すもので、初めて、学校教育において ICT を導入しそれらを活用することを打ち出したものである。

13　文部科学省『科学技術白書』平成 17 年度版，http://www.mext.go.jp/b_menu/hakusho/kagaku/05091601.htm］には、1998 年度版から 2005 年度版まで公開されている。また文部科学省は「科学技術・理科大好きプラン及び関連施策：技術革新や産業競争力を担う将来有為な科学技術系人材の育成」事業も実施している。概要版は次に示す。http://www.mext.go.jp/b_menu/shingi/chukyo/chukyo3/gijiroku/014/05063001/sankou3/002.pdf

学校での視聴覚教育は、今後益々有用となると思われるが、過去から現代までの学習環境を踏まえつつ、未来の教室や視聴覚教育がどうあるべきか皆さんにも考えていただきたい[14]。

過去の教室イメージ

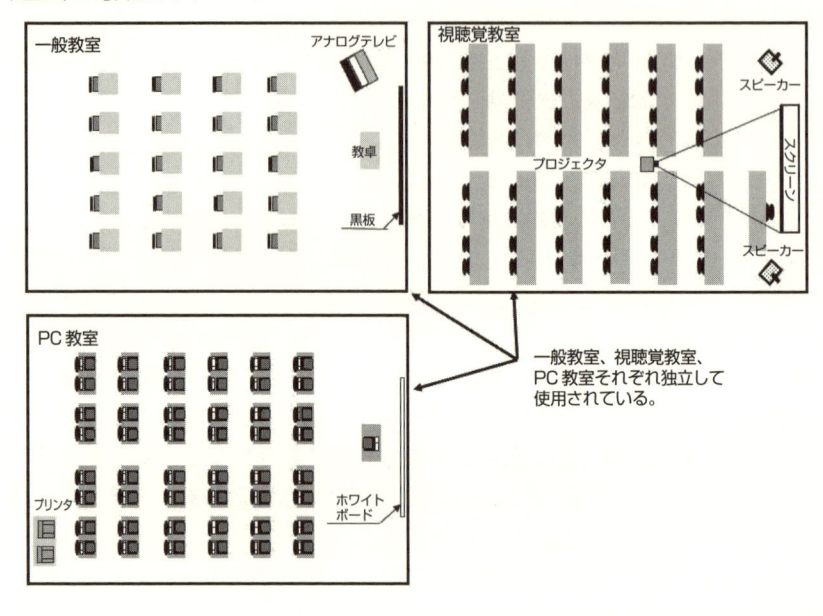

一般教室、視聴覚教室、PC教室それぞれ独立して使用されている。

14　近年、場所や空間を越えて、メディアを活用し人々を結ぶさまざまな教育利用が進んでいる。未来の教室をぜひ考えてみよう。

現在の教室イメージ

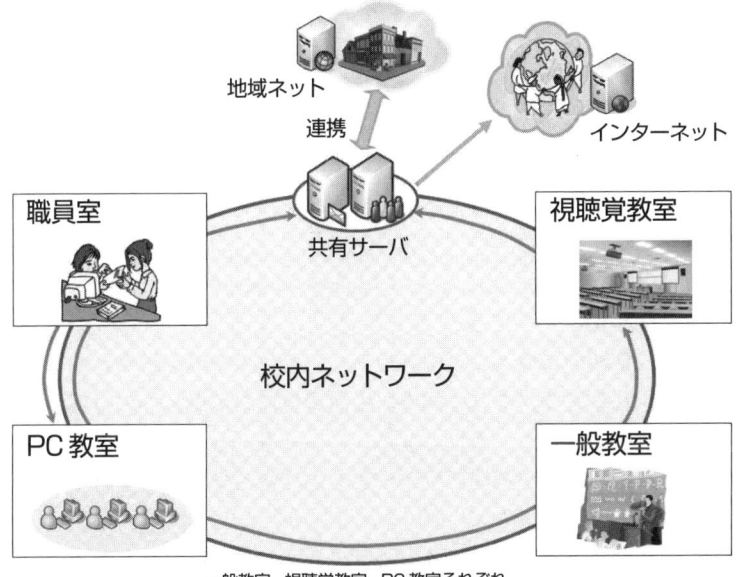

- 地域ネット
- 連携
- 共有サーバ
- インターネット
- 職員室
- 視聴覚教室
- PC教室
- 一般教室
- 校内ネットワーク

一般教室、視聴覚教室、PC教室それぞれ校内ネットワークで連動して使用されている。

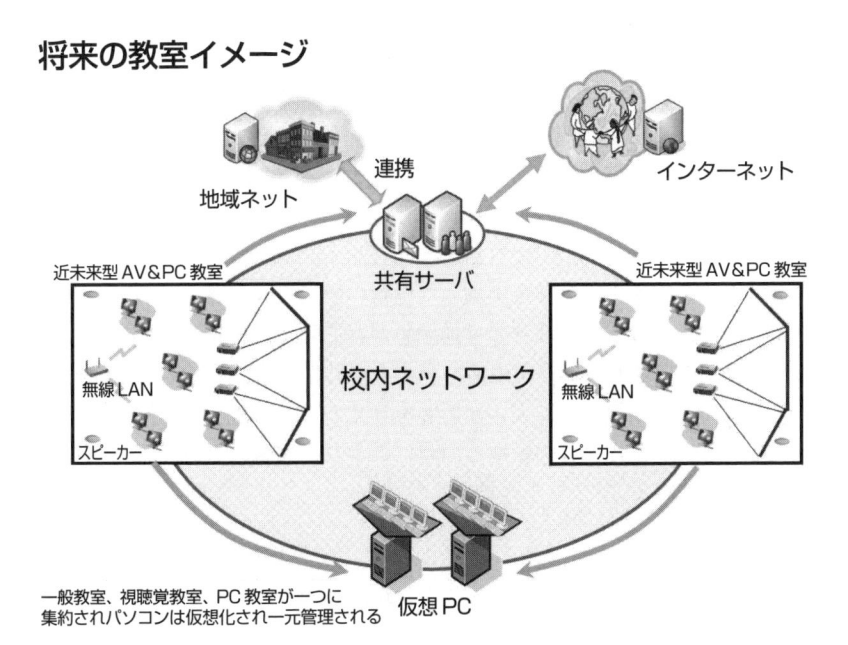

将来の教室イメージ

- 地域ネット
- 連携
- 共有サーバ
- インターネット
- 近未来型AV&PC教室
- 無線LAN
- スピーカー
- 校内ネットワーク
- 仮想PC

一般教室、視聴覚教室、PC教室が一つに集約されパソコンは仮想化され一元管理される

第6章………教育とメディア　151

2. 教育を支える人々がもつICTのイメージ

　国家施策として学校教育にICTを導入する方針が示されている今日、学校教育を支える人々は、学習者へのICTの影響をどのようにとらえているのであろうか。

　実際の授業でICTを使用した経験のある教師や、学校にシステムを提供している企業等の協力を得てインタビューしてみると、教育現場でICTを利用することについて、いろいろな角度から見たプラス面とマイナス面のイメージが浮かび上がった。

①小学校教育とICT

　当小学校は地域の特性上、全国各地からの転校生や帰国子女、あるいは外国人を受け入れる必要があり、様々な生活環境にある児童への対応が必要になっている。子どもたち一人ひとりが、いつでも、どこでも、学習に取り組む機会を得、その成果を適切に生かすことができる学校教育を目指すために、ICTの積極的な活用が期待されている。

　児童の生活環境とICTの関連を調査すると、6年生児童の9割以上の家庭にパソコンがあり、児童たちも学習や生活の情報を調べるために積極的に利用していることがわかった。

　また、テレビゲームなどのメディアを家族や友だちと共用・共有してコミュニケーションをとるスタイルが浸透しつつある。さらに、携帯電話にナビゲーションシステムが付随されてから、児童の間に急速に普及し始め、5割弱の児童が所持している実態が明らかになっている（これは、全国平均を上回る）。児童の周囲は、確実にICTが活用できる環境が整ってきており、学校においても各教科指導の中でコンピュータやインターネット等のメディアを利用して分かりやすい授業を実施して児童の学力を向上させることが求められ、学校における情報化教育の推進が急がれている。

　しかしながら、ICTの普及が生活を潤すと同時に、人間の倫理に反する状況を引き起こし、心の成長に大きな影響を与えることも現実的な問題として浮上している。情報化教育の推進と同時にこうした問題の対策を講じる必要性も強く感じている。（公立小学校校長[15]）

15　インタビューは、神戸市立六甲アイランド小学校、小坂明校長に実施させていただいた。http://www.kobe-c.ed.jp/rki-es/（Cited, 2008.09, 30)

②大学教育とICT

　今の大学生は高等学校で「情報科」を学習してきており、ほとんどの学生はパソコンの扱いは慣れている。授業の課題レポートの作成ではワープロ機能を駆使し、その提出は自宅や学内から大学のポータルサイトを通じて行っている。また、課題提出状況や自分の成績の確認なども同様に行っている。

　レポートの作成に至っては、時間の合間をみて携帯電話で文字入力をしておきパソコンへ転送。転送された荒原稿をパソコンでレイアウトして提出というのも普通になっている。かつて「キーボードリテラシーの育成が必要」といわれていたが、実際には携帯電話のキー操作とマウスの使用ができれば、キーボードは雨だれ式の入力であっても、レポート作成に十分に対応している。

　レポート作成の煩わしさは、手書きをしていたかつての大学生に比べれば半減かそれ以下だろう。レポート作成に時間をとられることが少なくなるので、学生にとって電子メディア機器は必須アイテムとなっている。しかし、良いことばかりではない印象もある。一部の学生ではあるが、漢字がわからなければ、携帯電話の文字入力に頼り（しかし、それでも誤字脱字が多い）、わからないことがあればその場でメールを通じて誰かに聞き、考えるという行動に結びつかない。何かを調べるとしてもインターネット上の電子百科事典（Wikipediaなど）等を検索して、インターネット上に転がる言葉を切り貼りしてつなぎ合わせているから基礎知識が積み上がっていかず、自分の言葉で表現することが難しい。

　また、大学入学時には何度も講習会や授業で学習しているはずであるが、「著作権」に対する知識の乏しい学生もおり、雑誌掲載のタレントの写真をブログに載せたり、借りてきたCD/DVDから好きな曲を編集し複製して人にあげたりすることもあると聞く。

　これからの社会を学生が生き抜いていくにはICTは必要不可欠だろう。ただ、安易な使い方をすれば身を滅ぼすことにもなりかねない。正しい知識とモラルを持ってICTを利用すれば、多様な情報が得られて世界が広がり、後進に何かを伝える道具としてその機能が最大限に発揮されるだろう。（教育学系大学教員[16]）

16　インタビューは、武庫川女子大学文学部教育学科の小野賢太郎先生にさせていただいた。http://www.mukogawa-u.ac.jp/（Cited, 20080831）

③学校教育と教育システム

　日本のパーソナルコンピュータ（PC）界は長年続いたNEC98シリーズの独占時代が1990年DOS/V機の登場によって自由競争の世界へ突入した。そして、1993年のWindows3.1が発表され、その独占時代は崩壊した。ここからコンピュータ教育は本格的に始動をはじめ、「情報」教育が教育カリキュラムの一つになった。

　当初は理科系の一部の分野で利用されていたコンピュータが、今や理科系・文化系を問わず、広く一般常識として利用されるようになった。特に多くの大学では、専門的研究用機器だったコンピュータ設備が、学生一人一台の実習用コンピュータ設備として配置されている。これに伴って、大学教育機関は学生数と大学のカリキュラムにあわせた大量のPCを設置しなければならず、それらと接続するサーバ、ネットワーク設備を合わせると毎年多額の投資が必要になった。さらに最新の環境での教育を維持するには4～5年に一度の更新が必要であり、教育界において情報機器の導入はコストがかかるというイメージを抱かれていることだろう。

　しかし、インターネットの情報解放によって、それまで一部の特別な人のみが入手できたソフトウエア、ハードウエアが誰でも国境、時間、距離を越えて入手可能となり、大学では研究機関としての機能が向上し、義務教育の現場でも電子メディアを多く取り入れた視聴覚教育が実施できるようになった。また、PCの急激なスペックアップと価格低下によって、以前ならとても個人レベルでは利用できなかった教育用映像ソフトが標準的に利用できる環境が学内外に整い、e-learningというシステムを導入してオンディマンドでの学習という選択肢が登場した。e-learningは時間や場所を特定しない教育方法として脚光をあび、IT業界は一斉にe-learning分野へ参入した。しかし、その継続性、浸透性などの運用サイドでの難しさが目立ちはじめている。このシステムを導入する傾向は今後もしばらく続くことが予測されるが、企業としても運用法やコンセプトを検討し、教育の現場で本当に使えるe-learningシステムの提供ができるよう模索している。（情報機器販売代理店支店長[17]）

4………これからのメディアと学校教育

　社会的にメディアの開発と利用が普及する中で、学校もまた、わかりやす

17　インタビューは株式会社理経関西支店長にさせていただいた。http://www.rikei.co.jp/（Cited, 20080831）

い授業を実施するためにどのようなメディアを取り入れて展開していくかに心血を注いできた。学校におけるメディアは、視聴覚教育という教育方法の実施を前提として重要な位置にあることが理解いただけたと思う。

　しかし、学校教育において電子メディア、特にICTの導入が国家施策として実施されたのが2000年以降であり歴史が浅いこともあって、残念ながら現場で必ずしもICTを十分に活用しているというわけではないのが実情である。当初、ICTの導入に関する代表的な取組みは、総合的な学習の時間や教科理科・教科社会に関する学習者の学習意欲の向上と理解増進とを目的としたものであった。これは、総合的な学習の時間や教科理科・教科社会でのICTの利用しやすさと、調べ学習的に活用できるインターネットの便利さと使用するデジタル教材が比較的作りやすく学習者に伝えやすかったことなどの理由による。

　最近になってICTを利用した他の教科での授業展開が盛り上がりを見せているが、それは、視聴覚に訴える内容の情報量が飛躍的に増え、情報通信ネットワークによるより迅速なコミュニケーションの形態が可能となったことが一因となっているだろう。

　ネットワークでコミュニケートされる情報の形態は、多様なシンボルが複合され、従来のスタイルとは違った新しい表現形態である。教員はこの新しい形態のコミュニケーションネットワークを利用して、多様な情報源に速やかにアクセスすることができるようになっており、当然ながら学習者の学習環境にも影響を与えている。

　今後、学校教育においてICTを含む電子メディアを利用した"教育の情報化"を推進・定着させるには、学習指導要領を基盤とした各教科の指導目標を踏まえ、デジタル教材の構造や内容を分析・把握し、それらの必要性や学習効果を予測したうえで、学習指導計画に活用しやすいモデルを提案する必要がある。さらに、メディアを利用する上での制約に対する改善[18]や倫理的な問題の解決など、授業方法などとともに検討を重ねるべきことが多くあり、伝統的な視聴覚メディアを越えたマルチシンボルの表現や伝達方法を堅実に利用するためのコミュニケーションリテラシーを育てることが重要である。

18　これまでの実施例として、学校教育メディアとりわけデジタル教材について発表されてきた。しかし、これらは、制作者各々の独自視点や意図に基づいたものが多く、それら自体が完結性を保持したものとなっており、利用の仕方（方法）は、制作者の視点や意図した切り口によって利用されることが前提となっている。そのため、教師や児童生徒でそれらを共有・再利用する際には大きな制約の1つになっており、改良すべき課題の1つである。

学校教育とメディアは深い関係にあり、学習の環境づくりにメディアは欠かすことができない。急速に発展する電子メディア、特にICTとうまく付き合うことが、今後のよりよい学習環境づくりの鍵となるだろう。

(平井尊士)

【参考文献】
[1] 公方俊良『般若心経90の智恵』三笠書房，2006，p.236.
[2] 齋藤嘉博『メディアの技術史―洞窟画からインターネットへ』東京電機大学出版局，1999，p.216 (4章・5章).
　(なお，Cited，20080931『ウィキペディア（Wikipedia）』にも次のように記載されている。)
　竹簡は、東洋において紙の発明・普及以前に書写の材料として使われた、竹でできた札（簡）。公式文書では通常長さは一尺。紙普及後も、紙の代用として、あるいは荷札などの標識として長く用いられた。紙の普及に伴い、中国では東晋の桓玄の命によって公の場から竹簡が排除されたと言われている。だが、代わって竹で作られた紙である竹紙が作られて現在も一部分野で用いられている。遺跡等から出土して歴史、文字等の重要な史料となっている。
[3] 『情報技術用語大辞典』オーム社，2001.
　現在では様々なサービスが加わったポータルサイト化が進んだため、検索エンジンをサービスの一つとして提供するウェブサイトを単に検索エンジンと一般的に呼ぶことは少なくなっている。
[4] 『教育の情報化用語辞典』学文社，2002.
　ポータルサイトとは、「正面玄関」といった意味であり、サイトとは、ホームページ（以下HP）のある場所、という意味からホームページそれ自体をさすようになった。そのHPから他のいろいろなHPにリンクが張ってあり、そこからさまざまなHPに入れるようになっているページをさしている（このように検索エンジン、ウェブディレクトリ、ニュース、オンライン辞書、オークションなどのサービスを提供し、利用者の便宜を図っている。この仕組みを利用したビジネスモデルは、サイトの集客力を生かして広告や有料コンテンツで収入を得ることである。1996年以降のインターネットブームに乗じて、多くのポータルサイトが乱立したが、徐々に統廃合が進んでいる。
[5] 情報技術・コンピュータ・メディアが人々に及ぼすリスクや問題については数々の報道や著書がある。例えば次のような著書を示す。①兵庫県長寿社会研究機構家庭問題研究所編『情報メディアが家庭教育環境に及ぼす影響に関する調査研究報告書』兵庫県，1999. 240p. ② NHK『メディアは誰のものか：NHK問題：特集』青土社，2006，p.246（現代思想／清水康雄編）③情報教育学研究会・情報倫理／教育研究グループ著インターネット社会を生きるための情報倫理』実教出版，2008，p.113（情報books plus!）④松木真一編著『現代科学と倫理―科学技術と人間の「関係」のために』関西学院大学出版会，2006，p.282. ⑤加納寛子『ネットジェネレーションのための情報リテラシー＆情報モラル―ネット犯罪・ネットいじめ・学校裏サイト』大学教育出版，2008．，p.244. ⑥渡部明他『著情報とメディアの倫理』ナカニシヤ出版，2008，p.168 [シリーズ「人間論の21世紀的課題」；7]
[6] 山住正己『教科書問題とは何か』岩波書店，1983，p.71.
[7] http://law.e-gov.go.jp/htmldata/S22/S22H0026.html (Cited,2008.9.31)
　現行の教育基本法（2007年最終改正：平成19年6月27日法律第98号）は、1947年発布・施行の教育基本法（昭和22年法律第25号）（以後旧法という）の全部を改正したものである。
[8] 学校教育法施行規則 http://law.e-gov.go.jp/htmldata/S22/S22F03501000011.html(Cited;2008.8.31)
[9] 学校図書館法 http://www.houko.com/00/01/S28/185.HTM (Cited:2008.9.31)
[10] 現行学習指導要領 http://www.mext.go.jp/b_menu/shuppan/sonota/990301.htm (Cited: 2008. 8. 31)
[11] 日本教育方法学会編『学力観の再検討と授業改革』図書文化社，2001，p.146（教育方法／日本教育方法学会編；30）
[12] 学校図書館メディア基準 http://www.j-sla.or.jp/shiryo/gaku7.html (Cited: 2008. 8. 31)
　本基準には、例えば図書の蔵書の最低基準冊数や蔵書の配分比率あるいは年間購入冊数や購入費などが小・中・高等学校などの校種別・学校規模別により定められている。その他、視聴覚資料である、オーディオ・ソフト（カセットテープ、CD、MD等の録音資料）やビデオ・ソフト（LD/DVD）やコンピュータ・ソフト（CD-ROM、DVD-ROM等のコンピュータ資料）などについても最低基準本数などが定められている。
[13] 学校教育基本法 http://law.e-gov.go.jp/htmldata/S22/S22H0026.html (Cited; 2008. 9. 31)
[14] http://www.mext.go.jp/b_menu/shingi/chousa/shotou/015/toushin/980601.htm (Cited;2008.08.31)
[15] 『図書館情報学ハンドブック』（丸善，1999，p.166) および McLuhan, Marshallk，栗原裕・河本仲聖訳『メディア論』みすず書房，1987，p.381.
　メディアを分類した例としてよく知られているのは、マクルーハンが『メディア論』の中で行っている〈熱いメディア〉と〈冷たいメディア〉という区分である。マクルーハンは、熱いメディアとしてラジオ、映画、写真、アルファベット、印刷物などをあげ、電話、テレビ、漫画、表意文字などを冷たいメディアとしている。
[16] ヨハネス・グーテンベルク (Johannes Gensfleisch zur Laden zum Gutenberg) をはじめ文字・印刷などの歴史などについての書物は多数ある。①マーシャル・マクルーハン著，森常治訳『グーテンベルクの銀河系―活字人間の形成』みすず書房，1986，p.486. ②マリー・ゲクラー著，浅田清訳『印刷の父―ヨハン・グーテンベルク』印刷学会出版部，1994，p.313. ③合庭惇『情報社会変容―グーテンベルク銀河系の終焉』産業図書，2003，p.250.

④ W.J. オング著;桜井直文, 林正寛, 糟谷啓介訳『声の文化と文字の文化』藤原書店, 1991, p.405. ⑤エリザベス・アイゼンステイン著;監訳:別宮貞徳, 小川昭子他共訳『印刷革命』みすず書房, 1987, p.303.
[17]『教育の情報化用語辞典』学文社, 2002.
コピーとは、「メディア (媒体) に保存されているデータの全部または一部を他のメディア上に複製として作成することをコピーといい、コピーする機器をコピー機という」のように記されている。
[18] 日本教育工学編『日本教育工学辞典』実教出版, 2000, p.589.
[19] 志保田務・北克一・山本順一編著『学校教育と図書館―司書教諭科目のねらい・内容とその解説』第一法規, 2007, p.345.
なお、『世界図絵』を執筆したコメニウス (1592-1670) は、現代の学校での教育すなわち学校教育のしくみを構想した。コメニウスは、学校教育の仕組みの中で、人々がすべての知識を共有することよって、戦争が終わり、ヨーロッパが一つになると考えた。この考え方は、現在のユネスコに受け継がれている。(①貴島正秋『コメニウス教育学―流浪から平和を求めて』一の丸出版, 1992, p.388. ②井ノ口淳三『コメニウス教育学の研究』ミネルヴァ書房, 1998, p.266.) コメニウスの主著は『世界図絵』の他に、ラテン語教育の手法を軸に教育学そのものの体系を考案した教授学書『大教授学』、『開かれた言語の扉』が含まれる。(J・A・コメニウス著;井ノ口淳三訳『世界図絵』ミネルヴァ書房, 1988, p.197. あるいは 1995 年に平凡社から再刊されている)
[20] ①エドガー・デール著;有光成徳訳『学習指導における聴視覚的方法』政経タイムズ社出版部, 1950. ②エドガー・デール著;マジョリ・イースト著;野津良夫訳『視聴覚教育と展示 (Display for learning)』日本放送教育協会, 1960, p.274. また視聴覚メディアについては、野田一郎編著『視聴覚教育』東京, 東京書籍, 1988, p.238. (現代図書館学講座:12) にも詳しく述べられている。
[21] 写真・映像の技術については次の著書にまとめられている。①齋藤嘉博『メディアの技術史―洞窟画からインターネットへ』東京電機大学出版局, 1999, p.216. pp.91-178. ②ジャン= A. ケイム著, 門田光順訳『写真の歴史』白水社, 1972, p.156 (文庫クセジュ;509). ③クエンティン・バジャック著, 遠藤ゆかり訳『写真の歴史』創元社, 2003, p.174 (「知の再発見」双書;109). ④岡田晋『映画学から映像学へ―戦後映画理論の系譜』九州大学出版会, 1987, p.269. ⑤ベラ・バラージュ著, 佐々木基一訳『映画の理論―新装改訂版』学芸書林, 1992, p.413.
[22]『情報技術用語大事典』オーム社, 2001.
テレビジョン (television) とは「音声と映像信号で変調した電波を送信局から放射し、地理的に離れた受信局で受信、復調してもとの映像を再生する音声映像伝送方式。UHF および VHF 帯の電波を使って伝送されるが、放送衛星を用いた場合は、SHF 帯の電波も使用される。一方的に映像と音声を送り続ける、片方向の映像伝送方式である。地域によって受信可能な局数が異なるが、現時点にはもっとも普及している映像メディアといえる。
[23] 第 2 章で示した視聴覚教育そのものや視聴覚機器を利用した教育方法についての次のような著書も参照されることを希望する。①「映像と教育」研究集団編『映像と教育―映像の教育的効果とその利用』日本放送教育協会, 1985, p.300 (放送教育叢書;3) ②坂元昂編著『教育の方法と技術―授業の効果を高める技術』ぎょうせい, 1990, p.228 (教職課程講座;第 4 巻) ③多野完治編著『映像と教育』小学館, 1991, p.398 (波多野完治著作集;8) ④浅野孝夫, 堀江固功編『新視聴覚教育』日本放送教育協会, 1992, p.216. ⑤文部省『マルチメディアの教育利用:視聴覚教育におけるコンピュータ活用の手引:小・中学校編』1994, p.65. ⑥教育技術研究会編『教育の方法と技術:3 版』ぎょうせい, 1995, p.338. ⑦土井捷三『現代の視聴覚教育入門』視聴覚教育セミナー, 2000, p.85. ⑧山田知『学校図書館のための視聴覚資料の組織化:改訂版』全国学校図書館協議会, 2002, p.51 (学校図書館入門シリーズ;5) ⑨佐賀啓男編著『視聴覚メディアと教育』樹村房, 2002, p.170. ⑩平沢茂編著『教育の方法と技術』図書文化社, 2006, p.190 (教職課程シリーズ).
[24] 文部科学省:情報化への対応 (小・中・高校教育に関すること)
http://www.mext.go.jp/a_menu/shotou/zyouhou/main18_a2.htm (Cited, 2008.09.31)
本 HP には、高度情報通信ネットワーク社会が進展していく中で、児童生徒たちが、コンピュータやインターネットを活用し、情報社会に主体的に対応できる「情報活用能力」を育成することは非常に重要であることのほか、一層の充実を図るために、新しい教育課程における中での取り組みと、「わかる授業」や「魅力ある授業」の実現に役立てるべく施策について書かれている。さらに、こうした情報化に対応した教育を実現するため、IT 戦略本部が策定した「e-Japan 重点計画」等に基づき、「2005 年度までに、すべての小中高等学校等が各学級の授業においてコンピュータを活用できる環境を整備する」ことを目標に、教育用コンピュータの整備やインターネットへの接続、教員研修の充実、教育用コンテンツの開発・普及、教育情報ナショナルセンター機能の充実などを推進している内容について各研究成果の事例を踏まえながら詳細に公表されている。さらに、次期学習指導要領ではこれまで以上に情報教育の充実が唱えられている。
[25] 文部科学省『情報教育の実践と学校の情報化　新「情報教育に関する手引き」』2003.
[26] 文部科学省『IT で築く確かな学力　その実現と定着のための視点と方策』2003.
知識や技能だけでなく、学ぶ意欲、思考力、判断力、表現力、情報活用能力までを含めた「確かな学力」の向上を図る観点から、IT が果たし得る教育効果を検討。IT 活用がその教育効果を実現し、その効果的な活用を広め定着していくために、各関係者が共通に重視すべき基本的視点を「教員」「ハード」「ソフト」と「各要素」のつながり」として整理している。なお、HP 上には概要、本文、参考資料が公開されている。http://www.mext.go.jp/b_menu/shingi/chousa/shotou/021/index.htm

●第2節● 子どもとメディア

　教育におけるメディアの過去・現在・未来について書かれた本章は、読み手であるみなさんにとって"媒体"となっただろうか。また、このテキストを講義に使用した教員は、"媒体"として適切に使いこなしていただろうか。
　「メディア」をめぐる思いこみに気づき、同時に、「メディア」についてあらためて考えていくための、基本的だけれども新しい見方を手に入れることができたと思う。ここで言う「メディア」をめぐる思いこみとは、例えば、"メディアの悪影響による非行"といった言い回し、テレビや新聞だけがメディアだと思ってしまうことなどである。本章の冒頭で紹介されていたように、「メディア」という概念がもつ本来の意味は"媒体""中間"であった。とすれば、実は、私たち自身もまた「メディア」となる可能性を持っている。あなたが誰かと話をすることで、その誰かはそれまでに知らなかったことを知る。あなたが"媒体"となって知識が伝達されたわけである。もちろん、その逆も成立する。あなたが他者と話をすることでそれまで知らなかったことを知ることができる（教員もこの意味で"媒体"である！）。さらに言えば、本章は、みなさんに読まれることによって、「メディア」としての機能を持つこととなる。読み手・受け手が存在し、彼らによって読まれ解釈されて初めてそこに「メディア」が存在するのである。
　さて、このコラムでは、本章の主題であった「メディア」そのものから焦点を移動させ、「メディア」を使う側、受け手をめぐる思いこみに目を向けてみたい。一見すると「メディア」について考えることから遠く離れてしまったように感じるかもしれない。しかし、これから提案する3つの見方によって、「メディア」をより深く幅広い観点から理解することが可能となるのではないだろうか。それは、①「子ども」、②「教師」、③子どもとメディアの「関係」という3点である。

①「子ども」とは誰なのか──全体や平均からだけでは見えないこと

　ここに面白い調査結果がある（ベネッセコーポレーション・教育研究開発センターが2006年11月に実施した、「第4回学習基本調査・学力実態調査」。

全国3地域の小学5年生2,446名、中学2年生1,723名が総受験者数)。「家でパソコンを使う」「家でインターネットをつかって何か調べる」という2つ質問項目に対する中学生の回答状況をみてみると、「家でパソコンをよく使う」のは35.4%、「時々使う」は33.8%、「使わない」のは29.6%となっている。彼らが受験した学力調査結果(国語と数学2教科で実施し、両方受験したのは1,672名)を用いて、学力階層別(ここでは数学の得点による)にみてみると、「よく使う」と回答した生徒は、学力上位－中の上－中の下－下位の順に、43.6%＞39.2%＞29.8%＞29.5%となっていた。他方、「使わない」という回答は、順に、22.0%＜24.1%＜34.8%＜40.7%であった。また、「家でインターネットを使って何か調べる」ことを「よくする」のは29.9%、「時々する」のは28.4%、「しない」のは40.6%。先ほどと同様に数学の学力階層別に見てみると、「よくする」のは、学力上位－中の上－中の下－下位の順に、33.8%＞33.2%＞28.4%＞22.4%である。「時々する」については、36.1%＞32.0%＞23.7%＞20.3%、「しない」という回答は、順に、28.9%＜34.2%＜46.9%＜55.6%であった。国語の学力階層別に見ても、これらは同様の傾向を示す。

　この結果からわかる多くのことがらの1つに過ぎないが、「子ども」とメディアについて考えるとき、私たちは次のことにも目を向けたい。それは、学校外でのメディア接触の頻度やどのような種類のメディアに日常的に接しているかは、子どもによって大きく異なる可能性が高いということである。そしてその違いは、子どもの個性云々や好き嫌いという次元を超えて、彼らの学力と密接に関連している。紙幅の関係で調査結果を具体的には紹介できないが、子どもの学力は、彼らの学習時間とも関係することがわかっている(これは経験的にも理解できるだろう)。が同時に、その学習時間は子どもの家庭的な背景(親の学歴、世帯年収、親の職業など)と深く関連していることもこれまでの調査・研究で明らかとなっている。学力、そしてそれを深く規定する家庭的背景によって、どのようなメディアに日常的に接触し、その接触のあり方はどのように異なっているのか、この点を考えてみてほしい。さらに、家庭的背景だけではなく、「発達」という観点からも、子どもの学年(年齢)や性別によってもメディアをどう認識し、どのように使いこなすのかは異なるだろうことが十分に考えられる。

　"全体"や"平均"だけに目を向けて「子ども」について考えることから一歩離れてみること。「どのような子どもがそうであるのか」「どのような子

どもがどのような問題を抱えているのか」という見方をしてみること。ささやかな提案の1つめである。

②どのようなカリキュラムで、そして、誰が教師を養成するのか？
　ささやかな提案の2つめでは、学校教育において、「メディア」を子どもたちに提供する「教師」に目を向けてみる。教師たちの養成はどのようなカリキュラムを通じて行われているのだろうか。それは、今日の様々なメディア――より複雑化し高度化している――についての知識とスキルを彼らが獲得するのに十分な内容を持っているのだろうか。残念ながら、教員養成カリキュラムにおける「メディア」にかかわる講義内容は決して十分とは言えないのが現状であり、そもそも、それらの内容が十分かどうかを適切に評価するしくみは確立されているとは言えないのである。では、学校現場に勤め始めてから研修を受ければいいだろうと思うかもしれない。しかし、研修に参加するための時間を確保することは「多忙化」が大きな問題となっている今日の学校教育において、実に困難なこととなっている（筆者がこれまで行ってきた学校でのインタビュー調査において、多くの教師が「研修に行きたいが、自分が抜ければ他の先生たちに迷惑をかける」と語っていたのが印象的である）。そして、教員養成カリキュラムについて考えるときに同時に目を向けてほしいのが、では一体、誰が教師を目指している学生たちに教えているのか、という点である。教員免許を取得するために法的に定められた単位数とその内容はもちろん共通であるが、実際に、どのような学問的背景を持つ大学教員が担当し、どのような方法で何を教えているのかは、大学によって大きく異なっている。みなさんの友人で違う大学に通う人がいたらぜひ、聞いてみて欲しい。このことは、教員養成に限らず、経済学であっても社会学であっても心理学であっても言えることである。

③子どもとメディアの「関係」は普遍なのか――議論の前提を疑ってみる！
　①では、「子ども」を一枚岩のようにとらえ、「子ども全体」のみ、あるいは「平均」でのみ、みてしまうことの問題を取り上げ、その問題を解決するためのささやかな提案を行った。本節の最後では、子どもとメディアの「関係」――より正確には、「関係」をめぐる私たちの認識そのもの――に目を向け、通時的な比較を行う重要性を提案する。
　すなわち、教育とメディアの関係について考えていくための現在の理論や

方法論そのものが前提としているのは、実は、メディアがそれほど多様化していない時代の、そして、メディアを通じて目の前に提示されるものがその通りのインパクトを持ち得た時代に生きた子ども（の認識）ではないかということである。メディアによって具体的なものを目にできる、日常的には見ることができないものを見えるようにするのがメディアの役割であることは確かである。しかしながら、すでに、今日の子どもたちはこれまでの社会と時代においてメディアが背負ってきた役割を超越した時代と感覚を生きているのではないだろうか。テレビを通じてしか見ることのできなかったものを、今日は交通網の格段の発達により、誰でも容易に目にすることができるようになっている。他方で、インターネットの発達とその社会的基盤の整備の進み具合は、これまでのメディアでも手の届かなかったものを容易に目の前に見せてくれる。ここには明らかに、ヒトとメディアの「関係」の変化がある。まして、物心ついた時から、当然のように携帯電話やインターネットが存在した今日の子どもたちには、それらが存在する以前のメディアとヒトの関係を知るすべはないし、比較することもできない。新聞を紙の状態で読むのか、パソコン画面で眺めるのか。いずれも新聞を読むことには違いがないが、読むときに用いているヒトのさまざまな感覚や脳への刺激が同じであるのかどうか。

　「メディア」に限らず、主張や議論に出会ったら、まずはその前提を疑ってみて欲しい。社会の人々の思考は価値中立になることはほぼ不可能である。その意味では、この節もまた、ある特定の視点に立って書かれていることは確かである。

　節を終えるにあたって、より根本的な議論として、次のことも提案しておきたい。そもそも、「何を」媒体として選択し、その媒体に「どの情報」を載せるのか、ということを、「誰」が選択しているのか。そこで選択されなかった情報は何であるのか。

　例えば、教科書もまた古い歴史を持つ「メディア」である。私たちの社会に蓄積されてきた数多くの知識を載せている媒体としての教科書。では一体、その教科書に何を載せるのか。ぜひ、時間を作ってみんなで検討してみて欲しい。10年前の教科書、20年前の教科書を見比べてみることをおすすめしておく。教材として何が選択されているのか。どのような説明が書かれているのかいないのか。編集や執筆に関わったのは誰で、その人たちの社会的・

学問的背景はどのようであるのか。

　この節でのささやかな提案は、実は、「メディア」に限ってのみ有効なわけではない。これらの見方は、教育、学校、教師、子ども——あるいは家族——といった、私たちにとってはあまりに自明な概念であり、その実態を誰もが経験し語ることのできることについて考えていくときに複眼的な視点を提供してくれる。日常生活のあたりまえの風景を「異文化」を見るようにまっさらな目で見てみること——もちろん、何かについて認識することは特定の価値から完全に自由にはなれないけれど——を少しずつでいいのでぜひ試みてほしい。

（諸田裕子）

Column

レンタル店から借りてきた音楽 CD を録音して、聞くことは許されるのであろうか？

● これについては、「個人的に又は家庭内その他これに準ずる限られた範囲内において使用すること」は、例外として著作権者の許諾を得ずに著作物を複製（コピー）することが認められている。（著作権法第 30 条（私的使用のための複製））ただし、コピーガード機能など複製が制限されている場合にコピーガード機能を外してコピーをすると違法となる。では、レンタル店で借りてきた音楽 CD を友達の分もコピーして渡して聞くことは許されるであろうか？

● 残念ながらこれは著作権法に反する行為となる。先ほどの「個人的に」の範囲は、「個人的に又は家庭内その他これに準ずる限られた範囲内」（著作権法第 30 条（私的使用のための複製））のことであり、有償・無償を問わず、コピーして複数の人に配布することは、この範囲を逸脱していると考えられる。当然、大量にコピーしたり、コピーしたものを販売したりする行為は違反となる。

● もともと著作権法で言われている著作物とは「思想又は感情を創作的に表現したものであって、文芸、学術、美術又は音楽の範囲に属するもの」（2 条 1 項 1 号）である。わかりやすく言いかえると「考えた」り「感じた」りして「まねをせずに」「つくった」ものであって、「本」「論文」「絵画」「音楽」などである。これに当てはまるものを身の回りから探すと、小説、エッセイ、研究論文、絵、彫塑、建築、歌、曲、そして、写真、映画、テレビゲームなどなど、実に多くある。

● 私たちは日常、これらの著作物を利用しているが、著作権法で利用に関して厳しく定められている。著作権法は、日本をはじめとして、ベルヌ条約に批准している国では、このベルヌ条約が基本となっていることが多く、日本の著作権法では、著作物の勝手な利用を禁じている。すなわち、著作物を利用する場合は、一部の例外を除いて基本的に許可を取って利用しなければならない。

● 教育現場では、複製がいろいろな場面で行われているが、著作権法では次のように定められている。「学校その他の教育機関において教育を担任する者及び授業を受ける者は、その授業の過程における使用に供することを目的とする場合には、必要と認められる限度において、公表された著作物を複製することができる。ただし、当該著作物の種類及び用途並びにその複製の部数及び態様に照らし著作権者の利益を不当に害することとなる場合は、この限りでない。」（第 35 条（学校その他の教育機関における複製等））

この条文をもう一度しっかりと見直すと、現状の学校現場での著作物の利用方法で問題がある場合もあることがうかがえる。

● 著作物の利用は、許可を取って利用することが原則であることを忘れないでほしい。

（小野賢太郎）

Column
中国における日本ドラマの流通・消費

● 世界的に愛好される日本のブランドは電気製品だけでなく、アニメ、ドラマ、ゲーム、カラオケなどの文化製品もある。特にドラマは文化的近似性もあって、東アジア国家で広く流通し、消費されている。ここでは中国を例に、アジアにおける日本ドラマの影響を見ていく。

● 中国において、1970年代末から1980年代前半にかけて、中日国交正常化を背景に、日本の映画が大量輸入され、中国人に愛好された。1980年代後半以降、テレビの普及に伴って、日本映画の代わりに、日本ドラマが中国のテレビに登場し、『赤い疑惑』、『おしん』などのテレビドラマが次々と放送され、いずれも大ヒットを記録した。文化大革命（1966−76年）が幕を閉じ、近代化を目指して改革開放を実施し始めた中国にとって、日本ドラマから流れた美しい映像、豊かな生活ぶりは、文化大革命の混乱からの脱出、ヒューマニズムとセンチメンタリズムの回帰を願った中国人のこころを癒し、憧れを抱かせた。

● 1980年代の中国において、日本ドラマが全国民に愛好されたと言えるなら、1990年代以降は、都市部のホワイトカラー層を中心とした若者の間で高い人気を得ていると言える。1995年、『東京ラブストーリー』が中国で放送され、ブームを引き起こしたことを皮切りに、『ロングバケーション』、『ラブジェネレーション』など、1990年代の日本ドラマが中国の若者を魅了した。そして、インターネットなどの情報化が進み、視聴ルートの多様化、近時性をもたらした。それで、『ごくせん』、『花より男子』などのドラマが日本放送とほぼ同時に中国で流通され、視聴されるようになった。1990年代以降、中国において、さらなる経済の市場化が進められ、経済の高度成長が実現された。それに伴い、中流層が増えてきた。1980年代の中国人にとって、日本ドラマが提示した明快で豊かな生活は、まだ自らの現実とは程遠い憧れでしかなかったが、1990年代以降、その距離感が縮まってきた。30年間の経済発展を経て、憧れの近代的生活がより身近な現実になりつつある。したがって、生活が一昔より豊かになった都市部のホワイトカラーにとって、物語だけでなく、ファッションやインテリアなどの流行を見て真似するのも日本ドラマ視聴の大きな楽しみになっている。

（金　明華）

【参考文献】
劉文兵『中国10億人の日本映画熱愛史』集英社，2006.
岩渕功一『トランスナショナル・ジャパン』岩波書店，2001.

第 7 章

ジェンダーステレオタイプと恋愛・家族関係

はじめに──家族がもたらすイメージ

　家族と聞いて、私たちはどのようなイメージを持つだろうか。母親、父親、兄弟、姉妹、祖父母、飼っている犬や猫などペットを思い浮かべる人もいるだろう。あるいは、家族が集まる自宅のリビングや、庭といった場所を考える人もいるかもしれない。さらに、夏休みになると家族で海や山に行った思い出がそのまま家族のイメージと結びつく人もいるだろう。

　このように、家族のイメージというのは、たいてい、「よきもの」である。平成 19 年度発表の『国民生活白書』によれば、「あなたにとって一番大切なものは何か」という質問に関して、2003 年には 45％もの人が「家族」と答え[1]、その数は、1960 年代以降、一貫して右肩上がりに増加している。しかし、実際は、どうであろうか。事件件数自体の増減はともかく、昨今のマスコミをにぎわせているのは、家族が家族を殺す事件である。イメージの中の家族と違って、ニュースの中の家族は、ちょっとしたきっかけで刃をその近親者に向けてしまう。あるいは、全くの無差別殺人だが、動機を調べてみると、実は、家族への不満が他人に凶器を向ける自分勝手な言い訳をしてみせる。当然のことながら、そこに至るには、積年の恨み、怒り、寂しさ、悲しさといった負の感情が存在したことも事実であろう。しかし、そう簡単に人を殺したりできるのか。その原動力となっているものは何か。それは、家族というものが至高のものと位置づけられていることと関係があるのではないか。実際はそうではないかもしれないけれど、「家族は大切なもの」、「家族なら、血がつながっているなら、分かってくれる、当然だ」、こうした意識

1　平成 19 年度『国民生活白書』（内閣府発行）p.36, 図表第 1-2-1 より（次ページ）。他の選択肢は、「国家・社会」、「家・先祖」、「仕事・信用」、「金・財産」となっていた。「家族」の次に高い項目は「生命・健康・自分」だが、その割合は 21％、続いて、13％の「愛情・精神」で、1 位の「家族」には及ばない。また、人々の帰属意識も「国家・社会」、「家・先祖」や「会社」などではなく、より個人に近い関係に変化している傾向がある。一方、家族関係が重視されながらも、実際の調査では、家族が、仕事の関係やら共稼ぎ、子どもの塾通いの一般化によって、顔を合わせる機会が少なくなっており、家族という集団が、同居しながらも、さまざまな事情で一緒に過ごす時間は少なく、家族内での「つながりの希薄化」が進行していることも分かった。

が一つの人間関係である家族を聖なるものとなし、それゆえ、「その破綻には我慢ならない」、という思いとなり、家族間の軋轢を生じさせるのではないか。

そこで、大切だが、大切すぎて傷つき、傷つけられてしまうという家族について考えてみたい。戦後の社会構造の変化の中でも、家族が重要視され、最近は、特にその傾向が顕著であるのはなぜなのだろうか。

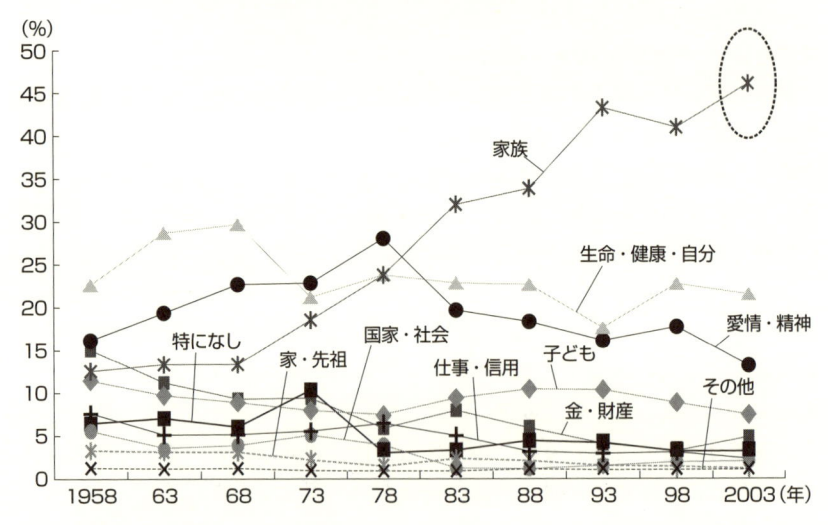

図1　家族が一番大切と思う人は増加している　あなたにとって一番大切なものは何か
(備考) 1. 統計数理研究所「国民性の研究全国調査」により作成。
2. 「あなたにとって一番大切と思うものはなんですか。一つだけあげてください。」との問に対し自由記入してもらった回答を分類したもの。
3. 回答者は、20歳以上80歳未満の有権者。
平成19年度『国民生活白書』(内閣府発行) p.36、図表第1-2-1 掲載

●第1節● 家族とは何か (従来の家族像──第一次集団としての家族)

1………家族とは

『社会心理学小事典』[2] によれば、家族とは、「婚姻により結ばれた夫婦を核として、親子、兄弟姉妹などの近親者を中心に形成された小集団で、人間

2　古畑和孝・岡隆，2002『社会心理学小事典』有斐閣．

社会の基本単位。職業集団、社会集団などの公的集団と区別して、**第一次集団（プライマリーグループ）**ともいわれる。その基本的機能として、家族成員の生活の保障、心理的安定、性的欲求の充足、文化的価値の伝授などの生活維持の側面と種族保存、育児、教育、社会化などの生命の再生産の側面がある」と定義されている。第1章の第3節1や第3章の第1節にあるように、第一次集団[3]とは、クーリー（1909）により提唱された概念で、成員相互の親密な関係に基づく集団のことを言い、個人の社会化の過程においてとくに重要な役割を果たすと考えられている。

2……家族がこころに与える影響——家族と心理学

　家族を研究する学問の一つに、家族心理学という研究領域がある。先の『社会心理学小事典』によれば、「個人と家族の関係を主たる研究領域とした心理学の一専門分野。具体的には、親子、きょうだいなどの家族内の関係、結婚・離婚に関する心理－社会的事柄、家族の形成・発達・崩壊などの家族の心理過程などの研究が課題となる。心理学の系譜では、児童発達心理学から発展し、現在、社会心理学と人格心理学から発展し、現在、社会心理学と人格心理学の中間に位置する」というように、家族も心理学や社会心理学の研究の対象となっていることが分かる。このことは、家族は血がつながっているから理解しあえて当然ではなく、一つの人間関係、社会関係であって、構築していくものであるということを示しているであろう。

　そこで、私が感じる、考えることが、いかに影響を与え合い、その中でいかに家族関係が作られるのかを考えたい。

●第2節● 家族の類型とその歴史——恋愛結婚は近代の発明？

　人は、誕生、教育、結婚、死亡などのライフイベントを経験しながらそれぞれの位相（ステージ）でさまざまな経験をする。これを、**ライフサイクル説**[4]と言い、自我と社会との交互作用を重視した**E・H・エリクソン**[5]（1982,1997）が提唱した。定位家族すなわち、親や兄弟に囲まれて生まれ

3　組織などの第二次集団に先行する集団でもある。家族以外には、近隣集団や遊び仲間などを指す。

育った家族を去り、自分で配偶者を見つけてあらたに家族となるいわゆる生殖家族の形成もその一つに当たる。日本では宗門改帳、ヨーロッパなどのキリスト教社会では、教区簿冊などを見て、家族のあり方を知ることができる。それでは、家族はどのようにしてできてきたのであろうか。

1………家族の（類型と）歴史──「昔はよかった」？　家族はどう変化したか
1. 家族の思い込み①──「昔」は大家族？

　家族とは、結婚によって形成されると考えられてきた。昔の家族のイメージは、おじいちゃん、おばあちゃんがいて、子どももたくさんいて、という大家族のイメージではないだろうか。父、母、子による核家族ではなく、父母の両親や兄弟（子からみると叔父、叔母）などがいる家族を拡大家族というが、実際に昔の家族は、大人数の家族だったのだろうか。

　私たちは、漠然と「昔」というが、たとえば、大正9年のデータがある[6]。今から約90年ほど前であるが、その頃の日本の家族は、核家族か拡大家族か、どちらであろうか？　正解は、核家族のほうが多かった、である。私たちのイメージの昔の家族は大家族で、家族に問題はなく、和気あいあいとすごしていたという思い込みがあるのではないだろうか。家族の事件があると、マス・メディアは、「昔（の家族）はこんなことはなかったのに」という論調で現代の家族を批判する。しかし、現実の大正9年ごろの家族は、大家族ではなかった。それは、大家族を形成することができるほど長寿ではなかったからである。誤解してはならないのは、現代のように核家族を作ろうとしていたのではなく、拡大家族が自明のことではあったのだが、寿命がのびず、そうならなかったということである。このように、事実をありのままに見極めるようにすることが大切だ。私たちは、「昔」からという言葉が好きだ。それは、本当に「昔」が（それが実際いつだったのかを含めて）そうだったのか、わざわざ確かめなくてもすむからだ。しかし、いったんそう思い込むと、それが昔からそうであり、そうであるからこそ、当然であり、それは、人間なら誰しもそうだと思いがちである。それゆえ人のこころと社会の関係

4　一方、寿命の伸長や社会の変動にともない、親と子の生活が必ずしも同じ状態を繰り返さないということにライフサイクル概念に限界を感じて、むしろ、ライフコースという概念を重視する研究もある。ライフコースとは、『社会学事典』（弘文堂）によれば、「年齢によって区分された生涯期間にわたる各種の経歴の束としての人生の軌跡を指す。人生上の出来事や役割以降の時機、間隔および順序などを指標として再構成される。ライフサイクル概念の無歴史性と過度の斉一性仮定を批判して、歴史的社会的文脈の中での諸個人の生涯展開をとらえようとする包括概念（p.899）」とされている。

5　E・H＆J・M・エリクソン，村瀬孝雄・近藤邦夫訳，2001『ライフサイクル、その完結』みすず書房．
6　湯沢雍彦，1995『図説家族問題の現在』日本放送出版協会．

を研究するに当たっては、思い込みによって事実を捻じ曲げることがないように事実を正しく知ることからはじめなくてはならない。そのためには、歴史をありのままに見る視点が有効である。

2．家族の思い込み②──「昔」の女性は虐げられてきたか

　時代が進むにつれて、すべて良くなっていくと漠然と根拠もなく考えていく歴史の見方を進歩史観というが、たとえば、「昔」は、女性も差別されていて不自由な暮らしをしていたということを私たちは当然のことのように信じている。しかし、それは、事実か。たとえば、江戸時代といえば、封建制が支配し、士農工商といった身分制が存在し、住むところや職業なども自由に選ぶことができなかったことから非常に堅苦しい社会を想像しがちである。あたりまえのように、男女それぞれ**性規範**があり、とくに女性はその中で不自由な暮らしをしていたと考えがちであるが、実は、多くの歴史学者が示すように、江戸時代の女性は後の時代の明治時代より自由だったと言える。吉本隆明も、その著書『超恋愛論』[7]の中で、江戸時代には、夫が妻に離縁状である三行半(ミクダリハン)を渡せば簡単に男性が女性を離婚できたといわれているが、婚資として女性側が持参した嫁入り道具に全く手をつけない男性がいることはなく、その離縁状はたびたび無効になったという。それに比べれば、西洋の考え方が導入された明治時代以降のほうが、よほど窮屈で、男女の性規範が厳密に守られていたと記している。このように、「昔」の女性が一律に現代より差別されていたのではなく、時代ごとにそれは変化しているのである。

2………従来の結婚

1．家父長制

　伝統的な社会は、封建的で男性中心の社会であり、家族関係もその例外ではなかった。その典型的な事例が家父長制[8]であるが、それは、家長権をもつ男子が家族員を統制し、支配する家族形態である。一般に、長男が家産と家族員に対する統率権を世襲的に継承し、その権限は、絶対的なものであった。たとえば、男性が女性の父に「お嬢さんをください」というのは、この家父長制の名残といってもいいだろう。家産だけでなく、女性、子ども家族

7　吉本隆明，2004『超恋愛論』大和書房．
8　さらに、家父長が祖先祭祀の主宰者となり、家族員は、人格的に恭順、服従する。これは、家父長自体の能力の問題ではなく、伝統的に神聖化された規範である。古代、中世ヨーロッパだけでなく、日本にも見られた。日本では、明治民法で男系長子相続性を取り、家長権＝戸主権として法的に保証されていた。

の成員も家長である父の自由になったからである。こうして家父長制の下では、家長である父から長男そしてまたその長男へと家督が譲り渡されていき、その譲渡をスムーズに行なうために、長男を誕生させる目的で妻が選ばれ、母となるシステムが存在した。それが、家父長制の下での婚姻であるため、結婚は、恋愛感情など個人の嗜好ではなく、家柄が最重要の選択基準であった。

2. 近代における結婚──世俗化された結婚[9]

　結婚とは、特定の誰かとの関係に対する他者の承認である。そして、特定の誰かとは、たいていが異性同士とされていて、現代において、その他者は法律[10]であることがほとんどとされている。しかし、それは、ある歴史的過程において変化したことであり、自明のことではない。それでは、いつから結婚が現在のような法律婚に変わったのだろうか。

　たとえば、フランスでは、1804年に民法上で婚姻が規定されると、さらに、結婚の宗教性は薄れ、男女二人の運命は、神が定めたものから法律が請合うものとなる。こうした考え方は、他のヨーロッパ社会においてもみられ、西洋の文物を明治維新以降取り入れた日本の社会にも影響を与えた。かつて、「イエ」意識を核とする伝統的権威によってつくられた**集合意識**は、皆婚制によって家そのものだけでなく、共同体や国家を秩序づけてきた。その時代において、人々にとって結婚は、一人前の人間としての証明であり、独身は社会的信用に欠けるとみなされていた。とりわけ、女性にとっての結婚は、結婚だけが生きる道であり、妻となり、嫁となり、母となることが理想であり常識となっていたのである。

3. 恋愛パターンの歴史──プラトニックラブからロマンティック・ラブまで

　近代以降の結婚は、法律によって取り決められるものとなるが、相手選びはいかにして行なわれるのか。近代以降、現代に続く相手選びは、家柄や身分によって選ぶのではなく、個人の好みによって選択することを可能となっ

---

[9] とくに、フランス革命以降に現われたフランス社会に特徴的なライシテという考え方が宗教性の排除を謳ったように、多くの事柄が宗教的な文脈で行なわれていたことを改め、市民の手によって社会を治めるといった方向に進み、戸籍の教会での管理から世俗管理へと代わる。
[10] その法律婚の一つの機能が、法律で認めた夫婦の間にできた子どもを嫡出推定する、つまり、子どもにとって母親（これは証明できる）である妻の夫を自動的にその子の父とすることができるのである。現在では、DNA鑑定などで、生物学的父を特定することは可能になった。しかし、婚姻の機能は、嫡出断定ではなく、推定に過ぎない。つまり、生物学的父と社会学的父が一致するとは限らないのである。

た。その決め手の一つは、愛情とされているが、では、そもそも、愛情は社会心理学的にどのようなものと考えられているのであろうか。

①愛情とは

愛情について、社会心理学研究では、「Z・ルービン（1970）が、友人に対する好意と恋人に対する愛情とを区別してそれぞれを測定するための尺度を考案」するなど、さまざまな研究がおこなわれている[11]。

また、第2章で論じられた新フロイト派の精神分析家であるE・フロム（1956）は、その著書『愛するということ』[12]の中で「愛は技術である。それを得るためには知識と努力が必要だからだ。ところが今日の人びとの大半は、愛は運であると信じているようだ。なぜか。そこには次のような誤解がある。第一に、愛の問題が、愛する能力の問題ではなく、どうすれば愛されるかという問題として捉えられている。第二に、愛は能力ではなく、対象の問題、すなわち、愛することは簡単だが、愛するにふさわしい相手を見つけることは難しいと考えられている。第三に、恋に『落ちる』という最初の体験と、愛している、という持続的な状態とが、混同されている。愛の技術を習得するには、（1）理論に精通すること、（2）修練に励むこと、（3）技術を習得することが自分にとっての究極の関心事になること、が必要である」と述べている。つまり、愛は、ある日突然、やってきて何の保証もなく、一生涯続くのではなく、そこに、努力、すなわち、何らかの意図的な技術が必要だと考えた。しかし、人間が社会的存在である以上、社会の影響を受け、「近代以降、資本主義社会を迎えると人は自分を商品化してしまい、また、神への信仰も社会的成功の手段となってしまった。ここに愛の崩壊が見られる」として現代的な愛情のあり方を危惧している。そしてフロムは、結婚に結びつく個人的体験をロマンティック・ラブと定義し、従来の、愛情と関わりなく婚姻が行なわれる時代との隔絶を示している。

---

11 ルービン, 市川孝一・樋口芳雄訳, 1981『好きになること・愛すること』思索社. また、E・バーシャイドとE・ウォルスター（1978）もこれと似た見解をとっており、前者を友愛（companionate love）、後者を熱愛（passionate love）と呼んで、熱愛には友愛にはない情動がともなうとしている。H・H・ケリー（1983）も愛を3種類に分け、強い情動をともなう熱愛のほかに、相手への信頼を基調とする実践愛（pragmatic love）、および献身的な利他愛（altruistic love）を区別している。一方、J・A・リー（1974）は、エロス（情愛）、ルーダス（遊愛）およびストーゲイ（友愛）の3つを愛の基本とし、これらの組み合わせによって生じるマニア（狂愛）、プラグマ（利愛）、およびアガペー（神愛）の合計6類型を挙げている。同様にR・J・スターンバーグ（1986）は、「愛情の三角理論」を提唱。好意（liking）、空愛（empty love）、夢中（infatuation）の3つを基本とし、それらの2つずつの組み合わせによって生じる友愛（companionate love）、愚愛（fatuous love）、恋愛（romantic love）のほか、すべてが揃った場合に完全な愛（consummate love）が生じるという説を唱えている。
12 フロム, 鈴木晶訳, 1991『愛するということ』紀伊國屋書店.

19世紀後半に日本が開国した際、西洋文化が導入されたが、恋愛観や家族観も例外ではなかった。キリスト教的な道徳観が、それまで、"love"の訳語となる「恋愛」という概念はなく、「色」しかなかった日本にプラトニックな恋愛といった考えをもたらした。それは、愛は性に還元されうるものではなく、別物であるという、プラトンの思想から出発している。そして、「肉体」と「精神」という二元論がもたらされたことによって、肉体のもたらす「性愛」を汚れたものとみなし、唯一、生殖目的の夫婦間においてのみ認められるという考え方が定着する。もちろん、こうした西洋的な考えも、歴史的に見て、近代において顕著となってきたに過ぎない。

②ロマンティック・ラブと結婚の結びつき

　歴史家のE・ショーターは、著書『近代家族の形成』[13] の中で、「前近代の性関係は手段的つまり経済関係のためであり、近代のそれは愛情的だ」と述べ、こうした愛情をロマンティック・ラブと呼び、近代以降に婚姻の基準が変化したと歴史的に明らかにした。彼によれば、「数世紀前には人びとは通常愛情ではなく財産やリネージのために結婚したこと、夫婦が互いを思いやったり、顔をつきあわす機会を最小限に抑え、まず生活を支えていくためにこの冷淡な家族関係をむしろ大事にしたこと、そして、仕事の分担や性役割を厳格にして、感情をできるだけもたないようにしたことである。伝統社会の夫婦には、抱擁し合って互いの気持ちを確かめるなどの触れ合いはほとんどみられなかった」。また、フーコーは、近代のロマンティック・ラブが「愛－性－結婚」の三位一体を作り出し、現代のような結婚観を生み出したと述べている。そして、ヨーロッパで18世紀末から普及しはじめた「結婚は恋愛に基づくべきである」という考え方は、やがてアメリカにわたり、ロマンティック・ラブの普及と近代家族の定着時期は一致する。

　「愛－性－結婚」という三位一体の家族観を成立することによって、恋愛のゴールとしての結婚という考え方（恋愛結婚）が生じ、夫婦は愛し合うもので、それがゆえに性愛が両者の間で社会的に認められる。この社会的承認が存在するということこそ、恋愛や性愛のあり方が、本能的なものではなく、その社会や文化に依存して決定してきたことであり、可変のものであることを示している。つまり、私たちが当たり前の感情だと思っている恋愛や性愛の形が、社会によって変化していると考えられることの根拠である。

13　ショーター，田中俊宏・岩橋誠一・見崎恵子・作道潤訳，1987『近代家族の形成』昭和堂，p.56.

③配偶者選択はどのように行なわれるか

現代では、愛情によって相手が選択されることが分かったが、このような変化の中で、私たちは、実際どのように相手選びを行なっているのだろうか。社会心理学では、どのように考えているのか述べておきたい。

結婚相手の選択は、以下の3つのいずれかで行なわれると考える研究がある。(1) 経済状態や教育程度といった社会的要因や性格、こころの動きの表われである態度のような心理的要因の類似性[14]を重要視して、自分と似ている相手を選ぶ「**同類配偶説（マッチングの原理ともいう）**」、(2) 自己にはないものを持っていて、それが自分と補い合うことができる相手を選ぶ「**相補性説**」[15]、(3) 関係が進展するうちにいくつかの重要な要因が存在するという「**フィルター説**」がある。これらの仮説に関して多くの追試が行なわれたが、圧倒的に多くの研究が、(1) を支持している。

●第3節● 家族の構成員である男女

家族を語る上で、当たり前のこととされてきたことの1つが、男女の結びつきによって家族が構成されるということである。家族は、愛情によって結ばれた一組の男女（一夫多妻制などの場合もあるであろうが）が、法律によって婚姻し、その男女の下に生まれた子を法律上の嫡子とする、そのような考え方が一般的であろう。しかし、社会の変化や文化・宗教の違いによって、さまざまな家族の形態が存在しているし、とりわけ、20世紀後半以降、ライフスタイルの多様化から、従来の伝統的な家族とは異なったタイプの家族が出現している。たとえば、法律上の婚姻をしない家族（事実婚、同棲などともいうが、法律的には内縁関係という）、別居している家族（日本で一般的な単身赴任など）、同性愛カップルなどの家族である。では、私たちがふつうだと思っている「一組の男女が作る」家族は、どのように誕生し、変化

---

[14] 2つの刺激が似ている程度を類似度、異なる程度を非類似度という。類似性は、集団への同調や逸脱などの概念とは区別される。類似性は、多次元空間における距離による方法、共通要素と非共通要素の数による方法、混同の起こりやすさによる方法などで決定される。
[15] 「相補性説」には、攻撃性の高い女性と低い男性の組み合わせのような、同じ欲求でも程度が異なるという意味において相補的になる、タイプ1と依存的な男性と世話好きな女性の組み合わせのように異なった欲求が相補的になるというタイプ2とがある。

してきたのか、その構成員である男女について見ていきたいと思う。

1………女であること・男であること——ジェンダーとは何か

「人は女に生まれるのではない、女になるのだ（On ne naît pas femme, on le devient）」とは、フランスの哲学者シモーヌ・ドゥ・ボーヴォワールが女性の社会での扱われ方の歴史をしるした書『第二の性』で記した言葉である。私たちは、当然のことのように、生まれたときから男性あるいは女性であると思っている。彼女がこのように記したのは、いかなる理由からなのだろうか。性は、生まれた時から誰の目にも明らかなように決まっているのではないか。誰かが判定して決めるのであろうか。それでは、私たちの性が、実際、どのように決まっていくのか見ながら考えてみたい。

1. 女らしさ・男らしさ

　私たちの性別は、男と女の二つで、生殖機能の違いで区別されていると思われている。通常は、誕生した際に、新生児の外性器を見て判断される。しかし、外性器の違いがはっきりしない場合、発達が未熟で判断が付かない場合は、どうするのか。その場合は、性腺（睾丸や卵巣）の構造を見て決定する。さらに、性腺が未分化な場合、染色体の検査が行なわれる。そこで、女性染色体のXが2つのXXなら女性、女性染色体Xと男性染色体Yの組み合わせXYなら男性となる。しかし、XXYや０X（ゼロ）ならどうだろう。前者は、外性器は男性に見えるが、睾丸が発達しない「クラインフェルター症候群」で、後者は、外性器は女性に見えるが、性腺の構造は不明という「ターナー症候群」と呼ばれる[16]。このような時は、どうするか。そう、どうするか、なのだ。つまり、分けないでそのままにしておくことはしない。ここで登場するのもまた医師なのだが、どのデータを優先するか迷うそうだ。ということは、性は、多くの人にとって当たり前なのではなく、医師によって、わざわざ決定されるものなのだということが分かる。特に、このような場合は、性器と性腺の機能が連動していないため、不妊のケースとなるだろう。そう

---

[16]　分子生物学者の福岡伸一は、『できそこないの男たち』（2008，光文社新書371）で、受精後6週目まで全ての受精卵が女性であるがXYの場合でもそれをして男らしめるのは、Y染色体中の性決定遺伝子であるSRY遺伝子で、これの有無によって両性具有になると述べている。たとえば、遺伝子型44＋XXに紛れ込むと、睾丸とペニスを有する男の外見をもつXXmale（女性型男性）つまり、女性染色体をもち遺伝的には女性となり、逆にXYの遺伝子型であってもこの遺伝子が欠如した場合、生命の基本仕様である女性となるプログラムが作動し続けるので（男性化プログラムのSRYによってしかこのプログラムは止まらないので）遺伝的には男性のXYfemale（男性型女性）となり、外見は女性化するという。

すると、生殖機能の違いで区別されるという原則はどうなってしまうのだろう。本当はいろいろな性のあり方があるのに、2つにしか分類されていない、ともいえるだろう。男と女が生殖するのだから、性は2つに分けられるべきだ、という意見もあるだろう。では、上記のように、2つに分かれずに生まれてきた場合はどうなるのか、と堂々巡りになってしまう。ここで、考えて欲しいのは、このように2つに分けるという常識も、その分け方も、所与のものや自然のことではなく、人間が決めたということである。誰の目にも明らかなように異なっており、もともと分かれているから、そう（男あるいは女）なのではなくて、分からないままにしておかずに、何らかの違い、根拠を見出してどちらかに分けようとするから分かれたのである。つまり、私たちが依拠している部分は、実は、生殖機能であるはずだという思い込みによってなのだ。

　そして、生殖機能によって分けられていることになっている性別は、実は、生まれてから死ぬまで、生殖とは関係のない日々の生活の中で、「男だから」、「女だから」と生き方を規制している。そして、名づけから、服装、言葉遣い、遊び、趣味や嗜好まで、生活自体が性別によって分けられているのである。このように、社会的・文化的に作られている知識や規範、常識としての性別をジェンダー[17]という。そのうち、「女は優しい」「男は強い」といった、「……である」といったように記述的に示される命題を「**性差**[18]」といい、そこから派生してきて、「女はこうすべき」「男はこうすべき」という規範として表される命題を「**性（別）役割**」という。これまで見てきたように、生殖機能の差異は、性別を分割するために考えられた一つの根拠であって、「性差」そのものにはならない。もしも、生殖機能の差異を性差だというなら、性別そのものは、その根拠を問われる必要がなくなる。それでも、性差と性別役割は連動して考えられてしまう。そして、その根拠は、生殖機能にあるという。つまり、性別とは、私たちが生殖に意味づけをするという社会的・文化的営みによって初めて意義が見出されることなのだ。ケースによっ

17　ジェンダーとは、本来、名詞の性の類別（classificaton）を表す文法用語であった。例えば、フランス語やスペイン語、イタリア語などは、名詞に性別がある。男性名詞、女性名詞、ドイツ語は中性名詞などと分かれている。では、その名詞が男性らしいと男性名詞になるかといえば、そのような区別はなくて、たとえば、フランス語で「猫」は男性名詞であるが、ドイツ語では女性名詞である。このように、その理由が分からないにも関わらず、性が分かれていることを示す語である。

18　心理学の初期において、性差は生物学的差異に基づくもので不変かつ普遍的なものとされ、個人差を生み出す重要な変数とみなされ、性差心理学という分野が登場したが、E・E・マッコビーとC・ジャクリンが過去の性差研究の文献を再検討した結果、実証研究結果は必ずしも一貫せず、一般的に信じられるほど心理学的性差は顕著ではないことがわかった。同様に、男脳・女脳といった概念を提示する研究も存在するが、その根拠は、本文で提示した性別の分割が人為的である以上に信憑性は乏しく、裏付ける研究も少ない。科学的根拠も一層不明である。

ては、2つの性に分けがたい場合がある。それでもケースによって、いくつもの性に分類したりしない。私たちの社会は性に敏感な社会だといえるであろう。それでは、私たちの「こころ」がそのように思っているのはなぜなのか。次に考えてみたい。

2. 性役割から性規範へ——「であること」と「であるべし」のちがい

　そうは言っても、男女には違いがあるから、そこで区別するのだと言われるかもしれない。しかし、人は顔、身体、性格、能力、嗜好、年齢などさまざまなものやことが他の人と異なる。そうであるのに、なぜ、性にこだわり、その性を原則、2つの性[19]としてしか認めないのか。この問いに私たちはどう答えるだろうか。やはり、人間として生まれてきた以上、生殖が重要だからなのだろうか。しかし、私たちのおよそ80年の生涯において生殖に関わる時期はほんの一瞬であろう。では、なぜ、かくも、私たちは、生殖以外での人生においても性にこだわるのであろうか。さらに、そのことが、ある役割や規範を生んでいることに目を向けたい。

　男性はこういうものだから（＝性差）、こういう役割がある（＝性役割）。だからそれは、男性として守らなくてはならない（＝性規範）。これは、女性に対しても言えることで、性別によってそれぞれの規範が見受けられる。たとえば、性別による色分けについて考えてみたい。多くの場合、日本の公衆トイレは、男性用が黒色や青色で女性用が赤色やピンク色に塗り分けられている。それが、男性用トイレ、女性用トイレそのものとなるのであるが、なぜ、黒色や赤色になったのかは不明であるが、このことが定着すると、逆に、黒色自体、赤色自体が、それぞれ、男性、女性を示すことになってしまう。最初は根拠がないことでも、定着するとそれが、常識として、すなわち、規範として機能するのである。日本では、性別の色分けが、当たり前のこととして行われている。それは、トイレだけではなく、小学生のランドセルや道具箱などにも取り入れられ、黒色は男らしい、赤色は女らしいという、規

---

[19] 男性でも女性でもない第三の性ともいうべき性のあり方をもつ文化がある。それは、同性愛とは異なり、たとえば、インドのヒジュラは、解剖学的には男性であるのだが、女装をし、装飾品を身につけ、化粧をし、そのコミュニティを作る。ヒジュラになるための通過儀礼として去勢が行なわれるのだが、ヒンドゥー教の女神と強い結びつきがあることによって、結婚式や子どもの誕生儀礼などでの儀式に欠かせない存在として歌や踊りなどのパフォーマンスを提供することで生計を立てている。このような存在は、他に、北米先住民、ナヴァホのベルダーシュやイスラム世界、オマーンのハンニースなどが挙げられる。田中正一・中谷文美編、2005『ジェンダーで学ぶ文化人類学』世界思想社. pp.234–250.

範意識をもたらし、誤認が再認を呼び、再認が誤認をもたらす、構造化される心理効果が見られる。そして、こうした自明化は性による差別をもたらすのである。男性だから、女性だから、こうでなくてはならない、そうした規範[20]が存在するのは性差があるから当然のことであると。しかし、これまでみてきたように、その基準そのものがあいまいであるのに、私たちは、なぜ、このようなことを当たり前だと思っているのだろうか。

　また、それだけでなく、性規範には、**ダブルスタンダード**が存在するということは特筆すべきであろう。それは、同じ事柄であっても、女性に対する規範のほうが男性に対する規範よりも厳しいという傾向が見られるということである。藤田（1995 = 2002）[21] は、兵庫県家庭問題研究所が兵庫県下でおこなった「新婚夫婦の家庭像に関する調査」[22]（1993）を挙げ、現在、自明のこととされる「愛→結婚→性」という意識が存在することは、調査においても裏付けられているが、個別の性を見てみると、「女性に対して『愛→結婚→性』の規範がより強く求められている」と述べられており、性に関する社会規範は男性には寛容で（むしろ奨励され）、女性は禁止されるという、ダブルスタンダードが見られるという。このように、私たちは、生殖以外の場面でこれほどまでに性にこだわっているのである。生殖以外のことで性にこだわることが、逆説的に、私たちの素であるはずの「こころ」がいかに社会的なものに影響されているかを考えるきっかけになるであろう。

2……出産育児と母性

　女性はこうあるべき、という伝統的な性規範、とくに、母となった女性に対する規範は強固なものがある。たとえば、人ごみなどで小さな子どもが一人でうろうろしていると、私たちは、とっさに思うのではないだろうか「この子のお母さんはどこだろう？」。しかし、ちょっと待ってほしい。この子の面倒をみるのは、母親だけなのだろうか。父親は？兄や姉は？祖父母は？

20　文化によっては、次のような事例もある。アラブ紙アルハヤトが 2008 年 6 月 15 日に伝えたところによると、女性による車の運転が禁じられているサウジアラビアで、首都リヤドの北部、ブライダ出身の女性が夫を迎えに行くため車で 10 キロほど走ったところでパトロール中の警察官に制止させられ、身柄を拘束された。女性の「法的後見人」である夫は、二度と彼女に運転させないとの念書に署名させられた。今のところ、女性が釈放されたのか、起訴されるかは不明。イスラム教国のサウジアラビアでは、宗教的な理由から世界で唯一、女性が車の運転をすることを禁じている。

21　『社会心理学への招待—若者の人間行動学』高木修編、第 2 部、第 6 章「若者と恋愛」有斐閣、pp.98-99。

22　対象は、夫 194 人・平均年齢 28.24 歳、妻 211 人・平均 25.64 歳で、調査によると、婚前交渉の是非に関する質問で「しないほうがよい」というのは、女性に対しては賛成（67%）が多く、反対（29%）が少ないが、男性に対しては、むしろ賛成（36.8%）が少なく、反対（56.4%）が多い。これは、同じ行動でも別の基準が（この場合、男女間において）存在するダブルスタンダードの典型事例である。

あるいは引率している先生がいるのかもしれない。子どもの面倒をみることは、母親の仕事、責任。何かあったら母親が悪い。それではなぜ、私たちは、このように子どもと母親の関係を自明視するようになったのだろうか。当然のことながら、「そんなことは、当然だろう。母親が子どもを産むのだから、母親にこそ責任があるはずだ」という意見が聞こえてきそうだ。しかし、母親には、母性（あるいは、母性本能という場合もあるが）があり、子育ての責任は女性である母にあるといった考え方は、広く、ヨーロッパで18世紀以降になって広まった考え方だ。歴史家 P・アリエスは、『〈子供〉の誕生—アンシャン・レジーム期の子供と家族生活』の中で子どもは親の愛情の対象ではなかったと述べ、E・バダンテールの『母性という神話』によれば、中世においては、母親が悪い母親だからといって誰も悪く言ったりはせず、子育てについて母親に責任があるとは考えられていなかったという。また、18世紀頃まで、乳幼児は乳母に預けられ、それは、貴族にあこがれるブルジョワジーにも広まったが、乳幼児の死亡率は高かったものの、その習慣をやめようとする者はいなかったとされている。もし、女性にあるいは母親に母性本能というものがあるのなら、自分の子が死ぬかもしれないのに乳母に預けるだろうか。このような歴史的な事例が母性が本能でなく、近代以降に出現した性規範の一つであることを明確に表しているであろう[23]。

3………近代化における性別役割分業
1. 用途による女性の使い分け[24]

女性が良き妻、良き母になるべき存在であるという性規範は、近代以降に誕生したものであることがさまざまな研究結果から分かってきた。こうした規範ができるまでは、性の歴史を研究したフーコーによれば、男性は、社会的に優位を認められ、性愛関係においても男性主体であった。そして、一人の男性に対して、女性は、生む女（生殖、特にイエ制度の維持のため）、性愛目的の女、身の回りの世話をする女など複数の女性がそれぞれの役割を割り当てられていたという事実を考えると、女性のあり方は、性役割行動は内面的に価値付けられているにしても、社会において変化していることが分か

---

[23] 母性本能が歴史的構築物であるという点については、佐藤典子，2007『看護職の社会学』専修大学出版局，pp.60-70.
[24] かつて、結婚せずに、恋愛や性愛の関係を持っていた。特に、デュルケムによれば、近代における変化は、身分による分化から性別による分化となったので、身分の高い女性などは公然と愛人がおり、現代の性規範は、当時は存在しなかったことが分かる。デュルケム，井伊玄太郎訳，1989『社会分業論 上』講談社学術文庫．

る。

2. アンペイドワーク unpaid work ／シャドウワークとは

　なかでも、近代以降の女性の生き方の一つとして現われた「専業主婦」というのは、産業化や核家族化の中で、当然の帰結として現われたあり方である。専業主婦といえば、賃金労働を行なわず、主に家庭で家事を行なう妻（そして母まれに主夫）ととらえられている。彼女たちの行なうアンペイドワーク、すなわち、賃金が支払われない労働は、農業などでの無給労働といった、市場経済外の労働がそれにあたる。とりわけ、その担い手とされている者が専業主婦[25]（主夫）は、第3次産業といったサービス業などが産業構造の中心になり、会社員いわゆるサラリーマンが一般化する就業構造の変化によって家庭と仕事場が分離して誕生したものである。そこに、男性は外で働く者、女性は、内を守る者といった性役割が導入されて、女性が専業主婦化するのである。興味深いことは、日本では、結婚すると女性は、妻であるだけでなく、嫁と呼ばれ、さらに、働いていても主婦（わざわざ兼業主婦というときもある）とみなされることである。つまり、結婚した女性は、主婦（ハウスワイフ）であるから、そうである以上は、家事に責任があるとみなされる。一方、男性は、どうか。最近は、家事もやります、といった男性も増えているが、実態はどのようなものなのか。主夫という言葉がある一方で、その数は、とても少なく、働く男性の家事参加率（あくまで「参加」なのだ。ということは、主たる担い手ではないということを示す）日本は、内閣府による平成14年「男女共同参画社会に関する国際比較調査」のうち「家事分担に関する実態調査」で、先進国の中でもダントツに低い（調査国は、日本、韓国、フィリピン、アメリカ、スウェーデン、ドイツ、イギリスの20−59歳までの男女を対象）。

---

[25]　専業主婦（主夫）、すなわち、家庭内で無給の家事をする人が誕生するには、裕福すぎず、貧しすぎないという条件が必要だ。裕福であれば、家事をする人を別に雇うことができる。また、貧しければ、働かなければならないからだ。現在、日本の貧困率（平均的所得の50％以下の所得者を貧困者と定義し、それが、全体の何％にあたるかで算出）は、橘木俊詔著の『格差社会』（2006年9月刊）によれば、2004年度のOECD（経済協力開発機構）の国際貧困率比較で15.3％、加盟国25か国中5位。先進国ではアメリカの17.1％、アイルランドの15.4％についで3位になっている。このような傾向が続けば、専業主婦が存在していられる社会構造は変化するであろう。また、橘木氏は、格差拡大の影響が大きいと見ている世帯を、母子家庭（貧困率53％）、高齢者単身世帯（43％）としている。それだけでなく、「高齢者2人以上世帯」の貧困率も20.5％であることを併せて考えると、高齢者世帯の6割以上が、日本人の平均所得の半分以下で暮らしていることとなる。このほか、世帯主別の貧困率で見てみると、29歳以下は25.9％、70歳以上は25.3％と貧困率が高い。これは、若者の非正規雇用の問題や、高齢者の福祉サービスの削減や年金問題などの影響が考えられる。

●第4節● 性を分けることの意味——カテゴリー化とステレオタイプ

　私たちは、こうして、男性／女性というように当然のように性を分けて考えているがそもそも、なぜ、それを分けることができるのか。外界のものを認知してそれが何か分かるということを、私たちはどのように行なっているのであろうか。

1………カテゴリー化

　私たちの生きている世界の中で、何かを認知してそれが何であるか言える＝知る・分かるということは、その社会の中で、カテゴリー化[26]に成功しているということである。たとえば、その「布」がカーテンなのか、ストールなのか、ふろしきなのか分けて考えることができ、用途を間違えることもない。同じ布でもカテゴリーを変えることで、用途も変わるのだと、何も考えずにそれに合った行動をしているのである。この認知システムは、当然のことながら同じ世界に住んでいる人に対しても行なわれ、男／女、年齢、出身地、職業、どこの大学の学生か、などさらに細分化することができる。外界の特徴すなわち、見た目とその人が行なう行動のレパートリーとの組み合わせによって、そのカテゴリー化はなされる。このカテゴリー化を通して、その世界の膨大で複雑な「刺激」を整理、分類し、意味づけて認識することができるのである。たとえば、「ミュラー・リヤーの錯視」と呼ばれる現象がある。

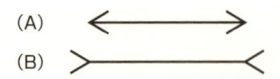

(A) ←——————→
(B) >——————<

---

[26] 好井（2006）は、「たとえば『おとうさん』というカテゴリーがある。それは単にある人間を呼ぶための道具ではない。そこには、いつ、何を、どのようにすればいいのかといった営みをめぐる実践的な処方がはりついているのである。家庭で、パートナーや子どもに対して、いつ、何を、どのようにすればいいのか。また、仕事場で、同僚や上司に対してどのようにふるまえばいいのか。そうした実践的な処方がはりついているのである。そして、私たちは『おとうさん』と呼ばれるとき、こうした実践的な処方に乗っかって、できごとを理解したり、個々の状況で"適切に"『おとうさん』を『している（doing）』のだ」と述べている。（好井裕明『『あたりまえ』を疑う社会学―質的調査のセンス』光文社、p.202.）

（A）と（B）は（B）の直線のほうが長く見えるが、実は同じ長さである。また、このように直線の長さを測ることは、普遍的に思われるが、しかし、直線の建造物や角といったものが存在しないアフリカの人々にとっては、私たちが普遍的と思っている現象を認知することがない。であるとすれば、私たちが物事の認知として当たり前に行なっているカテゴリー化も実は、文化によって異なるということが分かるであろう。

2……… ステレオタイプ

　カテゴリー化がなぜ成功するかというと、生まれてから、その文化、社会で生活する限り、私は、「AはBというものである」と教わる。そして、私自身も「AはBというものである」ということを認知する。そして、そこに暮らす私以外の人々も「AはBというものである」と認識しているからである。こうしたカテゴリー化が行なわれることによって、「AはBというものである」ということは、当たり前のこととして流通することになる。もっとも、流通するからこそ、多くの人々がそれを当たり前のこととして認知し、「AはBというものである」とカテゴリー化ができるといえるであろう。そして、あるカテゴリーに対して人々が抱く固定観念をステレオタイプという（第3章第4節参照）。このステレオタイプによって、「教師はまじめ」、「女性は弱い」といった、ある社会的カテゴリーに典型的であるとされる特徴を個々人にもあてはめてみてしまうようになる。それだけでなく、カテゴリーを当てはめた者がその社会にとってどのような存在で、そのカテゴリーに所属する場合、そこでどう振舞うのか、あるいは、そのカテゴリーの、その存在に対してどのように振舞えばいいのか、特定のカテゴリーをめぐる考えや営みに私たち自身が取り込まれていくのである。

3……… ジェンダーによる差
1．ジェンダー・ステレオタイプ

　ウィリアムズとベスト[27]（1982、1990）は、30か国の文化におけるステレオタイプを研究した。各国の100人の男女大学生にリスト上のさまざまな形容語が各々の国の文化で「男性を連想するか」、「女性を連想するか」、あるいは「男女を等しく連想させるか」を判断させた。すると、男女のジェ

---

[27] Williams, J. & Best, D. (1982), *Measuring Sex Stereotaypes: A thirty nation study*, Beverly Hills, CA: Sage. Williams, J. & Best, D. (1990), *Sex and Psyche: Gender and self viewed cross-culturally*, Newbury Park, CA: Sage.

ダー役割に関して世界各国で一致した結果が見出せた。男性的とされたのは、「支配、自律、攻撃、顕示、達成、忍耐」で、女性的とされたのは、「謙遜、親和、恭順、擁護願望、養育」であった。このようなジェンダー・ステレオタイプの結果をステレオタイプ的な男性度・女性度に関する現実自己と理想自己の評定と比較してみると、調査が行われた 14 か国のうち、いずれの国においてもこれらを自己概念として見た時、男性性・女性性に関してはっきりと分化していなかった。予想通り、男性の自己概念は女性の自己概念よりも男性的なカテゴリーの中に入ったが、各国のステレオタイプの男女差は小さく、男性の自己評定は現実・理想ともに、比較的男性的としか言えず、女性も同様の結果であった。これは、相補性の原理により、マッチングの原理が作用していることを示す[28]。

　これらの研究から言えることは、人類学から援用されている「エティック」というアプローチ、すなわち、普遍的で当事者と調査者に共通するような視点から現象や行動を分析・理解しようとすれば、これらの結果は、非常に抽象的な表現になってしまうということ。一方、当事者の目線で分析する「エミック」のアプローチで理解しようとすると行動の具体的な様式について精緻に記述する必要があり、個々の文化の背景や意味などを一つ一つ挙げることになり、一般化することは難しくなってしまうということである。結果、どちらの分析にしても、「支配的」で表される具体的な行動や表現が個々の文化によって異なり、行動の記述が詳細になればなるほど、同じ「支配的」であることの具体例が変化していってしまうのである。つまり、ここで言えることは、「男性とはこう」、「女性とはこう」という考え方は万国共通と思われているが、個々の表現を拾い集めてそれがどのようなことを意味するのか説明しようとすると、抽象的になりすぎて実体がつかめなくなり、逆に、それが具体的に何を示しているのか問うとあまりにも多岐にわたり、一般化できなくなるというジレンマに陥るということである。結局、性のあり方に「普通」はなく、各文化固有のジェンダー・ステレオタイプしかなく、それは可変であることが分かるだろう[29]。

28　Best, D. L. & Williams, J. E. (1994) Masculinity/feminity in the self and ideal self descriptions of university students in fourteen countries, in A. M. Boury, F. J. R. Van de Vijver, P. Boski and P. Schmitz (eds), *Jouneys into Cross-Cultural Psychology*.
29　クリステンセン (1973) は、夫婦間の不貞行為に関する 9 か国の調査で、不倫に対する態度が異なることを指摘している。デンマークでは、反対が 10％ であるのに比べて、アメリカの中西部では、90％ に上る。Christensen, H.T. (1973), "Attitudes toward marital infidelity: A nine culture sampling of university student opinion", *Journal of Comparative Family Studies*, 4, 197-214.

2. 成功の回避

　上記のような調査だけでなく、社会心理学などで行なわれる調査、たとえば、主題統覚検査（TAT）すなわち、被験者に絵などを見せて、物語を作らせたり、物語の一部を提示してそれを完成させたりする実験を用いた人間の動機付けの研究では、常に、男女差が出ることをどのように解釈するか判断が難しいとされていた。TATでは、人間の投影的な想像力が反映され、人々の体験といった知覚の解釈方法や意味づけの仕方が明らかになると考えられているのだが、こうした実験の中で、なぜ、男女差が出るのか、その理由は明らかになっていなかった。そして、男女差があることに関しても、それは、個々の性の個性として同等にみなされるのではなくて、あくまでも男性が標準で、それを基準に女性のデータが評価されてきたということが当たり前に行なわれてきていた。

　特に、女性に見られる、成功に対して不安を抱くという現象について、**ホーナー**（1968）は**マクレランド**の競争の動機づけの概念「成功希望」と「失敗恐怖」の2つに加え、女性の場合、成功を避けたいという「成功不安」ともいうべき新たなカテゴリーが考えられるとした。それは、女らしくありたいという自らの願いと、幼少のころから学校で教えこまれた、男性と対等に評価されるような能力をもつことへの期待を調和させようという青年期の女性のジレンマから生じるとしている。「成功が可能な時、若い女性はその成功に続いて起こると予想されるマイナスの結果に不安になり、うまく達成しようとする努力が妨げられる」とし、「このような恐怖を持つのは、多くの女性にとって、競争的達成の活動における成功の見通しは、とりわけ男性と対抗して達成がなされる場合には、社会的に拒否されるという脅威や女らしさを失うことなどといったマイナスの結果を連想させるからである」。つまり、ここから明らかなことは、女性は、仕事などの作業での成功よりも、女らしいということが優先されるということである。

4……… 性同一性障害と同性愛[30]

1. 動物の同性愛 !?

　動物は、人間と異なってオス／メスの本能がきちんと残っていると思われがちであるが、実際、どうであろう。ドイツの動物園では、ペンギンのつがいが一向に卵を産まないのでよく見ると、数組のカップルがオス同士のつがいとなっていることが分かった。ペンギンの同性愛ともいうべき現象に、同

性同士の結婚（ライフパートナーシップ登録）を認めているドイツの人々から、つがいを無理に離さないようにとの要請が動物園に寄せられたという。動物の同性愛現象は、ペンギンに限らず、さまざまな動物に見られ、繁殖期に交尾行動をした後、また同性カップルにもどる動物もいるそうである[31]。

2. 性同一性障害の「障害」とは何か

　2006年の報道では、兵庫県で男子小学生が性同一性障害と診断され、女子小学生として通学しているという事例もある[32]。日本では、大人になって自分の性がもともと与えられた性と異なると強く認識した場合、精神科医2名の診断と性転換手術、戸籍変更の家裁申請を経て、戸籍上の性を変えることができる[33]。しかし、これは、必ずしも、希望者全員にかなえられることではなく、あくまで、こころと身体の性が異なると自覚し、身体を手術して性を変える必要がある。身体にメスは入れたくないが、性を変えたい、という場合はどうすればいいのであろう。いや、そもそも、性を分けることは簡単になされているが、実は、性のカテゴリー化は非常に複雑な要素を持っていることはすでに述べた。同性愛者や性同一性障害者と呼ばれている人々の存在は、性のカテゴリー化の意義をあらためて問い直す契機となる。しかし、多くの社会では、タブーとして見られることも少なくないのである。

3. 同性愛を排除する社会

　そして近代的な恋愛の一つの流れの中に、同性愛の排除がある。異性愛の正当化である。近代的な家族観が、男女の夫婦の間が愛情に結ばれていて、その結果、子をなす、という考えである以上、子をなすことができない同性愛は排除される。モンテスキューによれば、同性愛は、宗教的な罪であった

---

[30] ヨーロッパなどのキリスト教社会では、伝統的に同性愛は、宗教的な罪と考えられていたが、1869年にハンガリーの医師が使ったことで、医学の領域にあるものとなり、20世紀後半まで、精神医学の対象となっていた。日本では、「男色」つまり、男性の同性愛は、王朝時代から中世の僧坊、武士階級に浸透することによって西洋化される明治期までは、異常なこととみなされていなかった。特に、江戸時代に「男色」は、「衆道」として確立し、武士道のたしなみの一つとして『葉隠』という指南本に書かれたほどであった。ちなみに、「男色」の対概念は「女色」であるが、これは、異性愛を示す。つまり、どちらも性の主体が男性だけに限られていることを示している。今日では、ゲイやクィアといった言葉があり、クィア（queer・英語）とは「おかま」や「変態」を意味し、男性同性愛や同性愛全般、また、異性愛や同性愛といった二分法を越えた何かを見出すための先端的な用語とされ、1990年代、当事者たちがあえてこの語を使い、運動やファッション、批判理論を展開した。
[31] （ブレーマーハーフェン／ドイツ2006年2月10日AFP）ブレーマーハーフェン（Bremerhaven）の動物園にて。
[32] （共同通信／2006年5月18日）。
[33] 出生登録などの性別記載の変更を認めている国は、立法による変更が、スウェーデン、ドイツ、イタリア、オランダ、トルコ、ニュージーランドなどで行なわれる。カナダとアメリカは、州によって異なる。また、裁判所の判決で認められるのは、スイス、スペイン、フランス、韓国である。

が、法律的に違法行為ではなかった。しかし、たとえば、フランスなどでは、同性愛は、1980年代まで雇用や住宅の貸借において差別されそれが自明のこととされていた。

4. カテゴリー化と性

やがてフランスでは、1999年に他の多くのヨーロッパ諸国同様、同性愛のパートナーシップを法律で認めるようになる[34]。ブルデューによれば、「同性愛者のさまざまな権利要求は、家族、民族国家など他のすべての集団的存在と同じように、ゲイあるいはレズビアンの社会的位置づけがある信念を土台にして作られた社会的構築に過ぎない」ことを明らかにした。つまり、「社会的に強制されたカテゴリー化に従って構成された一つのカテゴリーとして自己を組織する以外に、社会的に強制されるカテゴリー化に反逆する方法がないのである[35]」。性のカテゴリーが男と女に分けられ、しかも、その分類は、誕生時に医師などによって決定され、それは、実は、外見の一部によってしか行なわれていない。こうした性を生きている私たちは、社会の中で、また、家族の中で、どのように暮らしているのであろうか。

第5節 役割の定着と共依存

1 世話の倫理

性役割の固定はどのようにして引き継がれてきたのか。これは、発達心理学や精神分析などの調査を例に挙げ、その分析のスタイルからうかがうことができる。

発達心理学者ギリガン[36]（1982）によれば、女性は相手のために自らを捧げる「愛他的行動＝世話」がアイデンティティ形成の一部となっており、世話という性役割を内面化することでそのことが、自身にとっても他者にとっても自明化していることを示しているという。道徳的なジレンマに陥ると

---

[34] 佐藤典子，第2章「フランスのPacs法の成立と象徴闘争としての親密関係の変容」pp.21-54. 斉藤悦則・荻野昌弘編『日仏社会学叢書第3巻ブルデュー社会学への挑戦』恒星社厚生閣. を参照のこと.
[35] Bourdieu. P., 1998, *La domination masculine*, Seuil. pp. 129-130.
[36] ギリガン，岩男寿美子監訳，1986『もうひとつの声』川島書店.

きに、男女では異なる道徳観に沿って判断し、行動し、女性は、自己を犠牲にしてでも、周囲との人間関係を重視し、他者が何を望んでいるかによって決断を変える。たとえば、それは、妊娠・中絶[37]といった女性の人生にとって大きな決定をも左右させるが、一方、男性は、道徳の問題をいかに「正義」にかなうか、というように、権利や規則の問題と考える。それは、男性たちの育てられ方が、自己をあくまで他者とは異なった自律した個人ととらえるよう導かれてきたからであり、女性は、自身の道徳的な問題を他者との関係性の中で解決しようとするよう、教えられてきたからに他ならないという。

スイスの発達心理学者ピアジェ[38]（1932）は、少年は、仲間との遊びの中で、試行錯誤して規則を作り、争いに判決を下すための公平な過程を考え出すことに魅力を感じる一方、少女は、規則に対して臨機応変な態度を示して、その場限りの解決を求めると述べ、その理由を、少女は少年と比較して「発達が遅れている」からだとしている。しかし、ギリガンは、「少女たちの遊びは、組織がより協力的な人間関係を優先させる社会のパターンの複製であり、ミード[39]（1934）の言葉を借りれば、「少女の遊びは『一般化された他者』の役割を演ずることを、また人間関係を抽象化することを指向しない遊びである」一方で、「『特定の他者』の役割を演ずるのに必要な共感と感受性の発達を促進していて、また、自分とは違ったものとしての他人を知ることをより指向しているということがいえる」とし、これまで、ピアジェはもとより、フロイトやコールバーグらの研究[40]（1969）らの発達理論でも、「女性の正義感は盲目的公平さを拒否している点で男性よりも劣ったものである」とされていると指摘した。そして、一見、女性の道徳的弱点とされている一貫性のない「明らかに散漫な、混乱したようにみえる判断は、このよう

---

[37] ギリガンが妊娠・中絶を女性の人生にとっての大きな岐路と考えているのは、人間の発達過程において、男性は、自身のアイデンティティ確立のために、親密性や生殖を二の次にすることができるのに対して、女性は、そのライフサイクルの中で、それが可能な時期があり、本人の意思とは無関係に決定されているからである。このように、妊娠・中絶は、本人の力で最適な時期を選択することができないことであるにも関わらず、時として、周囲の人間との関係を最重要事項と考えるあまり、望まない妊娠、出産、中絶などをしてしまうことがあるという［ギリガン1982＝86: 190-226］。性的な誘いを断りきれない、その結果、妊娠してしまう、妊娠を決意しても、中絶することを要求されたり、あるいは、決断できないまま、出産を迎えたりすることで、女性の心身に大きな傷をもたらすのだが、自分の意思のみでこれらの決断することなく、結果、自分を犠牲にしてでも、周囲の状況になるのかを考え、関係を維持することを優先する傾向が女性に見られるという。

[38] ピアジェにとって子ども＝男の子であり、少女は珍奇な事例としてのみ記述されている。ピアジェ，1974『ピアジェ臨床児童心理学Ⅲ　児童道徳判断の発達』同文書院。

[39] ミード，稲葉三千男・滝沢正樹訳，1973『ミード―精神・自我・社会』〈現代社会学体系10〉，青木書店。

[40] アメリカの道徳性心理学者。子ども時代から成人への道徳的判断の発達を説明した6段階説は、20年間に84人の少年たちを調査し、その研究の中の理論には女性は全く登場しない。邦訳は、『道徳性の形成』（1969）や『道徳性の発達と教育』（1971）。

に女性の道徳的な強みである人間関係や責任に過剰なほど気をつかうことと分かちがたく結びついて」おり、「他人が必要としていることを感じたり、他人の世話をする責任をひき受けたりすることによって女性は他人の声に注意を傾けている[41]」のだという。そして、こうした、他者への配慮や従属的な性質は女性の特徴として欠点と同時に、控えめで望ましいと評価されることともなったと言えるだろう。また、被験者は男児中心で理論形成も従来の男性中心主義的なバイアスが払拭されていないため、こうした結果が出ていることには多くの心理学者は言及していないのだという。そして、心理学者が、男性の行動を人間の一般的な「規範」とみなし、女性の行動はその規範からある意味で逸脱しているとみなしてきたことを指摘する[42]。

　前述のエリクソン[43]（1968）もまた、女性の発達過程が男性と異なるのは、父親や夫といった男性の名前によって呼ばれ、男の地位によって彼女の地位は規定されることを余儀なくされていることと、女性のほうでも、自分の「内的空間」を満たし、男に望まれる女でありつづけようとすることでそのアイデンティティの大半は占められているからだと述べている。そして、彼は、ライフサイクルにおける諸段階の図式を男女によって変えようとはしない。なぜなら、フロイトの影響を受けている彼にとって、発達それ自体が分離と同一視され、その結果、女性の特徴とされる「愛着」は発達の障害物でしかなく、発達段階で分離を行なうことができる男性こそがライフサイクルの概念を定義づけているからである。つまり、ライフサイクルを考えるときの基準はあくまで人一般ではなく、男性なのである。女性は、その基準からは最初から外れているのだ。

　結果的に、女性と男性の発達は異なると位置づけられているのだが、それは、多くの場合、男性を基準に考えることによって、女性が遅れていると考えられてきた。しかし、チョドロウ（1974）は、ロバート・ストラーの、パーソナリティー形成において核をなす性のアイデンティティが「わずかな例外を除いて、男女いずれの場合も3歳になる頃までには、強固に確立される」という研究を引用し、男女共に、人生の最初の3年のあいだに自分を主に世話してくれる者が女性（多くは母親）である場合、「母親は、自分の娘をより自分の近く、延長と感じる傾向があるために、女児の性のアイデンテ

41　ギリガン，前掲書，p.22.
42　同，p.17.
43　エリクソン，岩瀬庸理訳，1973『アイデンティティ』金沢文庫．

ィティは、自分自身を自分の母のように感じ、そこでの愛着の経験をアイデンティティ形成の過程と融合させる。一方、男児の場合、母親は息子を自分と対置する男性と同一視し、男児が性アイデンティティを得る際には、女性である母親を自分自身から切り離し、より顕著な個別化が行なわれる」ことから、ある結論を導き出す。「男性と女性の、人格および役割を特徴づけられているある種の一般的、普遍的な差異が、各世代にくり返し起こることは、身体構造によるものではなく、女性が一般的に育児の責任を負っている事実があることと因果関係があるからである」というものだ。また、チョドロウは、「このような幼児期の社会的環境が男女によって異なり、体験されるために、根本的な男女差がパーソナリティーの発達においてくり返され、その結果としてあらゆる社会において、女性のパーソナリティーは、男性のパーソナリティーと比較して、自分自身と他人との関係、あるいはかかわりのなかで定義されることになる」と述べている。そして、女性は自分自身の認知を、相手を通して行なうようになるのである。

2………社会的交換としての恋愛

　ギリガンやチョドロウの分析を踏まえて考えると、相手に尽くす恋愛、特に、女性がそうである恋愛というのは、しばしば美談のように取り上げられるが、相手に尽くすという心性は果たして無私であるのか。あるいは、尽くすことによって、人としての自分の評価を上げたい、維持したい、そのような気持ちがあるのではないか。とりわけ、ギリガンが示すように、相手に愛情をかけ、尽くすことが、多くの社会で女性としての生き方を規定してきた歴史がある以上、女性にとって、この生き方は、非常にベーシックなあり方といえるだろう。また、相手のために尽くすことによって、自身の社会的評価を上げたり、維持したりできるのであれば、それは、**社会的交換**が成立していると考えることができる。つまり、**対人関係**そのものを**対人魅力**によって作ると考えるのだ。よって、第8章で見るように、社会的交換の理論は、1種のコミュニケーションの手段として社会で機能しているといえるだろう。

　また、私たちの社会では、男性と女性が、身体的な差異の存在を理由に異なるものであると考えられているので、社会的交換の公正規範が男女の交換において異なることは自明視されている。よって、交換の原理が異なる以上、男女の愛情も、男性か女性かによって異なるので、女性は尽くし、男性は、それを受けることが、それぞれ、女らしく、男らしく思われるのである。

3……共依存と嗜癖
1. 嗜癖（addiction）
　社会的交換における相互依存は、助け合いや尽くす関係といったポジティブな印象をもたれることも少なくない。しかし、それなしではいられなくったらどうであろうか。人間関係そのものを必要として、そのために、こころそのものを駆け引きに使われたらどのようになるであろうか。それは、嗜癖という言葉で表わされることがある。嗜癖はいかなるものか、そして、中毒とはどのように異なるのか。

　嗜癖とは、強迫観念にとらわれて行なうある種の強迫行為のことで、特に主体の快体験によるものを指す[44]。嗜癖と中毒（intoxication）は、異なり、中毒は毒を摂取した結果として生じる好ましくない生理的変化であり、中毒した主体が意図してその結果を招いたかどうかは問われない。一方、嗜癖は、主体的に好んでその行動を取ることが特徴的である。斉藤学によれば、人は工業用アルコール（メタノール）には中毒するのであって、嗜癖しない。飲料アルコール（エタノール）には嗜癖するが、これを飲めば、中毒（酩酊）も生じる。その中毒が主体に陶酔（快体験）として感じられて、嗜癖が生じるのである。そして行動が、薬物や食物のような物質の摂取の場合、「サブスタンス・アディクション（物質嗜癖）」、ギャンブル、仕事、買い物などの行為の過程の場合、「プロセス・アディクション（過程嗜癖）」、そして、人間関係が依存的になる場合、これを「リレイションシップ・アディクション（関係嗜癖）」に分けられる[45]。以下に述べる共依存は、典型的な関係嗜癖の一つで、家族間や近親者などに多く見られ、外見からは、親密さの反映と見られることも少なくない。嗜癖は、どのような社会関係の中にあるかによって症状が出てくるため、アメリカのセラピストA・シェフは、「文化的な病」と呼んでいる。

2. 共依存とは（co-dipendency）
　とりわけ、人間関係の嗜癖は、共依存といった形で現われる。共依存とは、アルコール依存症を治療する過程で生まれた言葉だ。アルコール依存症は、当初、嗜癖者自身の意志の弱さが原因だと考えられていたが、実際、アルコ

---

[44] 快の感情を伴わない場合は、強迫神経症ととらえられる。たとえば、手洗い強迫、掃除強迫などである。
[45] シェフ, 斉藤学監訳, 2006『嗜癖する社会』誠信書房. pp.x-xi.

ール依存症患者自身を治療したとしても、もとの家庭や家族と過ごすことによって、再度、アルコール依存症になることがわかり、そこには、嗜癖者自身の依存症にむしろ家族などの近親者が依存する形で関わっていたことが明らかになった。家族や近親者が、その依存性を高める働きをしているという状況が生じていることが分かったのである。すなわち、家族の中に、嗜癖者の依存心に応え、自身もその嗜癖者に依存することで存在理由を確かめている存在がいたのである。この人をイネブラー「後押しする人」というのだが、家族という人間関係の中にこそ、問題の本質があると考えられる。従来、嗜癖者がいて、その周囲に家族などがいて、と思われていたのだが、共依存という言葉で表される関係は、お互いがお互いを必要として、依存関係を成り立たせているという認識上の大きな転換をもたらした。たとえば、DVといわれるドメスティックバイオレンスの夫婦、カップルにおいて、たとえば、暴力を振るう側は、暴力を振るっても謝れば許してもらえるということを学習することにより、行動の傾向を身につける（相手の許しを学習する）。一方、暴力を振るわれる側は、暴力を振るわれるよりも、自分が必要とされなくなることへの恐怖があるので、許しを与えることによって、関係性を保とうとするのである。また、セックスレスのカップルというのも、お互いの関係を維持するために重要なセックスをあえて人質に取るような形で関係性を保とうとする「最小関心の原理」がそこに働いていると考えることができる。これは、愛されている側が、愛している側をリードし、交換の際により多くを得ようとする傾向から生じる。つまり、セックスレスというのは、必ずしもお互いに関心がなくなったからであるとは限らないのだ。このように考えると、人間関係における社会的交換が過剰に行われるようになることが共依存と考えることもできるのではないか。共依存は、相手の言いなりになることで、その相手から何かを引き出そうとするやり方である。言うことを聞いていれば、尽くしていれば、自分の願いをかなえてくれる、捨てられることはない。そういう駆け引きの中にその本質はあるのであろう。

　誰かに愛されたい、思われたい、大事にされたいという思いである親密関係は、絶え間ない感情的緊縛をもたらす。そして、その最も分かりやすい表象が相手に何かを差し出すことである。たとえば、ケアをするという行為は女性の仕事・行為として定着しているが、宗教的な行為をルーツにしているため、ケアの理想は無私という伝統がある。それは、ギリガンのいう、女性ならではの自己犠牲に満ちた態度と重なる。無私や献身的であるケアを提供

することによって評価が得られると、実際のケアという行為そのものの評価ではなく、それをどのような気持ちで行なうか、どの程度の頻度で行なうか、どのような条件の下に行なうかということが評価の対象になってくる。そして、「他者へのケアを行なうことがすばらしい」という認識は、「ケアさえ行なっていれば評価される」ということになり、ケアという行為そのものではなく、その関係性こそが評価されるようになるのである。

4……… 共依存とすりかえられた家族愛

　家族が家族のために尽くすことは美談のように聞こえる。しかし、前述のように共依存という視点から考えると、お互いに依存することで誰かが誰かのために犠牲になり合う、そのような関係にも見ることができる。共依存的な関係を結ぶということは、他人を自らの安寧を確保するための手段とみなし、自分に評価を与えてくれる道具として利用することに等しい。世話が愛情ととらえられ、無償であるから尊い、といって結果的に搾取の対象となる[46]。とりわけ、女性はそのようにみられがちである。「金品」などの搾取は、道徳的に見て問題があるとすぐに分かるが、愛情は、無償のもの、それゆえ貴い。そして、そこから派生して行なわれるはずの「世話」は、無償であるがゆえに、それを得て何が悪いのか、ということになる。男女の性役割でいえば、男性が「外」で獲得してくる、社会的・経済的「金品」と女性が「内」で行なうアンペイドワークたる家族への「世話」が誰にとっても等価であるはずがないのにもかかわらず、である。

　カテゴリー化がステレオタイプを作るように、性差の決定は性役割を作る。そして、**性役割**は、自らの意思であるかのように内面化され、それが性役割行動として固定化していないと不安になるほどである。こうした状況が共依存をもたらすのであるが、こうした嗜癖に陥ったら、そもそも、なぜ、自分がこのような役割を持っているのか考えることで状況を打破する助けになるであろう。

5……… おわりに──「恋愛（あるいは）結婚したいが相手がいない」：婚活(コンカツ)の時代

　今や、若者の4人に1人は結婚できないと言われる。結婚願望を持つ人は多い。しかし、理想の恋愛をすることが大前提である。第8章5-1で述べるように、ケリーは行動の決定について比較水準モデルを提唱しているが、比

46　上野千鶴子，1990『家父長制と資本制──マルクス主義フェミニズムの地平』p.39.

較水準よりも高くなければ実際の行動に出ず、比較の相手がいなければ行動に出られるという。それでは、結婚をめぐって何が起きているのか。

　家族社会学者の山田昌弘は、その著書『「婚活」時代』で「就職には『就活』、結婚には『婚活』が必須の時代が始まっている」といい、また、相思相愛になっても結婚に踏み切れない「経済格差」と「価値観対立」が存在するとし、「女性たちよ、狩りに出でよ。男性たちよ、自分を磨け」という。カップルが結婚するか否かは、男性がプロポーズするというのは定番どおりだとしても、そうさせるように仕向ける女性の力が大きいというのが、昨今の結婚事情であるらしい。では、女性は、どのような場合にプロポーズをさせ、受けるのか。

　男女が同じ教育を受け、就職における格差も数十年前と比べるなら減少の兆しがある今、食べるために結婚する、永久就職するという考えを持っている女性の数はぐっと減っているはずである。その現象の背景には、男性に養ってもらえば一生食いっぱぐれないということが幻想に過ぎないということを目の当たりにするような現実が山のようにあるからだ。であるとすれば、結婚することによって、女性らしさを提示することができる反面、自己実現の場であり、経済的な自由の象徴である仕事を辞めても（仕事を辞めて寿退社することが女性らしいという規範はいまだ健在であるにしても）それに見合う社会的交換が果たして自分の身の上で行なわれるのか、そのことが非常に重要なのである。ロマンティック・ラブは実現したい。しかし、妻になり、自動的に嫁になることによって、現代の若いお嬢さんが失う物は少なくない。学生時代も職場でものびのびとやってきたにもかかわらず、結婚することによって、妻の座と引き換えに、女性規範、妻規範、母規範にがんじがらめになる。このような伝統的な価値観から自由になりたくても、気持ちはそうでも、家事はなくならないし、保育園の数は少ない。姑がどのような女性かも分からない。晩婚化が進む中で、「勝ち組」と呼ばれる自分に対しての同性のやっかみや異性からの扱いづらそうな視線が突き刺さる。男性にしても同じだ。伝統的に、結婚して一人前という見方をされる中で、独身でいることの居心地の悪さ。では、お見合いなどで、誰でもいいから世話する人をと思っても、相手の女性にロマンティック・ラブの期待がある以上、それに自分は見合っているのか、常に自問自答してしまう。

　社会学者のA・ギデンズは、親密関係を論じながらこれからの社会は、「経済成長を最大限に求めることに取って代わり、情緒的な満足感の獲得が

重きを成していく社会」になるだろうと言う[47]。これは、100年前の社会では考えられなかった変化であろう。性差もそれに伴う性規範や性役割も自明のことではない。そして、家族といえば、男女のカップルからなると思われてきたことも、必ずしもそうではないことが分かった。私たちは、さまざまな規範を身につけ、それに基づいて行動しているのだが、それは、自らのこころと分かちがたく内発的に動機付けられている。変わり行く社会の中で、家族をどのように形成し、家族の中でどのように生きるかということ、すなわち、私たち自身の認識や態度も変化していくのである。

(佐藤典子)

---

[47] ギデンズ，1995『親密性の変容―近代社会におけるセクシュアリティ、愛情、エロティシズム』而立書房，p.14.

Column
制度としての恋愛と結婚

●われわれは恋愛と結婚が分かちがたく結びついた時代を生きている。けれども、近代以前の西洋社会では、結婚と恋愛は互いに相容れないものだとされ、恋愛は婚外でなされるのが当然と考えられたという。「好きだから結婚する」という現在自明と思われている結婚観も、特定の歴史的条件における社会規範の反映に過ぎないのだといえよう。社会学者のデュルケムは、社会全体に共有された感情を「集合表象」と呼んだが、きわめて個人的な感情・心理と思われがちな結婚観や恋愛観もこうした集合表象の表出ととらえることができる。

●日本における結婚観について見てみよう。戦前から戦後長らく、日本社会には、「媒酌人のいない結婚は野合である」とする社会規範が存在しており、恋愛結婚は「だらしない」、「畜生婚」などと言われ道徳的に非難される傾向にあった。社会の秩序や階層を脅かす「恋愛」という因子は、こうした規範のもとに制度化されていたのである。

●だが、しばしば誤解されているが、実は媒酌人を介した見合い結婚自体が近代以降に日本全体に普及した結婚様式なのである。伝統的な結婚様式と思われがちな見合い結婚は、元来人口の約6％であった武士のみの慣習であり、明治以前には、地域・階層ごとに自由かつ多様な結婚観や恋愛観が存在した。見合い結婚が一般化したのは、武士の慣習のみを唯一「正統」とみなし、「家」を基盤とする近代国家の樹立を目指した明治政府の誕生以降のことである。こうした規範は法で規定されることなく、民間レベルの言説やイメージによって普及した。そこでは「伝統」や「礼儀」といった言葉が効果を発揮する。「見合い結婚は日本の伝統だ」という言説は、十分に検証されることなく、規範性を獲得した。「伝統」とは、その時代の政治的条件に即して、しばしば「捏造」されるものなのだ。また、明治期のメディアの発達が、地域や階層を越えて、結婚をめぐる礼儀や道徳を普及・画一化させた。そこでは規範は「快／不快」「モダン／野蛮」といった人々の感情レベルで浸透する。結婚観や恋愛観は、このように主観的な感情やマナーの次元で規範化されるため、その権力性が顕在化しにくい。

●こうした「見合い結婚」規範が急速に弱まり、恋愛結婚がその数を上回ったのは1960年代のことであったが、その背景にあったのは「皇太子の恋愛結婚」をめぐる一連のテレビ報道であったといわれる。それまで「不道徳」とされていた恋愛結婚がメディアの創り出すイメージによって一気に「憧れ」の対象に転じたのである。

●このように、われわれの恋愛観や結婚観は普遍的なものではなく、特定の時代の政治や社会心理を反映したものである。今なお、結婚が国家や社会を支える重要な制度であることを考慮すれば、現代人のロマンスに抱く憧れ、あるいは、結婚に対する強いこだわりもまた、大きな権力に規定された社会心理の顕れだといってよいだろう。

(阪井裕一郎)

第8章 何をどう選び、消費するのか

はじめに

　流行や新たなライフスタイルの提示によって、多くのモノが生産され、消費されている。消費が低迷している、あるいは、格差社会の到来が叫ばれても、たとえば、「大人買い」、「自分にごほうび」、「限定品」、「一点モノ」といっては、すでに持っているものであっても、あるいは、生活に直接必要でないものでも私たちは購入する。それは、なぜか。

　私たちの行動は、すべて、「態度となって表われる」と社会心理学では考えるのだが、その態度を決定する、あるいは、左右するのは、「こころの動き」そのものである。すでにあるものを買う、買うことで自分を表現する、このようなことが起きているのだとすれば、こうした「こころ」のありかた、すなわち、「心理」が消費行動を左右していると言える。

　では、このようなこころの動きは、なぜ見られるのか。消費行動を分析したさまざまな研究を歴史的に振り返りながら現代の消費行動の意味について考察したい。

1……生産と消費関係の変化

　人々の社会経済行動には、資源を利用して財を作る一連の行動である「生産」とその財をもとに欲求を満たすための一連の行動としての「消費」がある。ウェーバー（1921-22）は、近代が「生産と消費」が明瞭に分離した時代、すなわち、資本主義の時代であり、それは単に、生産と消費の行なわれる場所の分離だけではなく、各々が異なった原理によって行なわれることを示した。つまり、生産が、消費から切り離されることによって生産がそれ自体を目的化して営まれるようになるのである。生産が自己目的化することによって生産は、それ自体の発展によって評価される。そのためには、生産自体の効率性が重要になるのだが、それは、技術的な問題だけでなく、人をどのように使うかということも重視されるようになる。というのは、市場シス

テムが伝統的な共同体を解体し、モノだけでなく、人もそのシステムに組み込まれるようになるからである。

　マルクス（1859）が言うように、資本主義の生産関係が、資本家と賃金労働者の2つの階級からなり、生産手段のない労働者側は、自らの労働力を提供することによって賃金を得て生活せざるを得ない。そして、新たに誕生した官僚制システムと市場システムにとって欠くことのできない株式市場が成立することで、両システムが互いに依存し、また、牽制しながら機能するという新しい社会の流れが生まれたのである。市場システムや官僚制が導入されると、消費は、生産機能から離れたことによって、その単位は、家族（核家族）となり、消費の個人化が促進される。

　また、生産が拡大することで大量生産が可能となったが、消費はどうであったか。生産と消費の関係について、ガルブレイス（1958）は、消費の源泉となる欲望が生産に依存しているため、新しい消費財を売り出すときには、近代的な宣伝技術によって欲望を喚起する必要があったと説明している。そして、「生産に対する消費の相対的自立化」をもたらし、さらなる拡大再生産に向けて、消費があおられ、やがて、消費が生産に対して自律を遂げる。消費が生産の論理とは異なる文脈で論じられるようになるからである。ボードリヤールが論じたような「記号の消費」と「消費の社会化」を特徴とする社会の出現である。

　それでは、現実の消費者は、どのように意思を決定し、消費者行動を取っているのか見ていきたい。

2………消費者は何をどう買うか

　消費者行動とは、人が商品やサービスを獲得し、消費し、廃棄することに直接含まれる活動を指す（Blackwell et al: 2001）。それには、購買前行動と、購買行動、そして、購買後行動があるが、購買前行動とは、（ⅰ）所得の貯蓄と消費への配分決定、（ⅱ）予算決定、（ⅲ）製品知識の収集、（ⅳ）購買地や店舗の情報収集である。それでは、購買行動そのものは、どのような意思決定過程によって行なわれるのであろうか。

1. 購買意思決定のプロセス

　心理学における従来の学習理論に基づいた「ハワード＝シェス・モデル」、つまり、S＝刺激（商品の品質や価格、広告など）という入力変数とR＝反

応（ブランドによる購買行動など）との関係を説明しようとする「S－O－Rモデル」に加えて、より、現代の消費者行動に合致した「EBMモデル」がある。「EBMモデル」とは、ブラックウェルらの研究により提示されたモデルで、彼らの名前 Engel、Blackwell、Miniard の頭文字を取って名づけられた。そこでは、まず、「欲求認識」すなわち、何らかの商品やあるサービスを受けることで、消費者が欲求を満たそうとすることから始まると考える。次に、「情報探索」である。これは、「内的情報探索」と「外的情報探索」に分かれ、前者は、消費者個人が自分で持っている情報、すなわち、知識や記憶であり、後者は、前者の不足分を補おうとして新規に得ようとする情報で、広告やカタログを見る、実物を手にとって見るなどがこれにあたる。そして、「情報探索」の結果、いくつかの候補をさまざまな条件で比べる「購買前代案評価」が行なわれる。最終的に、どの条件を一番重視するかによって、複数のブランドをどのように評価し、そのうちの何を選ぶのかという評価が決まり、実際に「購買」し、「消費」する。その後、消費者本人にとってどのようなものだったか、満足や不満足といった評価が生じる。それが「購買後代案評価」である。そして、商品であれば、それを最終的に、廃棄、リサイクル、リユース、販売などを行なうことで「処分」する。ここまでの過程を購買の一つの過程と見るのであるが、当然のことながら、消費者の置かれた「環境」の影響や「個人差」が、その購買行動に影響を与えていることは忘れてはならない。消費者の社会的地位などの状況要因だけでなく、消費者個人の「気質」や「資源」つまり、経済的なものだけでなく、時間、情報処理能力などによっても、この過程に変化は見られる。

2. ブランド選択

　それでは、実際のブランド選択はどのように行なわれているのか。上記の「情報探索」と選択肢の評価と採択は、非常に関連しているが、その心的操作の方法は、「決定方略」と呼ばれ、「**決定ヒューリスティックス**」ともいう。購買意思決定には「消費前代案評価」におけるブランド選択がいかにして行なわれるかが重要であるが、「決定ヒューリスティックス」によって、選択が簡易化され、消費者の負担は少なくなる。最適解をかならず導くとされる実行方略である「**アルゴリズム**」と異なり、ヒューリスティックスは、一貫性に欠けたり、状況に依存したりなど、不適当な解を導くことがあるものの、「発見的簡便法」とも呼ばれ、迅速に解を導く。また、人間の意思決定にお

ける決定方略は、人間が利用しうる限りの選択肢から最良のものを選び出し、最大化や最適化の原理によって、**効用**[1]を最大化するように行動すると仮定する効用理論を裏切って、実際のところ、ある一定のところで満足する**満足化の原理**によって行なわれることがサイモン（1957）などによってわかってきた。

　ヒューリスティックスには、いくつかのパターンがあるが、たとえば、（ⅰ）「加算型」は、各選択肢（ブランド）が全項目（デザイン、価格、機能）にわたって検討され、各選択肢の全体評価がなされ、全体で最良であったものが選ばれる。そのうち、各属性に同じように重みがおかれている場合「等荷重」と最初から各属性に異なる重みがおかれている場合「荷重加算」の二通りにさらに分けられる。次に、（ⅱ）「加算差型」は、任意の一対の選択肢について商品属性ごとに評価し、その合計からどちらのブランドが望ましいかが判断される。そして、（ⅲ）「連結型」は、各商品属性に対して、必要条件を設定し、ブランドの中で一つでもそれを満たさないものがあった場合、他の属性の評価に関わらず、そのブランドを選択しないという決定のしかたである。最初に条件をクリアしたブランドが選択される。その際、他のブランドについての検討は中止される。また、（ⅳ）「分離型」は、逆に、商品属性の十分条件を設定し、あるブランドの属性の中で一つでも条件を満たせば、他の属性の評価に関わらず、それを選択するというタイプである。このタイプも最初に条件をクリアしたブランドが選択されるという点では、「連結型」と同じである。さらに、（ⅴ）「辞書編集型」であるが、消費者が最も重要と考える属性について、順に各ブランドを比較する方法で、そこで、決定されなければ、次に重要な商品属性について同様のことが繰り返されていくタイプである。他に、（ⅵ）「逐次的削除型」は、候補のブランドを並べ、商品属性ごとに必要条件を満たしているかどうかチェックし、条件をクリアしないブランドをはずしていく方法である。ブランド単位ではなく、属性を重視して処理されるという点で「連結型」とは異なる。最後に、（ⅶ）「態度参照型」を挙げよう。これは、「感情依拠型」とも呼ばれる。その人の過去の購買、消費経験から最も好意的なブランドを選ぶ方法である。**ブランド・**

---

[1] 効用とは、どちらを好んで選ぶかといった**選好関係**を表わす満足度で物事の価値や望ましさを表わす。ベルヌーイ（1738）が「ごくわずかな富の増加から得られる満足度（効用）は、その時点ですでに獲得している財の数量に反比例する」という「限界効用逓減の法則」と呼ばれる理論で価値と効用の関係を論じたことから人が財（商品やサービス）を消費することで得られる満足の水準を考えるようになった。経済学のみならず心理学においても人々が何をどう評価するかという価値の考察に重要な概念である。

ロイヤルティ（銘柄忠誠度）が高い、すなわち、特定のブランドを好み、くり返し購入したいと強く思っている消費者にとっては、盲目的にその商品を選択する場合が少なくないのである。

3………感情は経済にどのような影響を与えるか
1．個人の感情と消費者行動
①心理的財布とは

　商品やサービスの価値は、その価格つまり、経済的価値によってのみ判断されているのだろうか。小嶋（1986）は、消費者の価格判断が、さまざまな状況や場合によって異なり、購買意思決定によって実際の購買行動や購買後の満足度が影響を受けることを「**心理的財布**」という言葉で説明している。商品の価値は、経済的価値だけでなく、購入するときの状況や心理によってその金額に対する評価が変わるのだが、これを心理的価値という。消費者は、収入を得る場所が一箇所であっても、あたかも複数の財布を所有しているかのように、購入する商品やサービスの種類や状況に応じて、別々の心理的な財布から支払っていることを指摘した。各々の財布は各消費者によって異なった価値があるとみなされ、同じ商品に同じ金額を払ったとしても、消費者の考えるどの財布から支払われたかによって出費の痛みや商品・サービスの満足感が異なると考えられる。たとえば、普段はつつましい食生活をしていても、記念日と呼ばれる日や「自分にごほうび」をと考えたときには、思い切って高級レストランなどで食事をする、高価なアクセサリーを買った後で、帰宅するときにはタクシーを使わず、電車で帰るといったささやかな節約行動の併用がこの心理的財布の存在を示している。

②現在志向バイアスとは

　また、心理的なことが影響する事例として、このようなことはなかっただろうか。来年早々に受験を控えているのに、夏休みになり、友達に誘われるとついつい遊びに行ってしまう、学期中は夏休みにこそ、これまでの遅れを取り戻そうと思っていたのだが、一日くらいまあいいか、と思ってしまう。このような目先の楽しいことやラクなことに負け、流されてしまうことを**現在志向バイアス**という。このことを**近視眼的**であるとも言う。たとえば、A：今すぐ5千円をもらうのと1か月後に6千円もらうのならどちらを選ぶか。また、B：1年後に5千円もらうのと1年1か月後に6千円もらうのならどち

らを選ぶか。Aの場合、今すぐ5千円を選ぶ人が多いであろうし、Bの場合なら1年1か月後に6千円もらうことを選んだ人が多いのではないだろうか。今すぐなら少なくても確実にそれを得たいが、ずっと先の話なら多いほうを選ぶ。ずっと先のことなら、その時点での遅れよりも報酬の大きさが気になり、直近のことなら報酬の大きさよりもできるだけ早く得られることに**効用**を感じるのである。現在志向バイアスは、私たちの**選好**が時間軸によって変化したり、時には、逆転することを示している。時間経過によって選好が逆転することを**時間的非整合性**と呼び、「将来の利得は一定の割合で効用が割り引かれる」という時間整合性を説いた、経済学の前提とは異なった行動を人間は行なうと考えられる。

③**マーケティングに生かす**
　こうした心理的財布の説明によって、消費者の心理や行動の仕組みが理解できるが、とりわけ、企業のマーケティング活動にも有効性を示している。**マーケティング**とは、企業が製品やサービスの販売を促進するためにおこなうさまざまな活動であるとされているが、アメリカ・マーケティング協会（AMA）の2004年の定義では、「組織とステークホルダー（関与者）両者にとって有益となるよう、顧客に向けて『価値』を創造・伝達・提供し、顧客との関係性を構築するための組織的な働きとその一連の過程」と定義している。企業が市場で目的を達成するために、複数のマーケティング要素を組み合わせることをマーケティング・ミックスというが、マッカーシーは、それを、製品＝Product、価格＝Price、流通＝Place、プロモーション＝Promotionの4P戦略として分類した。企業にとっては、消費者行動の個人差がどのように存在しているのかを考えるために役立ち、とくに、販売促進のためには、財布の心理的な大きさを拡大して出費しやすくさせるか、どの心理的財布を刺激するかなどさまざまに応用することができる。

2. 購買様式の類型と口コミ
①**計画購買と非計画購買**
　以下に述べる、消費者の計画購買や非計画購買の「くせ」を事前に把握することによって、前述のマーケティングに役立てることができるであろう。
　モノを買うときには、計画的に購入する場合、（ⅰ）その銘柄のその商品を購入すると決めて来店し、実際にそれを購入する場合と（ⅱ）銘柄を急遽

変更する場合（セールがあって別の銘柄のほうがお得であるなど）、また、（ⅲ）ある商品を購入すると決めて来店し、銘柄は、来店時にその場で決定する場合などがある[2]。

　一方、非計画購買は、青木（1989）によれば、来店時などに、別の必要なモノを思い出し、急遽、購入する「想起購買」（商品の必要性を喚起するPOP広告[3]が有効である）、購入したほかの商品との関連で別の商品の必要性を感じて購入する「関連購買」（豆腐売り場の横に薬味用の野菜が置いてあるなど）、特定の商品がある条件に合致したときは購入すると予定している「条件購買」（「本日限り」など限定性を高めて購買意欲を高めるなどの戦略が有効）、上記のいずれにも属さない「衝動購買」（新奇性や希少性をアピールする）などがある。

　また、コンビニエンスストアなどの増加により、現在では、日常生活に必要な品物でも、計画購買される機会は減少しており、大槻（1982、1991）は、従来、メーカーが重点を置いてきた、マス・メディアによるCMなどの「マス広告」ではなく、店頭で直接、消費者に情報発信をし、主に、陳列方法の工夫によって、消費者の意思決定を変化させることができる「店頭マーケティング[4]」の重要性を提唱した。

②口コミの発生と心理的機能

　「○○から新しく出たチョコレート、食べてみた？」「いや、食べてないけど」「結構、おいしかったよ」こうした、身近な人同士の直接的な口頭コミュニケーションだけでなく、知らないもの同士でも、インターネットなどの口コミサイトを通して、特定の商品に対しての情報を交換し、意見を言い合うことを口コミという。

　口コミが発生する条件として、エンゲル（1995）らは、商品選択の情報を十分に持っていない、製品の評価が複雑で困難、他の情報源の信頼性が低い、他の情報源を得るより手軽、情報源との社会的関係性が強い、周囲の人々に認められたい（＝社会的評価を得たい）からであるとしている。メーカーや

2　青木（1989）によれば、（ⅱ）と（ⅲ）は、広義の非計画購買とみなすこともあるとしている。
3　POP広告とは、Point Of Purchase＝購買時点の意で店舗内におかれている広告のことを指す。
4　店頭マーケティングで重要な陳列技術には、顧客をひきつけるパワーのある品目（肉魚類・野菜・卵・牛乳など）を店舗内に分散させて顧客の回遊性を高め、その周囲を衝動買い品目で取り囲む「パワー品目の活用」や値引きがなくても大量に積み上げるだけで売り上げが伸びる「大量陳列」、消費者の、右側に置かれた商品は左側に比べて1.5から2倍選択しやすい習性を利用した「右側優位の法則」、商品棚の端＝エンドに置かれた商品に目が行きやすいことを利用した「エンド陳列」などがある。

マス・メディアからの情報と異なって、ユーザー本位の情報が得られ、メーカーへの信頼が少ない場合でも、自分と身近な人の意見として素直にその意見を聞くことができる、いわば、**準拠集団**としての機能も果たしている。つまり、個人の行動その個人一人の価値観や判断のみによって決定されるのではなく、関係のある社会集団の影響を受けている。これを準拠集団と言い、現在では、目に見える人間関係だけでなく、口コミを求めてアクセスするサイトなども一つの準拠集団といえるであろう。また、こうした準拠集団の中で、キーパーソンとなる存在を**オピニオン・リーダー**といい、そのマーケットにおいて、企業や販売促進をする宣伝側にとっても、また、消費者にとっても大きな影響を与えている。

3. 購買後の評価

消費者の購買行動の後には、後悔が起こったり、その商品への評価が変化する場合も少なくない。第4章のフェスティンガーによる「**認知的不協和理論**」は、人々の知識、意見、信念、感情の総体を認知ととらえると、その認知単位間の不協和は人々にとって不快であるがゆえに、それを解消しようとするため、事実とは異なって物事を理解しようとして（その本人の頭の中で事実を捻じ曲げて理解）不快な状態を解消しようとするとした。これによって、消費者の購買後行動は、自分の購入した宝くじは必ず当たると信じていたり、自分の選択した商品をひいき目で見ることが分かっている。こうした、認知的不協和解消の心理をマーケティングに応用することができるであろう。

4. 消費者の意思決定と心理──行動経済学の成果

人々の実際の経済行動は、従来の経済学が示してきたように、合理的ではなく、不確定な要素がある。こうした行動の説明を経済学はいかにして行なうのか、それについて考える学問領域が行動経済学と呼ばれる分野である。もちろん、人間の行動が非合理的と考えれば、その非合理の内容は無数にあると考えられるものの、実際には、そこに、何らかの規則性やパターンがある（この考え方は、社会学の、人間がある条件化でどのように行動するのか、その社会、文化固有の運動法則を知るという目的と非常に似ている）。

これまでにも多くの研究者がこれに類似する研究を行なってきた。たとえば、その筆頭に上げられるのは、心理学者、物理学者、哲学者であった心理物理学の祖であるフェヒナー（1860）の提唱した、心理物理学的測定法[5]で

あり、のちの、行動経済学などの研究に大きな影響を与えた。ノーベル財団による経済学賞受賞者カーネマンとトヴェルスキー（1992）の**プロスペクト理論**[6]は、意思決定の心理学的研究や非線形効用理論の知見から誕生した理論で、価値を評価する原点である参照点が意思決定問題の編集、心的構成（＝**フレーミング**）次第でとらえられ方が変化し、その意思決定は、参照点からの乖離量によってなされると考える理論である。たとえば、人々は、気温30度の屋外から室温20度の屋内に入れば涼しいと感じるが、気温10度の屋外から室温20度の屋内に入ると暖かいと感じる。このように、人間は、温度などといった感覚は、絶対的な指標ではなく、相対的な比較の中で評価しているように、金銭や物に対しての評価も絶対的な指標で比較するのではなく、相対的な比較を行なっていると考えられる。実際、100円のトクよりも100円の損失を重視する、**損失忌避の傾向**が見られるなど、こうした消費者の特性は商品の販売戦略にも影響を与える。

このように、社会心理学と経済学には、どのようなこころの動きによって消費が行われるかという予測を立てる上で非常に密接な関係があることが分かったであろう。これ以外にも、第4章で述べられたフェスティンガーの「認知的不協和理論」などは、消費者自らが購入した品物やサービスを実際よりも良く評価するなどといったように、こころの働きが消費行動やその評価に影響を与えることを示している。

4………消費行動と社会的性格

これまで見てきたように、人は、日々の決定において、限定合理的に行動する。つまり、常に、合理的な決定を下しているわけではない。それは、ヒューリスティックスやバイアスの存在によって示されるように、いわば、「直感」によって消費行動がなされているのである。また、プロスペクト理論が説明するように、自分が今、手にしているものを基準にしかモノを判断していないことも分かるであろうし、時間選好といった観点からは、現在に近い時間を基準に思考していることが分かる。言い換えれば、人々にとって

---

5 刺激強度と判断を通じてなされる心理量との関数関係を特定するための定量的測定法と尺度構成法を作り、対数関数で表現される感覚量の理論を導き、のちにフェヒナーの法則として、商品の値引き感など、条件によって消費者の感情がどのように変化するかについての考察に大きな影響を与えた。
6 プロスペクトとは、もともと「予期」、「見込み」といった意味である。プロスペクト理論は、フレーミング効果がなぜ生じるのかを説明し、消費者の評価が、フレーミングの仕方しだいで、その評価のポイントである参照点が容易に移動することを示した。理論の考察過程は、ある選択肢を選んだ場合の諸結果とそれに対応する確立の組み合わせを指し、問題をとらえ、意思決定の枠組みを考え、参照点を決定する「編集段階＝フレーミング」と参照点によって実際の評価を行なう「評価段階」からなる。

モノやサービスを消費するということは、それが、冷静に考えれば、非合理的でも、自分にとって効果が得られたと自身の中で正当化しようとするほど、日常の中で重きを置いている行動であるといえよう。

次に、こうした消費行動について、社会的選好といった観点から、社会的な影響がどのように、消費に影響を与えてきたか、これまでの研究から見ていきたい。

1. 誇示的消費

これまでの消費者心理とその行動の研究から、人は、モノをそれがもたらす具体的な有用性や使用価値ゆえに消費するのではないということが分かるであろう。それ以外に、モノを消費する人間の地位や経済力を表わす社会的指標となっていることを経済学者ヴェブレンは、『有閑階級の理論』(1911)において論じた。19世紀後半から20世紀にかけてのアメリカは、産業が拡大し、企業合同が繰り返され、大量生産と大衆消費社会がまもなく到来しようとする時代であった。ヴェブレンは、19世紀末のアメリカの有閑階級と呼ばれ、働かずとも生活できる資産を持って、日々、暇をもてあまして社交や娯楽にふける階級の者たちが、浪費することを目的とした消費を繰り返し、それによって、社会的権威を獲得しようとする行動を、有閑階級による消費行動を「誇示的消費」という概念で説明しようとした。彼らは、「余計な」、「無駄な」ものを消費することによって、自らの威信を高めると信じる彼らの消費の特徴を示している。こうしたモノの「間接的・第二次的効用」が消費の主要な動機付けとなる。誇示的消費に向かう人々の行動は、物質的窮乏でもなく、モノそのものの有用性でもなく、モノの所有、消費がもたらす社会的地位の「差異的比較」であり、それによって、他人を凌駕しなければならないのである。こうして仲間の賞賛や羨望を得たいというヴェブレンのいう「差別的比較の習慣」こそが、この誇示的消費行動の目的である。それゆえ、この消費によって得られるものは、しばしば、「金のかかった不便さ」であることも特徴的であり、安価であることや便利さはここでは問題にならない。他者といかに差異を見出し、社会学者ブルデューの言うようにいかに卓越化するか、ということに血道をあげるのである。

やがて、市場経済が社会に浸透することによって大衆消費社会が到来すると、こうした心性は、有閑階級を夢見る他の階級にも広がりを見せる。こころの動きを態度でどのように示すかは、行動によって他者から見ることがで

きるようになるのだが、それを意識して行動した場合、社会心理学では、「自己提示」という概念で示すことができる。「自己提示」とは、他者から肯定的なイメージ、社会的承認、物質的な報酬などを得るために、自己に関する情報を他者に伝達することを言う。そこには、非言語コミュニケーションも含まれ、他者への言語以外の働きかけも意味を持つと考えられる。そこで、消費行動も自己提示の一つ、自己表現の一つと考えることができるのである。それでは、なぜ、このように他者の目を意識した行動を取るのか、パーソナリティー研究からも消費行動の変遷について考えてみたい。

2. 他者指向型の性格

　法律家から法学教授となり、やがて社会学研究を行なったリースマンは、所属する社会の状況に適応するように、第一次集団である、家族によるしつけ、教育などによって、社会的性格ともいうべきあり方を習得すると考えた。社会的性格とは、フロムの社会心理学研究である『自由からの逃走』(1941)の中で記された概念である。フロムは、「どのような社会でも、それがうまく機能するためには、その成員が、その社会、あるいはその社会のなかでの特定の階層の一員としてなすべき行為をしたくなるような性格を身につけていなければならない」と述べたが、この考え方からリースマンは、「社会的性格は、一人ひとりの個人の特性ではなく、社会の側が個人に要請していく周囲の世界への「同調性の様式」があると分析した。それゆえ、社会の変化によってこの社会的性格も変化すると考え、さまざまな時代の状況に応じて『孤独な群集』(1950)の中で3つに類型化する。

　その1つは、「伝統指向型」と呼び、前近代の伝統的社会においては、その地方における慣習、しきたりや風習などを重んじ、忠実に順応しようとする性格である。彼らの生活は単調でその社会で「無難」な行動をとることが望まれる。行動を律するものは「恥」をかくという恐れである。2つ目は、産業革命以降、近代化に伴って出現する社会的性格で「内部指向型」である。近代化における混沌とした大きな変化の時代においても、自己のとるべき道は自己によって決断され、自己の信念によって価値観を築き上げ、それに従って行動する性格である。その信念はまず家庭によって次に権威によって作られ、それを指針とする。この内的な水先案内人に忠実で自己の方針が揺がない彼らをリースマンは「ジャイロスコープ（羅針盤）型人間」とも呼ぶ。彼らにとって道を踏み外すことは「罪」の感覚を呼びおこすという。3つ目

は、大衆消費社会において、他者の動向や嗜好を絶えず気にかけ、自己の行動をそれに合わせていこうとする性格類型であり、対人関係をいかに保つかによって自己のあり方を規定していくという特徴がある「他者指向型」である。資本主義の成熟した時代においては、前述の通り、生きていくために、最低限のものをいかに手に入れるかということに専念する必要はなくなった。しかし、その代わりに、他者からどのような眼で見られるかということを意識して、自己の態度を決める。それは、消費行動においても同じで、雑誌やテレビ、現代では、インターネットなどをはじめ、多くのマス・メディアに影響されている。彼らは、「レーダー人間」とも言われ、常にアンテナを張り巡らせていることが特徴である。自分が置き去りにされているのではないかと絶えず、不安になり、他者の承認を強く望んでいる。自己の存在理由が他者からの承認そのものだといっても過言ではない。ここで言う「他者への関心」というのは、自己への関心の裏返しであり、他者が自己をどう思っているか＝自己はいかなるものであるのかという答えを他者に求めているに過ぎない。個人にとって最も影響力のある他者である仲間の中で、人は、「出すぎてはいけないが、といって『無能』や『価値がない』といったレッテルを貼られても困る」と考える。その人間関係の中でリースマンが考える最も望ましい態度は「敵対的協力」というものだった。仲間と楽しく時間を過ごすのだが、時には、相手に判定を下す陪審員としての側面も持ち合わせ、二重の役割をお互い持つのだという。そのとき、仲間内、社会心理学で言うところの「内集団」では、共通の趣味を持っているのだが、それは、個人的に興味があるからというよりも、その内集団の凝集性を高めるための装置として、不可欠なものである。とりわけ、消費行動においても、他者の目を気にすることは、避けられず、ヴェブレンが言うような他者から抜きん出ることを最大の目標にした消費ではなく、「一番人気のある商品は、大多数の人々によって使われている商品」であるとして、結果的に、ヒットする→皆が持つ→流行する、という循環をもたらす。しばしば、ファッション誌で「この服を着て差をつけよう」と特集されるファッションが、実は、大勢の人に消費されているスタイルであるといった矛盾にしばしば気が付かないことと似ている。あるいは、気が付かないフリをして、仲間内から逸脱しないように注意しているのかもしれない。つまり、それが、今、ヒットしているからといってそれが不変のヒットではないことを皆知っている。次は何がくるか、「レーダー」を張り巡らせているのである。また、その消費の対象である欲

望が自分固有のものなのか、他者の影響によるものなのか、その境界があいまいであることも一つの特徴であろう。

　また、リースマンが分析したのは、「内部指向型」人間から「他者指向型」人間へと社会的性格が変化する過程で、第二次大戦後のアメリカにおいて、大都市の中産階級、それも若い世代に浸透しつつあるこの性格をもった人々の増加であった。リースマンは、「この型の性格がアメリカ全体のヘゲモニーをとることは、現在の傾向から見て時間の問題である」とし、いずれ産業化が飽和段階に達した国々でも同じことが起こるであろうと分析した。

5………社会的交換理論

　こうして、現代人のパーソナリティーの特徴は、社会的性格が他者指向型へと変化してきたことが一つ挙げられるであろう。では、他者指向型のパーソナリティーでは、どのような行動が見られるのであろうか。

　他者指向型のパーソナリティーでは、多かれ少なかれ、「他者のまなざし」が行動の基準となる。そうした場合、他者のまなざしを意識して行なわれる行動とは、自己を犠牲とする場合も少なくない。しかし、そこでは、全くの無私によって行なわれるばかりではなく、むしろ、愛他的な行動を取ることによって、有形無形であれ、評価を得たいという感情が存在するのである。つまり、自分が行なった他者のための行動によって評価を得るということは、社会心理学で言うところの社会的交換の一つと説明される。社会的交換とは、対人関係におけるさまざまな交換を包括する概念で、経済的交換も含む。ここでは、その仕組みを整理してみたい。

1. 社会的交換とは

　社会的交換によって説明されるのは、個人や集団の間の関係、すなわち、対人的相互作用を物質的、精神的、社会的資源の交換としてとらえることで、交換当事者の報酬とコストの観点から分析された対人魅力や対人関係の満足度、権力関係などである。経済的交換との違いは、その交換される財の多様性にある。たとえば、金品などの物質だけではなく、目に見えない愛情、賞賛などの心理的財や地位、名声といった社会的財、サービスや情報、満足感などの量的にも質的にも測定しがたいものが含まれる。

　人類学者のレヴィ＝ストロースは、フランス人がレストランで相席になったとき、お互いの注文したワインをお互いのグラスに注ぎ合う習慣があるこ

とを例に挙げ、「同じワイン、同じグラスである以上、経済的に損得はないのだが、相席になった以上、お互いの関係を無視したり、といって、何らかの関係を構築するわけにも行かず、そのような緊張関係を緩和する方法として、ワインを注ぎ合うことによって、社会関係の空白を回避することができる」としている。言ってみれば、一期一会の関係ではあるのだが、仮の友好関係をにわかに作ることによって無難に食事をすることができる。一見、損も得もないワインの交換によって、社会的交換が成立したのである。

その他、U・G・フォアとE・B・フォア（1976）は、社会心理学的観点から交換財を個別性と具体性の2次元に分類し、同じものでも財の与え手によってその価値が変わる（個別性）ことを指摘した。そして、愛情など個別性が高い財に関しては、交換がその場で終了せず、友人関係や恋愛関係のように長期間継続され、地位や名誉などの財も、具体性は乏しいが長続きする傾向があるとした。また、相互依存性理論のJ・W・ティボーとH・H・ケリー（1959）によれば、相互作用の結果に正の成分（報酬）と負の成分（コスト）があるとすると、実際の結果は、過去の経験である比較水準（CL）を越える関係に満足し、代替可能か否かの目安となる選択比較水準（CLalt）を越える関係を継続させようとすると述べた。さらにラズハルト（1983）はこれを恋愛に応用して、関係満足感＝（報酬－コスト）－比較水準、関与度：関係を続けたいか否か＝満足度＋投資量－選択比較水準となるとした。そして、交換過程の説明要因として重視されることは、勢力と公正規範であるが、相手への勢力は、その関係への依存度で決まり、依存度が高い者は勢力が弱く、交換条件次第で相手に譲歩しなくてはならない。また、その交換条件は、公正規範に従う傾向があり、公正規範はその社会の常識によって、設定され、絶対的基準はなく、文化依存度が高い。このように、社会的交換は、目に見える損得ではなく、さまざまな戦略で行なわれていることがわかる。

2. お返しはどうするか——交換の互恵性

互恵規範、すなわち「他者から与えられた行為や援助に対して、同程度の価値あるお返しをしなければならない」という決まりが多くの社会に存在することを指摘したのは、A・W・グールドナー（1960）であった。何らかの財を与えた者は、そのコストを負うだけでなく、そのコストを背負うことによって、社会関係がスムーズに構築される。しかし、負うだけでは、交換は成立せず、負うからには、その見返りが求められる。言い換えれば、見返り

があることがあらかじめ保証されていることによって、財が提供されるとも言えるのだ。そして、その量と質に合った報酬が与えられるのである。これは、経済的財と異なって、社会的財は、その社会の文化的な背景の影響があり、ものの考え方が色濃く反映されている（厳密には、経済的財も社会や文化の影響はあるのだが）。しかし、すべての関係に共通することは、相互依存的であるということである。

　では、なぜ、このような社会的交換が行われるのかといえば、社会的交換がコミュニケーションの一形態であり、非言語コミュニケーションをも包括し、両者の関係性を深めることができるからである。いわば、社会的交換はあからさまではない感情のやり取りを内包しているとも言えるであろう。たとえば、家事労働などは、24時間365日開いているコンビニがいたるところにあり、食事の心配はないし、掃除は、多くの業者が参入し、スーツやコートなどの大型衣料品を扱うクリーニング店だけでなく、下着やタオル、Tシャツといった日常的に自宅の洗濯機で洗っていたものを、袋につめて預けると、洗濯してデリバリーしてくれる店舗も首都圏を中心に増えている。家事は、こうして主婦が行なう無賃労働からお金さえ支払えば、第三者の手を通してサービスを受けられるものとなり、選択肢も増えている。しかし、たとえ、所得が十分にあったとしても、家事をすべてアウトソーシングすることはそれほど多くはない。そこには、主婦である妻なり、母なりが愛情をこめてそれらの行為を行なうという心情が外部委託することで損なわれると信じられているからだ。お金で気軽に買えるはずのものを敢えて買わないことがあるのは、それによってある関係性にひびが入る、あるいは、喪失、崩壊すると信じられているからだろう。とくに、現代でも性役割が根強い日本では、こうした集合意識は揺らいでおらず、これらの信念体系は家庭だけでなく、職場や学校においても見られる。社会的交換が関係性を規定するといったこうした事例は、弁当を買ってきてしまえば、安く、おいしく食べられる食事であっても、料理が下手な妻や母であってもその女性の手作りにこそ、価値があると思われている。そこに価値を見出す限りにおいて、社会的交換が愛情をもやりとり可能であり、関係性を再生産する装置の一つとなっているとも考えられる。

6……… 記号を消費する──バルトからボードリヤールまで
1. 分類された思想コード

　先ほど、社会的交換は非言語を用いても行なわれるとしたが、それは、どのように行なわれるのか、本項で検証したい。

　文学批評家として知られるロラン・バルトは、著書『神話作用』（1957）の中で、一つの価値観あるいは分類された思想コードについて分析した。ある事物や現象、ひとが想起させるものが持つ意味すなわちコードが、それが前面に出ている限りは、気が付かないそのものの別の側面を想起するように促した。たとえば、日本人にとって、コメ、オランダ人にとって牛乳、イギリス人にとって紅茶、フランス人にとってワインがもたらす、その文化にとってトーテム的な飲食物が存在する。それらがその文化を持つ人々にもたらす幸福感こそが、「神話作用」なのである。バルトが神話と言っているのは、マス・メディアや芸術、世間の「常識」が日々私たちにもたらす、現実についてのある観念や事物の感覚の仕方である。フランス人にとって、ワインはさまざまな神話を持っている。ワインそのものやワインを飲むことに関するさまざまなフランスの民謡やことわざ、文学、映画の1シーンがあるが、それらのディスクールや構図の中で示され、それは、フランス人なら誰もが知っているのだが、その普遍性そのものが、フランス人にとってあるワインに対する態度として画一性を要求するという（ブルデューならハビトゥスと言うだろう）。よって、ワインを悪く言う、あるいは、ワインを飲まない人は、フランス人として不適格なものとしてその集団から白い目で見られる。一方で、ワインによる失敗は、多めに見てもらえる（時には、ほほえましくとらえられることもある）。歴史的あるいは文化的にたまたまフランスにはワインがもたらされ、その生活と共にワインがあっただけであるのに、それは、「自然」で「自明」のこととなる。このような認知の様子とそれによる決まりきった態度のあり方を神話作用であるとバルトは述べている。バルトはやがて記号論を展開していくのであるが、そこにおいても自明性がもつ静かな、しかし、確実な暴力性というものに目を向けている。記号は、単に記号として存在するのではなく、記号の意味を理解し、交換する人の存在によって意味を、そして権力を持つ。一見、暴力や権力と無縁に見える日常のさまざまなものが持つ力について同様に目を向け、さらに分析を先鋭化させたボードリヤールについて次に見ていきたい。

2. 記号の消費

　物自体の象徴的な交換には消費者のコミュニケーションの中に象徴性が含まれ、モノは消費する側のさまざまな関係性においてその意味を変える。そして、象徴的意味を持つモノは、社会関係を形成するメディア（媒体）として働き、消費は、コミュニケーションとしての社会的交換であるという意味において、社会的である。このことが、「消費の社会化」を示していると言えるであろう。

　ボードリヤールが『消費社会の神話と構造』（1970）などの著作の中で論じたような「記号の消費」と「消費の社会化」を特徴とする社会の出現である。そして、大量消費時代を迎え、商品が実際の使用価値を持つものとしてだけでなく、記号として出現するようになったのである。マクルーハンは「メディアはメッセージ」であるとして、メディア自体がもつメッセージ性に早くから着目したが、さまざまなモノが記号としての意味を発するにつれ、その傾向は加速した。

　ボードリヤールによれば、現代資本主義の問題は、大量生産を可能にしたものの、無限の生産力とそれが生産する生産物を売りさばかなければならないという矛盾の間にあるという。必要性が満たされ、消費者の欲求が満足されても、生産し、販売しなくてはならない。そのときに有効なディスポジティフ（装置）として何が有効なのか常に考えなくてはならない。たとえば、携帯電話が普及した後で、そこにデジタルカメラやメール、ワンセグ機能や海外でそのまま使える仕様、はたまた、スマートフォンなど、あたかも、電話機能が付いた小型パソコンとも言うべき機種が登場した。本来の電話の機能としては過剰な部分において、電話を「再記号化」し、電話としての使用価値や機能とは異なる部分で別の記号的な価値を付与して生産されていく。また、記号などで表わしたほうが詳細に明らかにされている以上にメッセージ性が強く、「分かる人にはわかる」という隠蔽性と限定性をもたらすということも重要な点である。

7………ブルデューの資本概念[7]

　社会学で言う「社会（関係）資本」概念は、生活関連の物的インフラストラクチャーといった形として目に見える資本である「社会的（共通）資本」というよりも、人間関係の中で規定されると考えられている。お金に換算できる経済資本ではないが価値があると認められるものやことは、しばしば、象徴的な形でその価値を表す。たとえば、社会学者のブルデューは「ああ、あの人なら知っているよ」というパーティなどの会話においては、それは、単にその人が知己であるという事実だけではなく、パーティの会話に出てくるようなひとかどの人物を知っている自分の価値を高める働きをしていることを示す。「コネ」や「人脈」と呼ばれ、個人間や組織間での社会的ネットワークに埋め込まれたかのような資源を「社会（関係）資本」というが、その「社会（関係）資本」は、それだけが存在するのではなく、人間関係の中で初めて機能するということが特徴である。それは、個人や組織が所有する資本なのではなくて、AとBがつながることによって生じる、いわば、有機的連帯の中でこそ意味をもつ。

1. 象徴資本と「場」の理論

　また、ブルデューは、社会資本だけでなく、目に見えないが、貨幣同様に評価され、価値のあるものと認められるものとして、文化資本[8]を挙げている。たとえば、それは、学歴や身につけた作法、所作など決まった尺度で測れるものではないが、社会の中で価値のあるものとされるものをこう呼んだ。そして、社会資本と文化資本の不可視の資本を併せて、象徴資本と定義した。これらすべての資本は、一方が増えると他方が増えるという相乗効果を持った資本である。たとえば、SSM調査（社会階層と社会移動全国調査）[9]などでも分かるように、高学歴取得者は、高収入の職に就き、再生産過程においては、その子もまた、高い学歴を持ち、専門性が高いなどといった高収入の職を得られる。いわゆる、日本には、「お受験」というものがあるが、それは、子どもが賢いだけでなく、その学校に通わせるための経済資本がなくてはならない。また、お受験は、子どもの知能だけではなく、気質や校風に合

7　佐藤典子, 2007『看護職の社会学』専修大学出版局, pp.191-3.
8　「きた」の反対は「たき」ではなくて、方角の「南」であることを知っていることも学校教育の成果であり、文化資本の一つである。
9　1955年以来、10年おきに日本全国の20〜69歳の人を対象にその職業キャリア、学歴、社会的地位、さらには両親の職業、学歴など階層に関わるさまざまなデータを集めている。

致するかなどの資質が問われる。そのためには、学校ごとに要求されるテストや面接の課題に沿った問題を知り、その対策を立てなければならない。そこで、専用の塾や家庭教師が必要となるのだが、それは、お金を払えばいいというのではなく、だれだれの紹介という社会資本を必要とする。そうでなければ、そこにアクセスすることはできない。最小限の資源で最大の利益を望むとすれば、お受験に必要な社会資本は自分自身の経験で調達することができる。つまり、自分が卒業生である、ということが最も近道なのである。経済資本を得るものは、社会資本を得るだけでなく、文化資本も得るという果てしない連鎖によって富を得る。

2. ハビトゥスとプラティックで表されるもの

　ブルデューは、ただ、ネットワークの中で、社会資本が共有され、使用され、たとえば、地域づくりなどを有機的に行うといった肯定的な文脈ではなく、むしろ、特定の人にしか、それが与えられておらず、不平等が促進されていることを問題にした。しかも、そのことは、表立って論じられることもなく、持っている人がさらに持ち続けるという事実としてしか受け取られていないというのだ。そして、また、このように一部の人しか気付いていないという、その隠蔽性によって、こうした社会資本の価値が一層高まるという効果をもたらしていることを指摘している。

　そして、ブルデューの資本概念の特徴は、資本をこれ見よがしに見せることは、品格が劣っている行為とみなされ、その資本を所有していてもその効果を本質的に持たないとみなすことである。たとえば、にわかに金持ちになったいわゆる成金が、その金を使う段になって、お金を出せば買えることばかりではないことに気が付くことと似ている。たとえば、高級な料亭に出入りすることやお茶屋遊びは、お金を持っていればできるわけではなく、「一見さんお断り」の原則によって、よそ者は排除される。よそ者、つまり、その「場」に相応しくない者と判断されるのである。つまり、経済資本だけで、そうした遊びの「場」が機能しているのではなく、その消費の過程の中で、社会的・文化的な要素が機能していることが分かる。ブルデューの考えるコスト・ベネフィットは、そのコスト・ベネフィットの「場」に合致するプラティックこそが、その者が持つハビトゥスの社会的位置づけを表わす。であるからこそ、経済資本を手に入れた者は、次に、お金では手に入れられないものをお金によって手に入れようとする。それは、「場」の社会的上昇をも

たらすからだ。とはいえ、その原理は、隠蔽されたものであり、社会的に上位の「場」にいる者にとってさえ、どのような仕組みでそれが運営されているのかは気付いていない。そして、それは、気付いていないからこそ、うまく（自然に）できるという相乗効果があるのである。隠蔽された内容を言葉で表わすとすれば、上品さ、教養の深さ、しとやかさ、慎み深さ、思慮深さなど、具体的に何をどうすればそうであるといえるのか、それを実践する（プラティック）には、まさに、そのハビトゥスを持っていることが条件であるとしか言いようがない。

　ブルデューの指摘の重要な点は、資本は経済資本であれ、象徴資本であれ、どのように使うかということにこそ、本来的な資本の価値があると考える点である。つまり、経済資本をどのようなとき、どのタイミングでいくら使うか、ということは、どのような出自であり、教育を受け、教養を持ち、それらに応えてきた人材であるかということを端的に表すのである。同じ経済資本を持っていたとしても、社会的な評価は同等にはならない。前述の文化資本がそこに加わらなければならず、その品格や教養といった、一つの尺度では測れないものさしによって最終的な個人が持つ資本の価値が決まるのである。つまり、ブルデューの言う資本概念は、隠蔽される（資本の本当の価値、仕組みが部外者には分からない）ことによって価値の高まる象徴資本が経済資本を凌駕し、あるいは、包括していると考えることができるであろう。そこには、その資本を交換することによる、匿名性、特別感、つまり、選ばれし者だけが、それを所有することができる優越感がもたらされ、記号としての資本が最大に機能を発揮するのである。

8………モノ語りの人々から「kawaii」まで——消費行動の意義

　精神科医の大平健は、その著書『豊かさの精神病理』の中で、彼が「モノ語りの人々」と呼ぶ人を登場させる。それは、特に、顕著な精神的疾患を持っているわけではないのだが、自己や他者について直接語ろうとはせずに、その持ち物やそれにまつわる評価によってのみ、人について語ることができる人のことを、こう呼んでいる。自己についての感情や思いを語ることは苦手だが、自分の持つ持ち物については、饒舌に語る。服装へのこだわり、ブランド、思い入れなどから、自己や他者について語る。このように、ブランドや自身の持ち物へのこだわりを提示するときは、まさに、社会心理学で言うところの自己提示の瞬間である。そして、彼らが究極的にあこがれること

は、いわゆるセレブと呼ばれる有名芸能人や高所得者と同じものを持つことによる社会的な効果である。単に、かばんを所有していることを自慢しているのではない。それは、社会資本や文化資本を所有することの表象であり、その地位にいることを端的に示す。そこには、自分を大きく見せようとする戦略がある。そして、そのなかにいる者、すなわち、「内集団」にしか分からない記号化された消費の実態がある。ブランド物や店の名前、こうしたものを織り交ぜた文章や時には、デジタルカメラでモノそのものを映し出して、効果的に演出しながらブログで自己提示を行ないながら、その感覚を共有するのである。

　それでは、なぜ、このような社会的交換すなわち、コミュニケーションが成り立つのか。さまざまな事柄を記号化する意義は、すべてを語らなくても仲間内なら分かる、いわば、「内集団」の論理を働かせるためであろう。社会学者の荻野昌弘は、日本語の「かわいい」は、もはや世界的な共通語であり、「kawaii」は、「消費文化を支える論理」になっているという。「かわいい」の意味世界は、反対語をも包含し、対立軸を融解させ、暴力の発生を封じ込める作用があると述べている。つまり、「かわいい」は、反対の意味であるとされる「キモかわいい」や「ブスかわいい」といった言葉でさえ、「かわいい」に転じうる可能性を持った言葉だというのである。そして、「かわいい」にあらゆる「ひと」や「モノ」を取り込む作用があり、そこでは、「かわいい」と発するたびに、その内集団にその「ひと」や「モノ」が「かわいい」ことを認知させ、その思いを共有、交換する。

　バブルがはじけた「モノ語りの人々」の時代から10年以上経った今、日本的経営が崩壊しつつあり、「勝ち組」、「負け組」といった格差社会の出現がリアルさを増している時代に、漠然とした不安感が記号化された消費を促進し、また、自分が所属する内集団からは少なくとも取り残されていないことを確認するために、「かわいい」といった言葉で自らの気持ちを表わす。それは、ブログなどの日記のように絶えず更新されていなければならない。なぜなら、自己の所属しているはずの「内集団」の定義は日々変わるからである。

　このように、社会的交換が有形であれ無形であれ、複雑化することによって、その表現方法の一つである消費行動も変化し、社会関係構築のための戦略が、消費行動から見て取ることができる。

(佐藤典子)

【参考文献】
Barthes, R., *Mythologies*, 1957.
Baudrillard, J., *La société de consommation: ses mythes, ses structures*, 1970.
Bourdieu, P., *Le Sens pratique*, 1980, Les Éditions de Minuit, Paris.
ガルブレイス，鈴木哲太郎訳，1980『ゆたかな社会』岩波書店．
神山進，1997『消費者の心理と行動―リスク知覚とマーケティング対応』中央経済社．
マルクス，向坂逸郎訳，1967『資本論』岩波書店．
三井宏隆・増田真也・伊東秀章，1996『レクチャー「社会心理学」Ⅱ認知的不協和理論―知のメタモルフォーゼ』垣内出版株式会社．
荻野昌弘，2008『日仏学術交流のルネッサンス　要旨集録』日仏会館．
リースマン，加藤秀俊訳，1964『孤独な群集』みすず書房．
リースマン，加藤秀俊訳，1969『何のための豊かさ』みすず書房．
メイソン，鈴木信雄・高哲男・橋本努訳，2000『顕示的消費の経済学』名古屋大学出版会．
杉本徹雄編著，1997『消費者理解のための心理学』福村出版．
竹村和久編，2000『消費行動の社会心理学―消費する人間のこころと行動』北大路書房．
友野典男，2006『行動経済学　経済は「感情」で動いている』光文社新書．
ヴェブレン，小原敬士訳，1961『有閑階級の理論』岩波書店．
ウェーバー，世良晃志郎訳，1960-62『支配の社会学Ⅰ・Ⅱ』創文社．

Column

割引のパラドックス
――消費の経済学的分析

● 「安いよ安いよ！ バナナが1房300円だ！ 奥さん、どうだい？ もし2房買ってくれたら500円にしてあげるよ！ えっ、もっと安くしろだって？ じゃあ、特別に3房だったら600円だ。買った買った！」スーパーなどに行くと遭遇するこの割引、読者はきっと「お買い得」と思ったことだろう。1房当たりの値段（単価）が300円から250円、さらに200円まで下がったのだ。このような割引をコンビニでお目にかかることはない。通常、コンビニでは同じ商品を何個買っても同じ単価が適用される。同一の財が同一の単価で取引されている場合、経済学では一物一価の法則が成立するという。さて、ここで質問。ある財が同一の単価で売られている場合と、割引によって一物一価の法則が崩されている場合のどちらが消費者にとって望ましいのだろうか。当然、割引の方が望ましいと思うかもしれない。しかし、実は、同一の単価で売られる方が消費者にとって望ましいことも少なくないのである。ここでは、このような逆説的な現象を経済学を用いて説明したい。

● 消費者にとって最適なバナナの購入量は次のように決まる。まず、何も買っていない状態から追加的に1房購入する時に、払ってもよいと考える金額（限界効用）と実際に払う金額（実支払）を比較する。先の「お買い得」は、まさに限界効用が実支払よりも大きいときに感じるのである。追加的な1房の購入が「お買い得」である限り消費者は購入を続け、そうでなくなったら止める。

● たとえば、ある消費者のバナナに対する限界効用が1房目320円、2房目220円、3房目が50円としよう（限界効用逓減の法則）。割引の例では、1房目の実支払は300円、追加的にもう1房買う（2房目の実支払）ためには、200円（＝500円－300円）が必要であり、さらにもう1房買う（3房目の実支払）ためには100円（＝600円－200円－300円）が必要である。この実支払と限界効用を比較すると、2房購入するまでが「お買い得」であること分かり、この人の総「お買い得」は1房目の20円と2房目の20円を合わせた40円となる。一物一価の法則が成立している場合はどうか。コンビニでバナナが1房219円で買える時、消費者はやはり2房買うのが最適である。しかし総「お買い得」は1房目の101円と2房目の1円を合わせた102円となり、割引の場合より大きい。同一の単価で売られる方が消費者にとって望ましいのである。

● 一見すると買い手の特に見える割引。実はそうでない場合もあるのだ。

（太田　塁）

第9章

職業生活とこころ
――産業・組織心理学

1………組織とは何か、組織と個人の関係

1. 社会心理学と産業組織心理学

　社会心理学は、他人との関係の中で作られ、意味を持つ「私」を社会的存在としてみなし、単独の、個人のこころの動きではなく、他人との関係の中で見えてくる「私」のこころの動きを研究対象としている。その中で、特に、産業組織の中での人間のこころの働きや行動に焦点を当てている研究が産業心理学や組織心理学である。社会心理学とのかかわりでは、職場内の人間関係やリーダーシップ研究、集団内の意思決定過程研究、消費者の意識や行動の関係の研究が重要な位置づけをされている。

2. 産業組織心理学を学ぶ意義

　学生であることに終わりを告げたときから、私たちの多くは、働くことが運命付けられている。何かをやりたい、あるいは、特にやりたいことがなくても働いて生きていかなければならない。そして、その時間は、多くの人にとって40年から50年以上もの間にわたり、人が寝て過ごす時間と余暇以外は、働く時間に当てられているといっても過言ではない。それゆえ、ただ、働くだけでなく、本人にとって充実した時間にすることが求められている。

　とはいえ、自分ひとりだけで、満足できる仕事ができるわけではない。仕事というものは、自分以外の誰かと何らかの協働することで成り立っている。社会的な人間関係なくして、仕事は成り立たない。特に、会社といった組織の中では、社員一人ひとりに、その役割にあった働きが求められている。その組織の中で、それぞれが、自分の役割と責任を果たすなかで、どのような時に、どのような心理状態になる傾向があり、それが、態度として行動に表われるのか、これらのことを学び、生かすことで、自身だけでなく、組織で働いているすべての人の満足や協力が得られるはずである。

　とりわけ、自身が、一社員として働くだけでなく、部下を持ち、その仕事

や人間関係をマネージメント（管理）する役割を持たされたとき、個々の社員が安全に、安心して働き、その役割に満足し、会社の業績を上げる結果となり、ひいては、社会に貢献することができるようにするには、どのようにすればいいのか、考える必要が出てくるであろう。構成員同士の円満な人間関係、チームワークを形成させるために、産業・組織心理学[1]に何ができるのか、考えていきたい。

3. 組織とは何か

　産業組織心理学が目指すものは、働くことや消費者行動によって、人々のこころや行動がどのように変化するかを考え、また、組織の中で見られる現象とそこで働く人を含めた、組織全体の生産性との関係を明らかにすることである。特に、産業活動の**効率化**が求められる一方で、働く人間の満足度を損なわないような経営が求められている今日、組織経営のあり方も従来とは異なったものが求められている。組織とは、集団の一つだが、友人や家族などといった集団とは違って、成員全員で一つの目標を達成しようとしている集団である。この目標は、明確で具体的なものでなければならず、そのために、メンバーは協力し合うことが求められている。では、そのために、どのような工夫をすればよいのだろうか。

仕事の効率化と分業

　あなたが、ある製品を生産し、販売する会社に勤めているとしよう。もし、その会社で、全員がその製品を生産し、出来上がったら全員で販売に行き、売り上げを計算する、というような仕事の仕方を行なっていた場合、組織として、効率よくうまく機能しているといえるだろうか。組織の成員それぞれに個性があり、得意、不得意もある。特別な資格を持っているかもしれない。手先は器用でなくても、計算は得意かもしれないし、人前で話すことは苦手でも、こつこつと事務仕事をすることに向いている人かもしれない。このように、さまざまな仕事があるときは、仕事を分担して行なうほうが組織の目標を達成するときに効率がよい。その組織にとって必要な職務を分け、その責任者を決めることで「**水平方向の分業**」を行うことができる。また、それだけでなく、成員同士の意見をまとめて、より効率よく組織の目標を達成しようとする場合や、成員同士の横の関係に職務上、あるいは、人間関係上に

1　産業・組織心理学で扱うテーマは、①組織行動、②人事、③安全衛生、④消費者行動の主に4つに分類されている。

おいても円滑さを保つため重要になるのが、「**垂直方向の分業**」である。職位や職階を決め、その職位によって職務上の決定を下す権限を持たせることで、適切に成員間の調整を行い、より効率化することができると考えられている。

4. ホーソン研究による組織観の変化
①産業革命以降の組織観

18世紀末のイギリスの産業革命は、個人による手工業から工場での大量生産する体制を生み出し、工場を組織としてみる見方が定着していった。たとえば、M・ウェーバーの「官僚制」（支配と服従関係によって成立する、階層化された権限と責任を明確にした組織体制）の考え方やテイラーの「科学的管理法」[2] などであり、組織としての工場は、製品を効率よく生産するための機械、働く人は、機械の歯車や部品と見なす、こうした組織観の典型であるといえよう。

②ホーソン研究

上記の組織観が転換したのがこの研究である。アメリカのウェスタン・エレクトリック株式会社ホーソン工場では、1924年から3年間、物理的労働環境を整備することによって生産性を挙げるための准実験研究を行なったが、照明や休憩と作業効率の関係、賃金など、労働環境を良くすることと生産性は直接関係ないことが分かった。産業心理学者のメイヨー（1933）[3] や社会学者のF・J・レスリスバーガー（1939）は、従来の機械的人間労働観を覆すようなこの結果をえて、職場における人間的・心理的影響を再確認し、物理的な条件などよりも、職場の人間関係の変化やその変化に伴う心理的状態のあり方が生産性に大きな影響を及ぼしていることをさまざまな実験から明らかにした。とくに、会社の中では、役職などの上下関係といったフォーマルな集団やそれに伴うルールよりも、職場の中で自然発生したインフォーマルな集団とそのルールのほうが従業員に影響を与え、生産性も大きく変化することが分かった。よって、科学的管理法が有効とされていた時代の機械的

2 　熟練労働者の仕事量を基準に、一日の最適な仕事量、休憩時間、照明の明るさなどと生産性の関わりについて研究した。それは、組織が体系的な規則性に支配されており、生産性を高めるために最適な方法が存在するという前提によって考えられており、組織を機械、労働者は、機械の部品や歯車、給与が機械にさす油とみなしていた。このような組織観は、20世紀のはじめには主流であった。
3 　メイヨー，村本栄一訳，1967『産業文明における人間問題』日本能率協会．

人間労働観よりも、実際に有効なのは、人間の感情に基づいた組織観によって機能していることが分かり、その後の組織研究に大きな影響を与えた（第4章第1節参照のこと）。

2……働くことの動機づけ（モチベーション）

働く場で待遇や労働環境以上に人間関係が重要だということがわかったが、人がいかにして働くかという点で重要なことが動機づけである。心理学における動機づけとは、報酬や目標などの刺激によって動機が生じ、行動が引き起こされるプロセスを指す。動機づけは、どのような行動をとるかを決める、①行動を引き起こす力の方向性、②その強さ（熱心さ）、③その持続性（継続性）の要素からなる。私たちは、なぜ働くのかを考えるために、働くことの動機づけを考えていきたいと思う。

1. 動機づけの理論

動機づけについての研究において、2つのスタンスがあり、1つは、何によって働くことが動機づけられるのか考える「内容理論」ともう1つは、動機づけの過程に関心を向けた「過程理論」である。前者は、人の全体的な行動パターンを予測する上で役立つが、ある状況での具体的な行動の様子を予測するには、後者のほうが適している。

次に、それぞれの理論の特徴的な研究を見ていきたい。

①内容理論

内容理論の代表的なものに「欲求階層モデル」が挙げられる。特に、マズロー（1954）の理論[4]は、すべての人には、成長を続けたいという生来の欲求があり、自身の潜在的な能力を最大限に発揮したいという欲求を持っていると考えた。まず、生理的欲求、安全欲求、所属と愛の欲求、承認欲求といった低次の欲求が満たされて初めて、自己実現への欲求である人間的な高次の欲求が出現するとした。この低次の欲求を欠乏動機、高次の欲求を成長動機とし、必ず低次から高次へと欲求は向かうこととなっており、逆に向かうことはないとしている。自己実現に向かう欲求を人間の基本的な欲求の1つに挙げた点で、産業心理学に大きな影響を与えた。

他に、マクレランド（1961）の「達成動機説[5]」においても、高次の欲求

---

4 マズロー，小口忠彦監訳，1971『人間性の心理学』産業能率短期大学出版部．

が仮定され、その程度によって動機づけが異なるとされているが、それは、友好な人間関係を望む「親和動機」、上の地位に就こうとする「権力動機」、高い目標を立ててそれを遂行しようとする「達成動機」といった3つの動機によってである。また、あまりにも強く達成動機づけられた人は、自己実現に向かう道を回避することもあるということが特徴的である。

②過程理論
　同じ仕事をしているのに、私とAさんの給与に差がある。このような時に人はどのように思うのか。怒りや不満の感情を解消するために、説明を求めたり、抗議することもあるかもしれない。こうした感情の発生源は、人が公正な扱いを受けたいという欲求を持っているからだと説明されるが、このような欲求を持ち、行動に及ぶ過程を研究する理論を**公正理論**と呼ぶ。公正理論の中でも、アダムズ（1965）の**衡平理論**は、報酬分配における公平さに注目した理論で、報酬獲得のための努力について、周囲の人々と自己との比較の結果が等しいとき、公平な状況が実現されているとされ、異なるときに、不快感や不満が生まれ、自分の努力の量を変えていくといわれている。
　また、**期待理論**では、自分がどう行動すればよいかを考えるとき、目標を達成するために、その行動が最適かどうか、それを叶えるために必要なことは何か考える。その際に、その行動によって生じるコストがその結果に見合うものなのか考え、「合理的な計算」に基づく行動選択の過程を説明する。ブルーム（1964）の期待理論[6]では、人の行動選択に影響を与えるものとして、選択した行動が結果に結びつく可能性である「期待」と行動の結果に対して感じられる魅力としての「誘意性」に着目し、その行動をとるのは、期待と誘意性の積であるとした。

2. 動機づけの認知モデル
①内発的動機づけ
　内発的動機づけとは、行動自体が満足や快感の根源になっていることをいう。それに対して、仕事をすれば報酬が得られる、昇進するなどの外的報酬への欲求は**外発的動機づけ**という。マレー（1964）[7]は、内発的動機づけを

5　マクレランド, 林保監訳, 1971『達成動機』産業能率短期大学出版部.
6　ブルーム, 坂下昭宣訳, 1982『仕事とモティベーション』千倉書房.
7　マレー, 八木冕訳, 1966『動機と情緒』岩波書店.

適度な刺激を求める「感性動機」、新しい経験を求める「好奇動機」、活発な行動を求める「活動性動機」、さまざまな思考を求める「操作動機」、問題解決をする楽しみのための「認知動機」の5種類に分けて説明している。内発的動機づけによる行動は、行動そのものが目的となっているために、高い持続性と強いエネルギーによって行なわれる。とりわけ、子どもの学習態度が自らの好奇心による内発的動機づけによる場合と周りからの賞賛のための手段としての外発的動機づけによる場合は、前者のほうが、学習意欲が高いことを指摘した。

また、デシ（1975）[8] は、内発的動機づけによって課題に取り組んでいる人が、課題の達成に対して報酬を与えられるようになると、個人の内的な原因帰属を低下させるため、内発的動機づけが弱まり、自発的に取り組む意欲を失うと述べている。そして、デシは、内発的動機づけによる行動は、自分自身の有能さの確認であり、自己決定権を確認するための作業であるとも指摘している。

②目標設定モデル

人は、目標を達成するために努力するが、やりがいを感じる目標はどのように設定されるのであろうか。ロックとレイサム（1984）の**目標設定モデル**[9] では、その達成困難さとその明瞭さ（具体性）に注目し、達成された状態を想像することで、自己効力感を持ち、人の生産性を高めることができると考えた。簡単な目標よりも、目標達成のための努力が必要となり、それは、必然的に長きにわたる。また、明快な目標であれば、どのような戦略を立てればよいのかも明瞭であり、努力の方向性が定まり、効率よくその課題に取り組むことができる。また、そのためには、その目標が、外から与えられるのではなく、その設定に自らも参画することが不可欠であると考えられる。

3……職場内人間関係

組織と個人の関係は、組織が個人に果たすべき**役割**、すなわち、それに伴う地位や権限を与えることで成り立っているといえる。組織の中で得られる役割は、自己概念形成に影響を与えると同時に、組織という社会の中での社会的存在としての自己を自覚し、**社会的アイデンティティ**も形成する。また、

---

8 デシ，安藤延男・石田梅男訳，1980『内発的動機づけ』誠信書房．
9 ロック，レイサム，松井賚夫・角山剛訳，1984『目標が人を動かす』ダイヤモンド社．

組織は、家族などの**第一次集団**の後に存在する**第二次集団**としてライフステージの中で位置づけられ、社風や社則などの組織規範を身につけることが求められ、その規範を内面化することを**社会化**という。

①職場集団の特徴

集団とは、単なる人の集まりである集合とは異なり、そこにいるメンバーの間に何らかの相互依存関係ないし相互影響過程があるのが特徴である。職場は、まさに、同じ目標に向かって仕事を行うという場所である。職場の集団としての特性は、集団の**凝集性**と**規範**の存在であろう。凝集性とは、メンバーが集団に対して感じる魅力であり、それがあることによって凝集性が高まるという特徴がある。また、職場集団は、目標達成機能と集団維持機能を持ち[10]、縦と横の方向によってその凝集性を高めることができる。

②職場における規範の成立と社会化過程

また、職場には、明文化された社則など以外にも、メンバー間の暗黙のルールなどのようにさまざまな規範が存在している。規範は、通常、外部の者には分かりづらく、内部のメンバー間には、特に意識されずに当たり前のように存在し、機能している。規範の存在によって、メンバー間の行動、態度、考え方は似通ってくるが、これを行動の**斉一化**という。このような時には、このように振る舞うのが、この職場ではふさわしい、ということが学習されるからである。そこから外れると、規範に従うように説得される場合や非難を受けることもある。

やがて、集団に所属することによって生じる集団への愛着が生まれるが、これを**コミットメント**という。帰属意識ということもある。職場集団のメンバーになることによって、規範を内面化して社会化する過程でそのメンバーらしさを身につけることができる。

③協働作業とチームワーク

職場において、集団による協働作業が行われる際、必ずしも、それが、効率がよいとは限らない。課題そのものへの取り組み以外にメンバー間での相互作用にも気を遣い、かえって能率を落としてしまうことがある。これを**プロセス・ロス**という。それだけでなく、集団での仕事は仕事の成果において

---

10 カートライト, ザンダー, 三隅二不二・佐々木薫訳編, 1970『グループ・ダイナミクス第2版Ⅱ』誠信書房.

一人ひとりの貢献度がわかりづらくなるため責任が分散したり、「ひとりくらい手を抜いてもわからないだろう」と考えるメンバーによって個人だけの仕事より効率が悪くなることもある。これを「社会的手抜き」という。そこで、重要視されるのが、**チームワーク**である。チームワークとは、チーム全体の目標達成のために必要な協働作業のためにメンバー間で行われる相互作用を指す。チームワークを十分に発揮するには、チームの志向性、すなわち、良好な対人関係をもち、仕事に積極的に取り組むという姿勢とリーダーシップが基盤となって作用することが必要である。

④職場の情報伝達

職場での人間関係を良好にするためには、通常、それぞれが分業を行いながらも、絶えず、お互いに情報を伝達しあい、共有し、意思決定過程に生かす必要がある。上司と部下、同僚同士、などさまざまな人間関係があるが、情報伝達過程で、歪みが起こりやすいのが、部下から上司への伝達だといわれている。というのも、それぞれが、同じ情報を共有していたとしても、その情報をどのように理解し、扱うかという前提の部分が異なるからである。さらに、人事評価などの悪化をおそれて、部下は、上司への報告を自分の都合のよいものに歪曲することも考えられる。そこで、こうしたことを予防するためには、両者の前提が異なっていないかを確認し、明確な役割分担をし、信頼関係を確認することが重要となってくる[11]。

⑤意思決定過程としての会議[12]

職場での会議は、情報の共有、民主的でより良い決定のために欠かせないことと考えられている。情報の共有という点では、メンバー間で共有されていない情報は、会議に反映されにくく、すでに、メンバーの中で共有されている知識が主に討議に影響を及ぼしていることが分かった。また、民意の反映という点では、メンバーの意見を平均的に集約したものであるというよりも、多数派の意見により強く傾く傾向があるといえる。たとえば、**集団分極化**（集団極性化ともいう）という現象では、討議前にすでにメンバーが持っている多数派の見解が、会議を経てより極端な方向になっていく傾向を示している。その理由として考えられるのは、個人が集団内で情緒的影響を受け、

---

[11] 古川久敬，2004『チームマネジメント』日本経済社．
[12] 亀田達也，1997『会議の知を求めて―グループの意思決定』共立出版．

多数派と同じ意見を持つように方向づけられ（規範的影響）、自分は、規範に合致しているという自己顕示を行うからである。また、**集団浅慮**といって、集団による決定がむしろ、検討した意義のない、悪い結果をもたらすこともある。とりわけ、集団のまとまりが良く、外部から隔絶され、強いリーダーによってまとめられた集団に見られる現象である。

⑥職場での対人葛藤

職場での人間関係は常に良好なものであるとはいえない。そのような時、私たちは対人葛藤を経験しているといえる。対人葛藤が生じると、職場の雰囲気が悪化し、やる気が低下し、職務そのものにも影響する。一方で、相手を深く理解するためのきっかけになることもあり、一概になくてよいものだということはできない。

とはいえ、うまく対人葛藤が処理されない場合、やはり、当人の健康状態の悪化にもつながるので、さまざまな方略が考えられている。それは、お互いが積極的に話し合う統合方略、一方、自発的に解決しようとせず、相手に任せてそのままにしておく消極的方略、また、第三者介入方略によって、二者間で解決できない場合に第三者が入ることで解決のための手助けを求めるものである。さらに、支配方略は、相手に強く自己主張することで自らの葛藤を解決するというものである。

4……リーダーシップとは

1. リーダーシップとその影響

リーダーシップとは、その集団の目標達成のためになされる集団の諸活動に影響を与えるプロセスと定義される。組織内で特定の役職に付き、影響力を行使するリーダーだけでなく、集団成員であるメンバーがフォロワーとしてリーダーの考えを受容し、反応する両者の関係によって成立するのがリーダーシップである。

また、リーダーはメンバーに対して働きかけ、成員はそれに従うことが要求されるが、その影響力の基盤を社会的勢力という。この考え方は、影響力の大きさは、受け手であるメンバーによって変化すると考えることが特徴的で、その内容によって、組織において任命されたリーダーをそのまま認めているという「正当勢力」、リーダーがメンバーに報酬を与えることでリーダーと認知される「報酬勢力」、リーダーがメンバーに懲罰を与えることで成

り立つ「強制勢力」、メンバーがリーダーを尊敬したり、好意を持ち、自らと同一視しようとする「準拠勢力」、リーダーの専門性をメンバーが評価している「専門勢力」に分けられる。

2. さまざまなリーダーシップ研究[13]

これまで行なわれたリーダーシップ研究の歴史的な変遷は、以下の5つの時期に分けられる。

（1）1900年から1940年代後半に行なわれた、リーダーとして優れた資質は何であるかについて研究した「特性アプローチ」、続いて、（2）1940年代後半から1960年代後半には、優れたリーダーの実際の行動はどのようなものか研究した「行動アプローチ」、また、これ以降、主流になるのは、（3）1960年代後半からは、状況によって求められるリーダーの特性は変わるという視点に基づいた「コンティンジェンシー・アプローチ」、そして、（4）1980年代に入ると認知心理学的な視点が導入され、リーダーやメンバーの認知プロセスや情報処理能力などを加味した「認知論的アプローチ」、さらに、（5）「変革アプローチ」と呼ばれる組織変革を目指すリーダー像が模索されるのは、1980年代以降である。

5……組織ストレスと過労
1. ストレスとは

ストレスとは、何らかの外的な力によって、心身に不調が生じた状態を言う。また、そのような外圧が加わったときに生じる防御的な特異反応についても言う。さまざまな病気は、ストレスに起因するものも少なくないが、一方で、私たちの日常は、常に、外的な刺激であるストレスにさらされているといっても過言ではない。毎日の生活の中で、緊張感やフラストレーションを経験したことがない人はいないだろう。といって、全くストレスがない生活も弛緩状態に陥り、かえって害をもたらす場合もあるという。それゆえ、ストレスが問題となるのは、それが慢性的であったり、過剰である場合で、それに耐えられなくなる場合である。

---

[13] 三隅二不二，1984『リーダーシップ行動の科学』有斐閣．白樫三四郎，1985『リーダーシップの心理学』有斐閣．

①ストレスの仕組み

　ストレスの状態というのは、一般的に、ストレスの原因である**ストレッサー**（天候、騒音、振動などの物理的条件や個人的な役割や立場によるもの、社会・政治・経済情勢などの社会的要因、職場集団の人間関係や人事管理の方法、組織の運営方法に由来する要因など）が個人差はあるが、危機であると心身が感じると**ストレン**と呼ばれる病理となる。たとえば、具体的な病気として、胃腸の病気や、円形脱毛症、帯状疱疹などとして表出される。また、疲労感として心身の異常として出現することもある。燃え尽き症候群（バーンアウト）と呼ばれるものも心身症状に関するストレンである。他には、仕事がいやになったり、人付き合いを嫌うなど、心理的に適応できなくなる、あるいは、過剰適応をストレンと考える場合もある。そして、登校拒否や欠勤などの行動異常もストレンの目安となる。

　とはいえ、同じ状況に遭っても、すべての人が同じように反応するわけではない。同じようなストレッサーを経験しても、ストレンに至らないのは、単に年齢や体力、感性など個人差である場合もあるし、社会的支持の存在やコーピング（その影響をなくしたり軽減したりする対処行動）が上手かどうかにもよる。このようなストレッサーとストレンの仲介要因としてストレンを緩和させたり、悪化させたりする存在を**モデレータ**と言う。それは個人差であったり、コーピングや後述のソーシャル・サポートの有無によると考えられる。

②ストレスの発見——セリエのストレス学説

　1936年、生理学者のセリエ[14]は、雑誌『ネイチャー』に「各種有害作因によって惹き起こされた症候群」という論文を発表し、有機体の外的な圧力に対する生理的反応は、一定の防御の型を取るが、それは、適応のための変化であるとし、「一般適応症候群」と名づけた。セリエは、新種の性ホルモンを見つけるための実験で使用するラットに各種抽出物を注入した際、どのラットも副腎皮質が肥大し、胸腺、脾臓、リンパ節などに萎縮が見られ、胃やそれに続く十二指腸の内部に出血や潰瘍が認められるなどの変化があったことを、防御のためにその状況に適応し、身体が変化を起しているととらえ、このとき、外的な圧力のことを物理学用語として使われていたストレスを援用して説明した。

14　セリエ，杉靖三郎・田多井吉之介・藤井尚治・竹宮隆訳，1988『現代社会とストレス』法政大学出版局．

2. 心理的ストレス——ラザルスのシステム理論

セリエの生理的ストレスに対して、ラザルス[15]は、現在、一般的となっている「心理的ストレス」について提唱し、1966年に「心理的ストレスと対処過程」を発表した。ラザルスのシステム理論とは、外圧を感じ、それに反応するまでの間に、人は、外圧の存在を感じ（一次評価過程）、外圧の脅威の度合いを推測する（二次評価過程）の2段階のプロセスを踏んでいると説明した。彼は、ストレスが個人と外の世界とのバランスの問題であり、その評価は、個人の主観次第であると述べている。

3. さまざまなストレス
①役割ストレス

ストレスにはさまざまな分類がある。たとえば、組織の中で、それぞれの成員は、果たすべき役割を持ち、その遂行が期待されているが、その役割期待がストレッサーととらえられることもある。カーン（1964）らは、これを**役割ストレス**と呼び、それらには、役割葛藤（同時に複数の異なった役割をこなすように求められる場合など）役割の曖昧さ（果たすべき役割や仕事内容、手順・手続きが不明確な場合など）、役割過重（本人の能力に比べて役割が重い場合などだが、役割葛藤の一部とすることもある）があると考えた。

②ライフ・イベント

日常生活の中の慢性的なストレッサーだけでなく、環境の変化は、それ自体がストレッサーになる。つまり、身の回りで環境の変化をどの程度、経験したか、ライフイベントが急性的ストレッサーとして、どのような影響を与えるか考えたのがこのストレス理論である。ホルムズとラーエ（1967）は、人生の出来事を「社会再適応化尺度」として尺度化し、それぞれの尺度に評価点をつけてこの1年以内に変化を多く経験した者ほどストレスにさらされていて、健康状態に悪影響を及ぼすとした。たとえば、配偶者の死は、最も高いストレス評価の100点で、次いで離婚が73点、刑務所などへの拘留と近親者の死が共に63点、その後、失業や退職（引退）と続いている。一方、肯定的な変化と見られうる結婚が50点、休暇13点、クリスマス12点となっており、変化そのものがストレッサーとなると見ていることが特徴である。

---

15 ラザルス，フォルクマン，本明寛・春木豊・織田正美監訳，1991『ストレスの心理学—認知的評価と対処の研究』実務教育出版．

③バーンアウト[16]（燃え尽き症候群）
　バーンアウトは、過度で持続的なストレスに対処できずにいるとき、緊張が緩むと急速に意欲がなくなり、極度の身体疲労と感情が枯渇してしまう症状が出現することをいう。心身症状以外に、逃避的になったり、思いやりを欠くようになるなど、行動異常が伴うことがあり、身の回りの人間関係にも影響を及ぼす。バーンアウトがストレスになるのは、教育、医療、福祉の現場など、ヒューマンサービスにたずさわる人が多いことが特徴的である。これらのサービス業は、対する相手が、社会的弱者である場合が多く、仕事上の能力以外に人間性や献身が求められていることもこれらの傾向を促進する結果となっているであろう。人間性や献身は共通の尺度で測れず、また、そのような試みさえ、タブーとされているため、仕事上の能力として評価されづらく、理想に燃えている人ほどいっそう、職務が厳しいものと感じられるのである。

④過労死の現状
　過労死は、職場におけるストレスの最も重篤なものと位置づけられる。高度成長期の80年代初めに名づけられたもので、過労死弁護団全国連絡会議（1989）は、「過労により、人間の生命リズムが崩壊し、生命維持機能が破綻をきたした致命的極限状態」と定義している。脳・心臓疾患による過労死と精神疾患による自殺（過労自殺）がそれに該当するが、仕事による過労と疲労が死に至るものであるという認識が高まり、2002年には、過労死の基準が緩和され、**労災認定**される数は倍増した。申請件数は、認定件数の3倍から4倍で、過労がもとで死に至っているのは、推定で1万人以上に上ると考えられている。

4. ストレスのコーピング（対処行動）の必要性
①対処の資源と方法
　日々の生活において、無数のストレッサーが存在するが、それを受け止めない、あるいは、軽減して対処するには、どのようにすればよいであろうか。そのためには、まず、対処の資源として、自分の気力、経験、意欲とともに、周囲の助けなど、ストレスを軽減するために活用できる人やものを用意することが必要だ。また、対処の方法として、ラザルスは、「対処方法調査票」

16　田尾雅夫・久保真人，1996『バーンアウトの理論と実際』誠信書房．

から以下の8つの対処方法を挙げている。(1) 問題を真正面からとらえようとする直面化、(2) 計画的に問題解決しようとする方法、(3) 一方で否認し、問題そのものを認めないという方法もあり、(4) その他自己コントロールを試みたり、(5) 責任の受容、(6) 問題の存在は認めるがそれに対処しない逃避－回避、(7) 前向きで肯定的な再評価、(8) ソーシャル・サポートを求めることである。

②ソーシャル・サポート

　ソーシャル・サポート[17]とは対人的な関係が人の健康に影響を与えることから、ストレッサーにさらされた人が、そこから脱却するために対人関係を利用して必要な援助を得ることである。ハウス（1981）は、4つのソーシャル・サポート機能について述べている。まず、情緒的サポートは、愚痴を聞いてもらい、慰めを言ってもらうこと。評価的サポートは、その行動が社会的にどのようなものなのか評価基準を提供する機能で、道具的サポートは、その人ができないことを代わりにしてもらったり、金品の貸与などがそれに当たる。情報的サポートは、相手が直接援助するのではないが、どのようにしたら必要な援助が受けられるか情報を提供してもらうことである。

　上記のように、組織の中で働き生きていくことが、人生において多くの時間を占めるが、その中で評価されることで、組織の中での自分の位置づけを確かめることにもなり、また一方で、仕事や役割の重圧によって、ストレッサーにさらされながらも、私たちは、日々、自分の生き方を見つめ、考えることで、新しい自分と出会うことができるだろう。

（佐藤典子）

17　浦光博, 1992『支えあう人と人─ソーシャル・サポートの社会心理学』サイエンス社.

Column
企業業績の維持・向上に寄与する人的資源管理

●ヒト・モノ・カネ・情報といった経営資源のうち、ヒトのマネジメントを取り扱うのが、人的資源管理である。その目的は経営資源としてのヒトを有効活用し、企業業績の維持・向上に寄与することだと言える。ここでは、日本企業の人的資源管理面での特徴を見た上で、企業業績に寄与する人的資源管理のために必要なことを考える。

●従来の日本企業の人的資源管理面での特徴として、長期雇用と年功型賃金が指摘されてきた。長期雇用は定年時までの雇用を実質的に保証するものであり、年功型賃金は、賃金の決定基準である職務遂行能力が経験によって高められると考えられたことから、結果として賃金が年齢に応じて高くなったものである。これらによって、従業員同士が雇用や賃金に関して競争状態に陥ることなく、職場での連帯が高まり、情報共有や技能伝承などが円滑に進んだ。

●それが1990年代に入り平成不況になると、日本企業は長期雇用を維持することが難しくなり、また年功型賃金は人件費の膨張や若手従業員の士気の低下をもたらすものと批判されるようになった。そして多くの企業で、職務遂行能力による賃金から、個人業績を反映した賃金へと制度変更が行われた。個人業績反映型の賃金は、"がんばった人に高い賃金を払う"というコンセプト自体は多くの従業員が納得するものであり、経営側にとっても働きに見合った人件費にできるという点で都合がよかった。しかしながら実際の賃金決定にあたっては、評価に関して個々の従業員の納得が得られず、職場での不満が高くなることがあった。また、従業員同士が競争相手となることから、情報共有や技能伝承という点で悪影響が出ることもあった。

●このように、雇用や賃金には従業員同士の利害が対立する側面があり、その基準や運用によっては職場での連帯を壊し、仕事への意欲を低下させることになりうる。大多数の従業員が納得するような基準と運用を模索し、教育訓練など他の制度の影響も考慮した上で、全体として整合的に機能するような仕組みを作らなければならない。

●あるべき人的資源管理の仕組みとは普遍的なものではなく、企業によって異なり、また状況によって変化するものと、私は考える。企業業績の維持・向上に寄与するような人的資源管理のためには、経営戦略や環境、従業員のレベルやタイプなどを勘案し、相反する要素を制度面で調整し続けることが重要であろう。　　　　(熊迫真一)

Column

職場の学習の場としてのホット・グループ

●激動の21世紀に入ってホット・グループがイノベーションの牽引車として注目を浴びている。ホット・グループとは、文字通り、問題解決のために立ち上がった熱意ある人々の集団のことを指すが、とくに目新しい概念ではない。人類の長い歴史を見ると、節目ごとに熱い思いの人々が、新しい時代を自分たちの手で切り開こうと果敢に立ち上がり、文明の進歩を導いたことを幾度となく目撃してきた。日本でも、戦後の廃墟から高度成長を成し遂げた背景には、数々のプロジェクトＸの感動のドラマを作り出したホット・グループの存在があったといえよう。ただし、ホット・グループは特殊な環境の下でしか育たないので、未だに稀にしか見られないのが実状である。実際、日本の上場製造企業を対象にホット・グループの有無を数年間調べた結果、ホット・グループが形成されると答えた企業は全体の10％の割合にとどまっているのである。

●このようなホット・グループが今日の知識社会において益々求められているのは、それがイノベーションの牽引車としてだけでなく、職場で働いている人々の学習の場としても機能するからである。

●人間は職場にいて金銭という経済的な欲求が満たされると、次は自分のさらなる成長を目指し自己啓発などに努めることになる。それに欠かせないのが学習である。職場における学習は、単に職務記述書や業務のマニュアルなどに精通するだけでは終わらない。次の成長を担保するためには、上記のような形式知の習得に加えて、仕事の遂行を通じて身につく独自のノウハウやスキル、洞察など、いわゆる暗黙知をも絶えず習得していかなければならない。したがって、個々人の暗黙知をどう増幅し、それを組織レベルでどう活かしていくかが、今日を生きる個人と企業に同時に課せられた大きな課題であるといえよう。

●言葉や数字では表現しきれない暗黙知を共有するためには、職場にいる人同士の相互作用、いわばコミュニケーションが不可欠である。そこで、相互作用、つまり学習の絶好の場となるのが、ホット・グループに他ならない。問題解決のために熱い思いで立ち上がった人々が互いの英知と創造的なアイデアを分かち合うことで、個人の成長とともに、企業のイノベーションへの道を切り開くことになるのである。**(周炫宗)**

第10章 「異文化」を知ることで育む人間力
―― 文化心理学の試み

●第1節● 文化心理学ってなんだろう？

1………「異文化」で生きることの難しさ――カルチャーショック体験

　講義の合間の待ち時間に君の親しい友達が「今度の休みに海外旅行に行ってみない？」と誘ってきたとしよう。日本に生まれて中学・高校へと進学し、日本の大学に入学してきた君は、まだ海外へ行ったことがない。ここらでちょっと外国を見てくるのも面白そうだ。そう。学生のうちは十分な時間がある。就職してしまったら有給休暇なんてほんのわずからしい。そんなことを先輩から聞かされている君は、友達の持ってきたパンフレットがだんだん魅力的に見えてくるのではないだろうか。それに、もしかしたら、君たちの中には、名所めぐりだけの短期パック旅行では飽き足らずに、夏休みを使って、ホームステイと語学研修がパッケージになったプログラムに参加しようとしている人や、ワーキングホリデイの制度を使ってもっと長期的に海外で働いてみようと思っている人が出てくるかもしれない。そんな勇気のある君たちはきっと「もっと自分の知らない世界を体験してみよう」「外国の人たちと素敵な出会いがあるかもしれない」なんて好奇心を膨らませているのだろう。

　しかし、こうした状況に置かれた君たちは、いままでの日常生活では経験したことのない、いくつかの大きな問題に突き当たっている。まず、第一に君たちの訪れる国の人たちは、日本語を使って会話しているわけではない。パック旅行ならば、現地に日本語のできる添乗員さんがいるから、安心かもしれないが、もし勇気を出して一人で行動しようと思ったら、語学力に磨きをかけておくことは絶対に必要だ。それに、問題は、語学力だけで解決するかというと、そう簡単なことでもない。もっと重要なのは、現地の生活習慣は、日本のそれとは違うものだということだ。つまり、人と人とがコミュニ

ケーションをとる上で君が「当たり前」に思ってやっている行動は、その文化では「非常識」になってしまうかもしれないのだ。こうした経験をすると君たちはきっと戸惑ってしまうだろう。こうした「文化」の違いによる方向喪失感を、心理学者は**カルチャーショック**と呼んでいる。

異文化で生活してみると、こうしたコミュニケーションルールの背後にある常識のズレをたくさん経験することになる。そして、ルールの違いを克服するのは結構やっかいだということにも気づくようになるはずだ。というのも、「常識」というのは、コミュニケーションが問題なく進行している間は、なかなか意識に上ってこないもので、**暗黙のルール**」として日常生活のルーティン（繰り返しの行為）のなかに埋め込まれてしまっていることのほうが多いのだ。だから、なんだかとんでもない型破りなヤツが現れて「なんてあいつは非常識なんだ！」と思ったときになって初めてコミュニケーションの背後にあるルールが見えてきたりする。それにこうしたカルチャーショック体験から、なんとなくその文化のルールが判ったところで、今度はそこで「うまく生きる」ための「**スキル**」を身につけない限り、今まで自分にとってあたりまえに思っていた人とのコミュニケーションのやりかたは、そう簡単には変えられるものでもない[1]。

発達心理学者の箕浦康子（1984、1997）は、海外帰国子女の理恵さんの文化適応経験の例を挙げて、こうした問題の克服がいかに大変なものかを議論している。理恵はアメリカの小学校から日本に帰国してきた少女だ。しかし、アメリカの生活習慣から身についた、はっきりしたものの言い方が、日本人からみると「ずぶとい」とか「自信過剰」として映ってしまい、理恵自身が、「そうした自然な自分を出すことが、日本では、受け入れられない」というショックから、文化不適応の問題を経験する。かくして小学校、中学校を通して、自分がアメリカで「ふつう」と思われることを「正しい」と考え、それを守りたいという気持ちと、日本で「ふつう」と思われるために、他の人にうまくあわせて、「相手のやってほしいことだけやろう」という気持ちと

---

[1] たとえば、日本的に考えたら、お客さんからお土産を貰ってすぐに開けるなんてちょっと失礼だ（となぜか君は思っている）。お客さんのたっての願いがないかぎり、その場ではありがたく頂戴して、お客さんが帰って初めて開けるものだ。しかし、アメリカの「常識」では、もらったプレゼントはすぐ開けるのが普通なのだ。しかも、すぐ開けるだけでなく、包装紙なんてくしゃくしゃにして中身を早く知りたいと表現するほうがなおよい。そして貰ったプレゼントがどんなに素敵で、よいものであるかを喜び一杯に表現することが期待されている。お客さんの方でも、「つまらないものですが」なんて謙遜はしない。そんなこといったら「じゃあ、なんでそんなものをくれるんだ？」と思われてしまうかもしれない。むしろ、どうしてそのプレゼントがいいと思ったのかなんて饒舌に話すことが期待されていたりする。じゃあ何でそんなことをするのかといえば、多くの場合「そうするのが普通だから」という答えしか返ってこない。そして、実際、このような違いが、わかったところですぐに自分を変えられるかというと、なかなか簡単ではない。

の間で葛藤を抱えるに至る。こうした葛藤に悩まされ続けた理恵は「高校時代になってようやく、みんなに逆らわないで、流れていく方が本当にカンファタブルになったというのですか……」という言葉を口にする。この例は、一度身についたコミュニケーションスタイルを別のスタイルに変えようとする場合、新たに獲得したスタイルが自然に思えるまでには多大な時間がかかるという現実を如実にあらわしている。

2………**新しい心理学の分野**——文化心理学

　ここまで読んで、なるほどそういうこともあるかもしれないと思ったのなら、是非、次のことを聴いて欲しい。心理学の中には、様々な文化に生きる人たちの「暗黙のルール」を分析しながら、対象となる「文化のしくみ」とその文化に生きる人々の「こころのはたらき」の関係を科学的に解明しようとしている**「文化心理学」**という分野があるのだ。

　私たちは社会的な生物である。ある文化に生れ落ちたら、すでにそこには歴史的に作られた「暗黙のルール」があり、そこで滞りのない生活をおくるためには、そうしたルールにフィットした形の「こころのはたらき」を身につけていかなくてはいけない。これはたとえていうならば、一台のスポーツカーを路面状況やコースの性質、そしてレースのタイプに合わせてチューンナップしていくようなものだ。F1レースでは雨の日にはスリップしないタイヤが必要だし、耐久レースでは専用のエンジンの搭載が必要だ。しかし「こころのはたらき」の場合はこうした車の部品とはちょっと違うところもある。それは「こころのはたらき」を作るのは、他の誰でもなく、自分自身なのだということだ。君たちは、赤ん坊として自分の生れ落ちた文化で使われている言語、慣習、あるいは道具といった資源（リソース）をうまくつかいながら時間をかけてその文化で生きるための「こころのはたらき」を身に着けていく。そして、ひとたびチューニングができた「こころのはたらき」はコミュニケーションのルールが違うからといって**簡単に変更がきくものでもない**。

　こうした「文化のしくみ」と「こころのはたらき」の切っても切れない関係を、文化心理学者、北山忍（1998）は「適応のプロセス」として捉え、次のように述べている。

　こころと文化の対応関係が適応の条件であるとすると、いかなる文化的コ

ンテクストに住む人であれ、その文化において頻繁に繰り返して起こる様々な状況のなかで、自然、柔軟、かつ順応的に振舞うことを可能にする一連の認知的、感情的、そして動機的プロセスを次第に見につけていくと考えられる。この意味において、心理的プロセスとは、個の成熟を通じて個の中に自然に発達していくものではない。むしろ、各人の心理的システムは、そこにある文化的システムの一部としてあり、それから切り離すことができないと考えられる。各人の心理的システムは、それが関与する文化的システムと一種の調和と均衡を保っている必要がある。そして、このような調和や均衡なしには、人は不自然で場違いだと感じるわけである。
（北山『自己と感情』p.141）

　ここでわかることは、私たちの「こころ」は受動的に「文化のしくみ」を取り込んでいるだけではないということだ。むしろ自分たちが「文化のしくみ」の担い手となって、主体的にその文化に生きることで社会的現実を生産・再生産しているのだ。このことは何も君たちの世代だけの問題ではない。君たちが将来、家庭をもち、子どもを育てるとしたら、そうした次世代の担い手は、今度は君達の提供する社会的現実に「こころのはたらき」をチューンナップしていくことになるだろう。こうした「こころの社会性」は、従来の心理学のように人の「こころのはたらき」だけに着目し、それを取り巻く文化的な要因は、外部にあるものと割り切ってしまうスタンスをとっているのでは、なかなか捉えられないところだ。
　北山は、さらに、こうした生産・再生産のプロセスはひとたび出来上がってしまうとその文化で比較的安定した状態を形成するとして、このことを経済学でいうところの「均衡」という言葉で表現する。そして、こうした均衡状態は**決して１つではない**と予想している。つまり、それぞれの文化にはそれぞれの社会的現実があり、その社会的現実にチューンナップされた「こころのはたらき」がある。こう考えていけば、先ほど挙げた帰国子女の話は、まさにアメリカと日本という２つの「均衡状態」という現実の狭間で生きる人の葛藤をあらわした例として捉えることができるだろう。

3……文化心理学の学問的背景
　こうした研究領域への関心は、北米を中心とした心理学的社会心理学の流れから生まれてきた。しかし、その研究領域が関係する範囲は広く、もはや、

心理学的社会心理学の枠組みを超えて、人類学や言語学、そして神経科学とも結びついた学際的な分野であるといえる。文化心理学は、生まれたばかりの若い学問分野だが、後の節で話すように、新しい「人間学」を提唱するポテンシャルを秘めた領域である。心理学は、1950年代ごろから自然科学としての研究手法を確立するために、人の「こころ」をブラックボックスに入れてしまい、刺激と行動だけを見ていこうという「行動主義」的な立場を取る研究が主流を占めた。しかし、「こころ」の研究の復権をめざす認知革命によって、コンピュータをモデルとした、人間の「こころ」を情報処理プロセスとして捉え、思考・推論・記憶などを研究する「認知主義」が「行動主義」にとってかわった。ところが後になって、人間の社会性を解明するためには、コンピュータモデルでも不十分なことも分ってきたのだ。では、それに変わる新たな視点は何か？　その答えが現在心理学に求められているのである。

このような学問的な流れの中で、「認知革命」の一番の担い手として活躍してきた発達心理学者、ジェローム・ブルーナー（1990）が、「アクツ・オブ・ミーニング」という文化心理学の礎（いしづえ）ともなる本を出版した。ブルーナーは、この本の中で、そもそも行動主義に不満をもったのは、人間の営みが、単に外的な刺激に対する反応としての何の意味的な付加もない「行動」として捉えられてしまう点であったという。そして、それは一見科学的に見えるが、人間の本質を捉えていないと論じる。つまり、人間は、自分を取り囲む社会的現実から、そこにある「意味」を読み取りながら、主体的に「行為」している存在であることから目をそむけてしまったからだ。ブルーナーによれば、認知主義もまた同じような罠に嵌っているという。そして、新たな心理学のパラダイム、すなわち人間の「意味を介した」営みを対象とした研究が、今、必要なのだと主張しているのである[2]。

さて、ここまでで、「文化心理学」の指向するところをだいたい理解していただけたと思う。それでは、具体的にはどのような研究があるのだろう？本章では、こうした文化心理学の試みの例として3つのテーマを紹介したい。

---

2 「行動」と「行為」って何が違うの？　ともしも君たちが思っているならば、文化人類学者のクリフォード・ギアツの例は分りやすいかもしれない。ギアツは、『文化の解釈学』（1973）という本で、「まばたき」と「めくばせ」の例についての話をしている。行動主義から見れば、これは単なる「まばたき」も「めくばせ」も同じ生理的反応として捉えられ、そこに「意図」なんて曖昧模糊としたものを考えること自体、理論的前提から受け入れ難いことなのだ。しかし、「めくばせ」は「まばたき」とは違い、明らかに当人の「意図」が含まれている。トランプをするときのいかさまの合図であったり、好意を持っているという合図であったりする。つまり、こうした「意味」を伝達するという「行為」であって、これは単なる「行動」とは異なるのである。

一つ目は、日常のコミュニケーションの中に隠された「暗黙のルール」をものの見方の「準拠枠」と呼べば、文化の根幹をなす「準拠枠」には、どのようなものがあるのかを見出していく作業。二つ目は、こうした「準拠枠」は、私たちの「文化のしくみ」と「こころのはたらき」の相互構成作用によって築かれるものだという話。三つ目は、ひとたびチューニングされた「こころのはたらき」は、私たちの行為の「文化的くせ」として、実験室内での生理学・神経科学的な分析をしても見出されるという話だ。そして最後の節では、このような研究の学問的な意義と実践的な意義とを話していこうと思う。

●第2節● 文化的自己観

1………コミュニケーションの背後にある「ルール」

　さっきは、帰国子女の例を紹介したが、もし君がアメリカに行ったら今度は自分の慣れ親しんだ「日本的コミュニケーション」を自然と思っているせいで葛藤を抱えてしまうかもしれないことを想定してみよう。果敢にもアメリカに出かけていった君についての思考実験だ。さて、しっかり英語を磨き、アメリカに何週間もホームステイをしている君には、現地で知り合った友達から、そろそろパーティのお誘いがあるかもしれない。君にとっては初めての海外でのパーティだ。でも、アメリカの「パーティ」ってどんなんだろう？　パーティだと聞いて、日本の居酒屋での飲み会とか、合コンみたいな感じかなと想像するかもしれない。そんな君のイメージは、きっと参加した人たちが車座になって座り、わいわいと共通の話題を話すような場面ではないだろうか。

　しかし、実際にパーティに行ってみて、君はきっと戸惑うと思う。そこでは、自分の見知らぬ人たちが、自由気ままに立ち話をしながら動き回り会話を楽しんでいる。そして、君の友人もまた、勝手気ままに自分の興味のある人と話をしているうちに、どこかへ行ってしまう。そうしたら、もう友人には頼れない。君にとって、はじめて会った人たちとどれだけ会話が盛り上がるかは、自分のもつ会話術の力量次第だ。もしも、会話がつながらなければ、きっとその人物は、別のところへ行ってしまうだろう。そうならないために

は、今度は、君が自分で話相手を探さなければならなくなり、それができなければパーティ会場で一人取り残されてしまうかもしれない。そんな経験をしたら君は友人に対して「もうすこし自分のことを気遣って、パーティの間、ちょっとは自分と行動を共にしてくれてもいいのに！」と思うのではないだろうか。

　こんなことを何度も経験すると、しまいに「この国の人はなんて冷たいんだ」「もう現地にいる日本人とだけつきあおう」「やっぱりなんだかんだいっても日本が一番」なんて守りに入ってしまうかもしれない。でも、こんな風に考えてしまうのは、まだまだこれからいろんなことを学べるチャンスのある君たちにとって、かなり「もったいない」ことだ。そこで、ちょっと冷静になって、こうした経験を、君のアメリカの友人の立場から考えてみて欲しい。きっとこの章をここまで読んできている君なら、こうした知らない文化の人たちが、前提としている「ルール」とはなんだろう？と考え始めるはずだ。

2………相互独立的自己観と相互協調的自己観

　実際、文化心理学者も同じように考えている。例えば、ヘーゼル・マーカスと北山忍（1991）は、自己についての様々な心理プロセスが文化によって異なるというデータを鑑みて、「人とはなにか」という定義にそもそも違いがあるのではないかという指摘をしているのだ。こうした研究者によると、世界には大きく分けて２つのパターンの「自己観」が見出せるという。その一つのモデルは「**相互独立的自己観**」と名づけられたものである。これは、欧米の文化に生きる多くの人々が共有している「人とはなにか」という定義であり、ここで、人とは、他の人や周りの物事とは区別されて独立に存在し、主体に備わった性格特性、能力、動機などの内的要因によって規定されるものである。もう一つのモデルは「**相互協調的自己観**」と名づけられたものである。これは、欧米以外の多くの国々、たとえばインドや東アジアの多くの人々が共有している定義であり、ここで人とは、自分の身分や役割、あるいは特定の状況での身のふりかたといったような、他の人や周りの物事との関係性のなかに規定されている、という。

　文化心理学者は、こうした「自己観」にまつわる定義の違いを想定することで、いままで曖昧模糊としてとらえどころのなかったコミュニケーションの文化差を、結構うまく説明できると考えている。その一つの例として、金川ら（1999）の行なった自己記述の文化心理学研究を紹介しよう。この実験

に参加したのは、アメリカ人と日本人の学生たちである。彼らは、実験者から、「私は＿＿＿＿です」という文章を20文作って欲しいと頼まれた。もしも君ならば、どんな文章を作るだろうか？　もしかすると、就職試験の自己紹介をイメージして「私は○○大学文学部心理学科4年の△△です」なんて答えを思いつくかもしれない。実際、金川の結果を見ると、アメリカ人の結果に比べて、日本人にはこうした自分の所属する集団について言及した記述が多い。それに加えて、「私は今、ねむい」「私は、お腹が空いた」なんて、私の「いま、ここ」での状態を言及する割合も高いのである。一方アメリカ人のデータを見ていると面白い違いに気がつく。総じてアメリカ人の間で多いのは、「私は、頭がいい」「私は、楽しいことが好きだ」「私は環境保護主義者だ」などというように、自分の性格特性・好み・態度など、主体的な自己にまつわる安定して一貫した内的な要因を表す記述なのだ。この例から、前提とする自己観によって、自分とはなにかについての表現すらも根本的に変わってくることに気がつくだろう[3]。

3………2つの自己観モデルから見えてくるコミュニケーションルール

　こうして考えてみれば、先の思考実験で感じた方向喪失感だってかなり理解できるかもしれない。実は、君のアメリカの友人は、決して意地悪をしているわけではないのだ。むしろこうした人たちは、アメリカで生きる中で身につけた「常識」から、君のことを独立した一人の人間だと認めてくれているのだ。こうした人たちは、「君には君独自の趣味や嗜好があり、物事に対して主義主張を**はっきりと持っているはず**だから、それは尊重しなければならない。だから、わざわざおせっかいなことをしなくても君自身の能力によって、パーティをエンジョイできるはずだ」と思っている。こう思っているのなら、君に無理に友達を引き合わせたり、君のやろうと思っている予定を侵害するのはかえって失礼にあたる。そう。アメリカの友人は、こうした「常識」を準拠枠として、実はとても君のことを「気遣って」いるのだ。逆に言えば、もしも君がアメリカ人に、あれこれ世話をやいて「気づかい」をしすぎると、逆に「すこし、自由な時間が欲しい」なんて言われてしまいかねないことも想像できるだろう。

　一方、君は、日本人として、自分の所属する学校や学年、自分の入ったサ

---

[3] ここでちょっと気をつけて欲しいのだが、自己観と自己概念は違う。前者は、「人とは何か」という準拠枠であり、そうした準拠枠があることによって、初めて私たちは「自分はこういうものである」と規定することができる。

ークルやクラブ、あるいは先輩と後輩なんていう年齢をベースにした人間関係の枠組みのなかで、関係志向的に自分自身の自己を想定している。そして、君は友人があれこれ世話を焼いてくれることに「甘え」ようと期待している。さらに、移ろいゆく状況の変化の中で、状況に合わせて自分のやりたいことを臨機応変に変えることが君にとって「当たり前」ならば、「さあ、あなたは独立した個人であり、決してブレない確固たる意見や好みをもっているはずです、どうぞ勝手にやってください」と言われても途方にくれてしまうのは当然だ。それはあたかも、ダンスを知らないヒトが「さあ、ダンスで自分を思う存分表現してくれ」といわれているようなものだ[4]。

　「自己観」の違いは、コミュニケーションの質を根本的に変えてしまう。相手の「人とはなにか」という定義を知っていれば、それはそれで道理は通っているということもわかるだろう。そうすれば、君が日本に来たアメリカ人をもてなした場合、相手が「自由な時間が欲しい」と言ってきたとしても、結構、相手を思いやる余裕が出てきて、もう「折角こっちが好意で時間を使ってるのに、なんてわがままで、失礼なんだ！」と怒ることも少なくなると思う。

●第3節● 「文化」と「こころ」の相互構成プロセス

1………自尊心とセルフエスティーム

　こうした自己観が我々の心理プロセスに及ぼす影響は、君が自分というものをどう定義するかという比較的抽象的な自己概念の定義といった状況だけでなく、日常生活で、成功したり失敗したりしたときに何を感じるかといった具体的な状況にもおよんでいる。例えば、君たちは、たぶん小学校や中学校で、平家物語の冒頭に触れたことがあるだろう。「祇園精舎の鐘の声、諸行無常の響きあり、娑羅双樹の花の色、盛者必衰の理をあらは（わ）す」から始まるやつだ。日本に生きていると、好むと好まざるとに関わらず、「世の中は常に移ろい行くものだ」なんて「無常観」が身についてしまう。これ

---

[4] フランスの実存主義者、サルトルが「我々は、自由の刑に処せられている」と表現しているのは、まさにこのような自己決定を強いられたときに感じる不安をうまくあらわした言葉といえるのではないだろうか。

が、自分の行動に向かえばどうだろうか。先ほどの平家物語の次の文句は「おごれるものも久しからず」であることを思い出して欲しい。

もしも君たちが日本で育ったのなら、大久保彦左衛門の「三河物語」の中の「勝って兜の緒を締めよ」という文句だって知っているはずだ。そんなことばに触れていれば、君が試験でいい成績をとったり、スポーツのトーナメントで優勝したって、「これで慢心してはいけない。ますます、努力しなければ」と「常識的」に思ってしまうのはごく自然なことだ。逆に、「俺ってNo.1！ やっぱ、俺って凄いじゃん！」なんて公言して周っている人物にはやはり鼻白んでしまい、ともすればバッシングが起ってしまう。

こんな話をしたのにはわけがある。実は最近、アメリカのセルフヘルプ本の影響を受けて、日本人の間でも「**セルフエスティーム（自尊心）**が大切だ」という言葉が取りあげられている。たしかに日本人にとっても、自分のことを謙遜してばかりいるわけではなくて、「自分のことは好き」と思う気持ちはある。でもそこには微妙な温度差があるのも確かなのだ。日本人にとっては「傷ついてしまった自分だって好きだ」「負けたって俺にもプライドはある」なんて「自尊心は傷つけられて初めて感じる」という感覚も強いはずだ。その場合、ありのままの現状の自分の状態を受け入れ、未来を見据えて再び「がんばる」気持ちさえ持てればいいわけで、何も無理して自尊心を高揚させることはない。ところが、アメリカの社会心理学のデータを見ると、どうも定義からして、成功を実感することで「自分には価値がある。自分は凄い」と積極的な自己肯定をする際に感じるのがセルフエスティームであるとされている感があるのだ。こうした定義からすれば、日本人とアメリカ人の「こころのはたらき」に現れる「セルフエスティーム（自尊心）」という現象にも、こうした「準拠枠」の違いから現れる文化の差があってもおかしくないだろう。

2……**自尊心についての文化比較研究**──「状況サンプリング法」

文化心理学者は、「セルフエスティーム（自尊心）」という現象が文化によって異なることを、実証研究で示そうと試みている。ここでは、その一つの試みとして、北山ら（1998）の行なった「**状況サンプリング法**」という研究を紹介しよう。先の節でも話したけれど、文化心理学では「文化」と「こころ」は切っても切れない関係にあるというモデルを立てている。しかし、このことを実証研究で示すためには、敢えてこの二つを切り分けて、操作概念

としての「文化」の部分と「こころ」の部分をそれぞれ設定することも必要だ。こうした想定から、北山らは、アメリカ人と日本人の学生たちに、自分が日常生活で何かに成功して自尊心が高まった状況と、なにかに失敗して自尊心が傷ついた状況を具体的に書き出してもらった。北山らの操作定義では、こうして集まった具体的な状況の数々は、それぞれの文化に生きる人たちが体験した言説の集積のサンプルであり、「こころ」から切り離された「文化」の部分ということができる。

北山らは、ここから、それぞれの文化から集められた成功と失敗についての言説の集積から、ランダムに選ばれた状況を、先の研究に参加した人たちとは別のアメリカ人と日本人の学生たちに読んでもらい、「あなたがこのような状況を体験したら、どれくらい自尊心が高まりますか？ あるいは低くなりますか」という質問に、「とても高くなる」と「とても低くなる」という言葉を両極とした心理尺度を使って答えてもらった。これは先の操作定義においては、こうした「文化的状況」についての主観的な判断は、アメリカ人と日本人の学生の「こころ」の部分である。

こうした、「文化」と「こころ」の部分の両方を考慮に入れながら、結果を見てみると、興味深いことが分ってくる。まず、全体的にみて、成功例を判断するときには、アメリカ人の方が日本人よりも自尊心が高まりやすかった。これはつまり、こうした成功したという事実を、アメリカ人は「やった！」と自然に受け入れて、素直に自尊心を高揚させるのに対して、日本人にとっては、それほどのことでもないと判断されてしまっているのだ。逆に、失敗例を判断する場合、日本人の方がアメリカ人よりも自尊心が低下しやすかった。これは、失敗から自分自身のことを「だめだった！」と落ち込む「スキル」は、日本人の方がアメリカ人よりも身についているという証拠である。

しかし、分ったことはこれだけではない。まず、アメリカ産の成功例のサンプルは日本産の成功例のサンプルよりも、両文化の人たちにとって「自尊心が高まる」という判断がされるものが多かった。つまり、アメリカ人が書いてきた「自尊心」が高まる状況というのは、日本のそれに比べると、豊かな成功体験が多いので、どちらの文化の人の自尊心も高めやすいのだ。逆に、日本産の失敗例のサンプルは、アメリカ産の失敗例のサンプルよりも、両文化の人たちにとって「自尊心が低下する」という判断をされやすかった。つまり、日本人の書き出した失敗例は、アメリカのそれよりも、ひどいものが

多いので、どちらの文化の人をも「がっくり」させやすいのだ。

3………「文化」と「こころ」の切っても切れない関係

　さて以上の結果は何を意味するのだろうか？　北山らは、こうして「文化」と「こころ」を操作的に分けてみると、それぞれの文化において入手可能な言説のリソースの質そのものが異なることが判るという。つまりアメリカ人から集められた言説では、それ自体が既に自尊心を高揚させるように導きやすく、日本人から集められた言説では、それ自体で誰でも自尊心を低下させるように導きやすい傾向がある。さらにこうした「自分の成功・失敗に関する」言説という文化リソースのなかに生きる人々の「こころ」は、入手可能な文化のリソースに導かれながら、それに寄り添うようにチューンアップされており、そのせいで、アメリカ人の「こころのはたらき」はより自尊心を高揚させやすく、逆に日本人の「こころのはたらき」は自尊心を低下させやすいという傾向がたち現れてくるということだ。

　ここで、気をつけなければいけないのは、こうした研究が「日本人は自分のことを肯定的に思うことがあるのかないのか」を議論の焦点としているわけではないということだ。そうではなく、ある文化においてその文化に生きる人の「こころのはたらき」を語るときには、当該の文化にある言説というリソースに備わる性質と、それを利用しながら主体的に生きている人たちの性質という2重の構造があり、そうした「文化」と「こころ」が、寄り添うことによって、いかに当該の文化を生産・再生産しているのかという、相互構成過程として見なければならないということが重要なのだ。この点は、従来の心理学が、ともすれば人間の社会的行為の原因をすべて「こころ」の問題に還元して議論するという傾向にあったことに対しての警鐘となっている。私たちは、文化的な状況のない真空状態で生きているわけではない。状況を抜きにして人の「こころ」を研究すると、たちまち話が抽象的になってしまう。

　これは、例えて言えば、野球とサッカーをするためには基本的な、動く、走る、ボールをよく見るなんて行動は共通しているが、それだけ見ていても、野球のなんたるか、サッカーのなんたるかは見えてこないのと同じだ。サッカーではバットをうまく使ってボールを打つ必要なんてないし、野球では、ボールをゴールに入れる必要はない。では、こうした違ったルールの下で優秀なプレイヤーになるためには、どのようなスキルが身についていなければ

ならないのか、そしてこうしたスキルを持ったプレイヤーが集まることでどのようなゲームが成立するのかということを考えるのが、野球を見ることであり、サッカーを見ることである。さて、それぞれのスポーツとプレーヤーの関係を、ある文化とその文化を構成する人たちに当てはめて考えて欲しい。こうすると、文化心理学の対象が、当該の文化がどのように構成されていて、そこに属する人たちは、そのように構成された文化リソースを使って、いかにその文化を生きるのかというテーマは、抽象的な人間モデルを想定した理論ではなかなか捉えがたいということが分ってくるはずだ。

●第4節● 文化的に共有された「くせ」──身体化のプロセス

　さて、ひとたび出来上がった常識は、その文化にいる人たちによって再度、生産・再生産される。しかし、当人たちは、その文化の「準拠枠」を受動的に受け入れているだけではない。その文化でうまくやっていくためには、むしろ積極的にスキルを身につけなくてはいけない。しかし、そのスキルは、最初の帰国子女の例のように、意識的にやっているうちはまだまだである。なにかコトが起こったら、自分では気がつかないくらい自然な反応としての「くせ」のようなものとして表出されるようになって始めて、スムーズなコミュニケーションを可能にさせる。この節ではそんな話をしてみたい。

1………誰がチキンだって？──「名誉の文化」

　アメリカでは「チキン」は「臆病者」という意味だ[5]。アメリカの男の子ならば「チキン」と呼ばれたら普通、腹をたてるし、そんな評判になったら恥ずかしいと名誉の回復に躍起になる。ここから話す内容は、この「チキン」にまつわる文化心理学的研究の一例だ。アメリカ、特にアメリカの南部の州ではアメリカ北部の州に比べて、色恋沙汰や、些細な諍いから、殺人

---

[5] 数年前、札幌出身のコメディアンが「欧米か！」というオチの漫才をしていた。そのなかで、「同窓会」で久しぶりにあった旧友同士という設定で語らっているうちに、「チキン」と言われた相方が「誰がチキンだって？」と突然噛み付き、「チキンでキレるのは、お前かマイケル・J・フォックスくらいのもんだ」という言い返される場面を、覚えているだろうか。いままでこの本を読んでくれば、アメリカ文化での生活は、そこで入手可能な文化資源から、そこで生じる様々なルーティンに対する文化の構成員の実践感覚まで違うという現実を戯画化したと考えれば、なかなか秀逸な漫才であるということができよう。

事件に至るケースが非常に多い。このことについては多くの研究者が、さまざまな原因を挙げている。例えば、アメリカ南部州は北部州に比べて社会経済的地位が低く貧困層が治安を低下させている、アメリカ南部は奴隷制度を取り入れてきた歴史があり、そのせいで、暴力的な行為が文化的に残っている、アメリカ南部では黒人が多く、こうした貧困層の人々が暴力事件を起こしている、あるいは、アメリカ南部は、高い湿度と高い気温による不快指数の高さからくるフラストレーションから暴力事件が多いなどである。

　しかし、アメリカの文化心理学者、リチャード・ニズベットとドヴ・コーエン（1996）は、こうして論じられている変数は、アメリカ南部州の殺人発生率を説明する上で統計的に有意な要因になっていないと論じる。例えば、殺人事件を起こした人たちの人種を統制しても、とりわけ南部の白人層の殺人率が北部のそれよりも高いことが明らかになっている。先に述べた従来の諸説に対して、ニズベットとコーエンが示したのは、アメリカ合衆国草創期の生業形態の歴史に由来するとの説だった。彼らによると、アメリカ合衆国草創期、南部にはアイルランド・スコットランド移民が、牧畜文化を生業とした社会を定着させたという。牧畜文化では、牛や馬など動物が、資源であり財産である。ここでもし皆が秩序をもって、自分の牛や馬を育てていれば、問題はない。しかし、こうした資源を略奪しようという「ならず者」が出てくると、話は複雑になってくる。牛や馬のような動物が資源の場合、不動産のように場所と財産が固定されている場合とは違い、流動性があるということだ。だから、牛泥棒がうまいこと牛や馬の群れを誘導して、山岳部に隠してしまえば、貴重な財産は、容易に行方知れずになってしまう。

　さらに悪いことに、アメリカ合衆国草創期の社会環境では、こうした問題を解決するような法的な仕組みも発達しておらず、また治安を統括する警察の仕組みもない。もしも万が一、こうした犯罪を見咎めても、「ならず者」たちが銃で武装していて「ズドン」とくれば、おしまいだ。こうなると、もはや頼れるものは武器で武装した自分だけだという現実が生まれてくる。そして、こうした「自衛」の精神はまた、人と人とのコミュニケーションスタイルにも独特の「常識」を形作ってくる。つまり。相手に侮辱されて、そのままにしておくことで、「あいつはチキンだ」という評判が広まってしまうと、「ならず者」につけいる隙を与えてしまい、いずれ自分の財産を脅かされてしまうかもしれないという「常識」だ。こうして考えれば、「バー」で飲んでいるときに、相手に馬鹿にされたら、暴力を行使してでも自分の名誉

を守らなければならない。また、色恋沙汰で、「間男」との対決も辞さない態度を表明していなければならない論理が出てきてもおかしくはないと理解できるだろう。ニズベットとコーエンは、こうした文化現象を総称して「**名誉の文化（カルチャー・オブ・オナー）**」と呼んでいる。

　さて、ここで興味深いことは、現在の南部州の生業形態は、もはやアメリカ合衆国の草創期とは異なり、他のアメリカの州同様にポスト産業社会に入っている。にもかかわらず、アメリカの国勢調査のデータを分析すると、アメリカ南部州では、アメリカ北部州に比べて、今でも死刑制度を維持することや、体罰の必要性を認めるような、社会制度のなかに暴力を容認する度合いが高いという結果が得られるのだ。そして、先に述べたように、実際に、南部州での白人男性の殺人事件の発生率は高いということが分っている。

　ニズベットとコーエンは、このことから、2つのことが見えてくるという。まず第一に、もともと生態的・経済的な初期状態から育まれた「常識」は、日常の人と人とのコミュニケーションのスタイルの中に組み込まれ、さらには「こころのはたらき」にまで影響を及ぼしているということ。そして、こうした「常識」は世代を超えて、生産・再生産が繰り返されることということである。このように「名誉の文化」という「常識」がひとり歩きを始めると、もはや、生態的・経済的な要因とは独立したコミュニケーション世界が出来上がる。そこでは、その世界の構成員自身が、ひとたび走り出した「名誉の文化」をお互いに維持しあい、果ては誰も「こんな暴力的な文化、一ぬけた！」といえないような均衡状態が出来上がるのである。

2………「名誉の文化」についての心理学実験

　ニズベットとコーエンの研究が、心理学的に面白いのにはもう一つ理由がある。先に述べたように、彼らは、当該文化に生きる人々の身体にこうした文化的な要因が「身についてしまっている」というところに着目した。ここからが、彼らの心理学者としての腕の見せ所なのだが、コーエンらは（1996）、心理学実験の中で擬似的に作り出された状況の中に「名誉の文化」を再現し、そこでの参加者の生理的変化を測定することで、この仮説を事実として証明したのだ。

　この実験には、ミシガン大学の学部学生たちが参加した。ミシガン大学はアメリカ中西部にある大学だが、アメリカ合衆国各地から、学生たちが集まっている。そこで、コーエンらは、まず学生たちを、アメリカ北部州出身者

と、アメリカ南部州出身者に分けた。そして、一人一人別々に心理学実験室に来てもらい、質問紙に答えてもらう。その後、実験担当の係の人に促されて、質問紙を長い廊下を通って別の場所に提出しにいく。ところが、廊下には、ファイルキャビネットがたくさん並んでいて、そこで、ちょっとマッチョな大男がファイルの整理をしている。そして、ファイルキャビネットを開けると、狭い廊下で人が通れない状態になっているのだ。もちろん、マッチョな男にだって礼儀はあるから、公共の廊下を通る人を通さないわけには行かない。しかし、通すためにはいったん仕事を中断して、キャビネットを閉めなければいけない。しかも、参加者は、質問紙を提出した後に、再び廊下を通るわけだから、マッチョな男は2度も仕事を中断しなければならなくなる。そして最後に、参加者が二度目に廊下をすれ違うときに、「アスホール（くそ野郎）」といって、わざとの様に参加者に肩をぶつけて別の部屋に行ってしまう。

　こんなことをされたら、普通のアメリカ人の男の子なら喧嘩になってもおかしくない。もちろん参加したのはミシガン大学で学ぶ紳士的な大学生たちだから、喧嘩そのものは起こらなかったのだが、参加者の内心はおだやかではない。このことを予想していたコーエンらは、こうした実験状況で造られた「おだやかでない」場面の事前と事後に参加した人たちの唾液を採取し、コルチゾールとテスタステロンというホルモンのレベルを測定した。こうしたホルモンは、生理学では、人が怒りを感じたときに分泌量が増えるとされている。もしも、「おだやかでない」事件で、参加者が怒ったのなら、ホルモンレベルの上昇率が高いはずというわけだ。

　さて、結果はどうだっただろうか？　コーエンによれば、「おだやかでない」事件の事前と事後のホルモンレベルの差異を見ると、南部人のコルチゾールとテスタステロンのレベルの方が、北部人のそれよりも、統計的に有意に高いというものだった。つまり、「馬鹿にされた」経験は、実際に南部人の身体的反応にまで影響を及ぼしていたという証拠である。つまり、「名誉の文化」は、そこに生きる人々にとってもはや身体に「くせ」として「身について」いたのである。

3……「文化的くせ」についての生理学的・神経科学的研究

　「身についた」心理プロセスを、ある意味、社会学でいうところの「身体化」と呼ぶこともできよう。そして、こうした例は、なにも「名誉の文化」

だけではない。例えば、日本人をはじめ、東アジア文化圏の人々は、西洋文化圏の人々に比べ、常に周りで何が起っているかに気を配り、時と場合を考えて状況依存的な判断をする傾向が身についているとは、よく言われることである。このようなコミュニケーションのパターンに違いがあるとしたら、そうした違いは、より基本的な「こころのはたらき」、たとえば注意の向け方なんてものにあらわれてもおかしくない。

　実際、人間の「こころのはたらき」にあらわれる洋の東西の文化差は、どの程度深いものなのだろうか？　初期の文化心理学研究では、こうした文化の影響は、ある出来事が起こった原因はなんだろうかという原因帰属のプロセスや、ある人物の行動と態度はどの程度一貫しているのだろうかという態度推論のプロセスなど、比較的高次の認知プロセスに見られることが報告されてきた。しかし、近年の研究では、いままで普遍的と思われてきた基本的な心理プロセスにまで文化の影響がみられることを示す結果がでてきている。例えば、増田ら（2008）や、チュアら（2005）は、社会的場面や自然の風景などの画像情報を実験刺激に使って、実験に参加した西洋文化圏の人たちと東アジア文化圏と人たちが、画像情報のどこに注意をむけるかを眼球運動測定器で測定した研究を報告している。これらの結果をまとめると、総じてアメリカやカナダなど西洋文化圏の人たちは、コンピュータ画面上の情報の中で一番目立った人物・物体に集中して注意を向けがちなのに対して、中国や日本など東アジア文化圏の人たちの視線のパターンには、画像上で目だった人物や物体のみならず、その背景にいる人物や風景にまで注意が向けられるような「文化的くせ」があるということが判ってきた。

　こうして考えてくると、もしかしたら「文化的くせ」は私たちの脳の働きにまで影響を及ぼしているかもしれないと考えることもできるだろう。文化心理学の最新の研究報告を見ると、そのような可能性は確かに示唆されている。例えば、ガッチェスら（2006）によって行なわれた研究では、東アジア圏の人々と西洋文化圏の人々の画像情報処理プロセス、fMRI（機能的磁気共鳴画像測定器）を用いて測定された脳内の活性化のプロセスの違いとしても検討されうるという報告をしている。もちろんここで気をつけなければならないのは、こうした脳の活性化プロセスの違いは、それぞれの文化圏の人たちにもともと備わっている遺伝的なものだと言っているわけではないし、不変のものであるわけでもないということである。そうではなく、対象となる人たちが、ある文化に生れ落ち、その文化で生きるうちに、身に着けてき

た「文化的くせ」は、脳の発達に伴ってある程度の可塑性をもって刻み込まれてくるのではないかということである。こうした結果から、現在、文化心理学者は、当該の文化に生きる人々が身につけた「文化的くせ」が、どれだけ身体化されているのかを、生理学的・神経科学的な研究手法を使いながら炙り出していくという研究に重点を置き始めている。

●第5節● 文化心理学研究の意義

　さて、ここまで読んでくると、文化心理学の試みが、通常の心理学的社会心理学とはずいぶんと趣が異なっていると思うかもしれない。しかし多くの理論的概念が社会心理学の系譜から派生しているのも事実なのだ。この章を終えるにあたり、最後に社会心理学の延長線上にある文化心理学の学問的意義と実践的な意義の2つの点を考えてみよう。

1………文化心理学の学問的意義

　まず、文化心理学の視点は、現在の社会心理学を新たな方向へ展開させる可能性をもつという点で、学問的意義がある。近年、社会心理学では、社会的認知の研究が発展してきた。これは原因帰属、推論、思考、記憶、意思決定、注意といったような構成概念を使って、「人は、社会現象をどのように認知するのだろう」という「こころのはたらき」の問題を対象とした研究である。こうした研究から、人間を理解する上での多くの知見が得られたのは確かである。しかし、ここで問題なのは、研究者自身も、自らの文化的「準拠枠」に捉われているので、しばしばこうした構成概念を「あたりまえ」のものとして使ってしまい、そのことによって「こころのはたらき」の背後にある文化社会的な要因を十分に考慮できなくなってしまうと危険性があるということだ。

　このことは、リチャード・ニズベットの言葉にも見て取れる。ニズベットは、自らが書いた「人間の推論のエラーについての一般的理論」という本（1980）に対して、認識人類学者ロイ・ダンドレーデに「これは、一級の民族誌である」として、アメリカ文化特定的な研究であると批評されたことに、

かつて非常に立腹したという。しかし、文化心理学の研究をレビューした論文で（2001）このことを反省的に述懐し、当時は、アメリカ人を実験参加者として集めてきた推論研究のデータから得られた知見を、人間の普遍的な傾向として考えていたが、現在、文化心理学に従事することによって「文化のしくみ」と「こころのはたらき」の包括的な理解の必要性を知り、ようやくダンドラーデのコメントの妥当性が分ったということを述べている。これは、自らの理論的根拠さえも相対化し、第三者的な視点から社会心理学を見直していく必要性を提唱した宣言とも取れるだろう。

2………文化心理学の実践的意義

　以上の点は、文化心理学の実践的意義を考える上でも重要になってくる。21世紀に生きる私たちにとって、国際化の波に対しいかに対処しなければならないかということは、もっとも解決の難しい社会問題の一つだ。日本に暮らしている君は、日本語を公用語として認識し、実際君の出会う多くの人は日本語を使い、日本の慣習を身につけた人であるというリアリティがあるかもしれない。

　しかし、多くの先進国では、その国に共有されている文化的「準拠枠」は決して一枚岩ではないという認識が高まっているのも確かだ。例えばカナダならば、そもそもケベック州のようなフランス語圏とそれ以外の英語圏の二つの文化圏があり、公用語は英語とフランス語の2か国語である[6]。それに加えて世界各地からの移民数は年々増えてきている。こうした現実から、それぞれの文化の遺産を重視し、おじいちゃんやおばあちゃんの持ってきた伝統を受け継ぎつつ、多民族国家に生きようという意識は国民に浸透しつつある。しかし、多くの異文化が接触する中で、それぞれの「文化」の常識の違いから生じる緊張関係がまったくないわけではない。

　このような状況は、西ヨーロッパやアメリカにおいてはもっと深刻だ。例えば、西ヨーロッパの多くの国では、労働力の確保を目的として第二次大戦後、積極的に移民を増やしてきた。しかし、予想に反して、その国の「主たる文化」と「移民の文化」には大きな溝があり、そこに大きな社会問題が生じている。一方、アメリカ合衆国では、奴隷制度を導入した結果から、ヨーロッパ系アメリカ人とアフリカ系アメリカ人との間の葛藤が、人種の対立の

---

[6] カナダで食品を買ったら、たとえばシリアルのパッケージだって表と裏でそれぞれ英語・フランス語の2つの言語で表記されていることに気がつく。

問題として捉えられ、様々な言説が生み出されている。こうした異なる集団間の葛藤については、従来の社会心理学でも、差別・偏見・ステレオタイプの問題として扱われてきた。そして、こうした差別・偏見・ステレオタイプが生じる際の、経済的なリソースの競合の問題、内集団をひいきする動機の問題、あるいは集団を認知する際に生じる情報処理のバイアスの問題などが、議論されてきたのは社会心理学の功績のひとつと考えることもできよう。

 しかし、そこでは、対象となる文化の人々の持つ「準拠枠」によって作り出される社会的現実が文化間でどのように異なり、そのことが異文化コミュニケーションをいかに難しくしているのかという問題は十分問われてこなかったという問題点がある。文化心理学は、こうした「多様化する」世界の現状を鑑みたうえで、それぞれの文化の準拠枠から導かれる道理を解明し、「文化のしくみ」と「こころのはたらき」について包括的な人間理解の重要性を唱えているのである。

3………おわりに——異文化理解というチャレンジ

 君たちにとっても、こうした研究の成果を知ることは、大いに役に立つことと思う。国際化が進む現代社会で、今後君たち自身も、自分の慣れ親しんだ常識だけに安住せず、様々な文化の人たちとコミュニケーションをとっていく必要が出てくるだろう。それは、日本の国外に興味をもって国際的な活躍を目指す人はモチロンのこと、日本に住んで、これから社会に進出していく人にも当てはまることだ。そうした異文化コミュニケーションの場面に直面したときに、君たちはどうするだろうか？ もし、君たちが「あの人たちはおかしい」「自分のやっていることが正しい」とだけ言って自分の殻に閉じこもっているだけでは何も始まらない。

 先に述べた思考実験で、アメリカ人の友人が君に対して見せた気遣いの例を思い出して欲しい。そこでは、自分自身の常識を相対化して第三者的な視点から他者理解をすることで、今まで見えなかったその人なりの道理が見えてくることが分ったと思う。もちろん、こうした「スキル」を磨くことは正直言ってストレスの溜まることだ。きっと君たちは様々な「不快な思い」を経験することにもなるだろう。でも、こんな骨の折れる作業にトライしてみる価値はある。それは君達自身の人間力を成長させ、人生を豊かにしていくことにつながるはずだからだ。

(増田貴彦)

【参考文献】
Bruner, J. (1990). *Acts of Meaning*, Cambridge, MA: Harvard University Press.
Chua, H. F., Boland, J. E., & Nisbett, R. E. (2005). Cultural variation in eye movement during scene perception. *Proceedings of the National Academy of Science, 102*, 12629-12633.
Cohen, D., Nisbett, R. E., Bowdle, B. & Schwarz, N. (1996). Insult, aggression and the Southern culture of honor: An "experimental ethnography." *Journal of Personality and Social Psychology, 70*, 945-960.
Geertz, C. (1973). The interpretation of cultures. New York, NY: Basic Books.
Gutchess A. H., Welsh, R. C., Boduroğlu, A. & Park, D. C. (2006). Cultural differences in neural function associated with object processing. Cognitive, Affective & Behavioral Neuroscience, 6, 102-109.
Kanagawa, C., Cross, S. E. & Markus, H. R. (2001). *"Who am I?"* The cultural psychology of the conceptual self. Personality and Social Psychology Bulletin, 27, 90-103.
北山忍（1998）「自己と感情—文化心理学による問いかけ」『認知心理学モノグラフ9』共立出版株式会社.
Kitayama, S., Markus, H. R., Matsumoto, H. & Norasakkunkit. V. (1997). Individual and collective processes in the construction of the self: Self-enhancement in the United States and self-criticism in Japan. *Journal of Personality and Social Psychology, 72*, 1245-1268.
箕浦康子（1984）『子どもの異文化体験—人格形成過程の心理人類学研究』思索社.
箕浦康子（1997）「文化心理学における〈意味〉」柏木惠子・北山忍・東洋（編）『文化心理学—理論と実証』pp.44-63, 東京大学出版会.
Markus, H. R. & Kitayama, S. (1991). Culture and the self: Implications for cognition, emotion and motivation. *Psychological Review, 98*, 224-253.
Masuda, T., Ellsworth, P., Mesquita, B., Leu, J., Tanida, S. & Van de Veerdonk, E. (2008). Placing the face in context: Cultural differences in the perception of facial expression. *Journal of Personality and Social Psychology, 94*, 365-381.
Nisbett, R. E. & Cohen, D. (1996). *Culture of honor: The psychology of violence in the South.* Denver, CO: Westview Press.
Nisbett, R., Peng, K., Choi, I. & Norenzayan, A. (2001). Culture and system of thoughts: Holistic vs. analytic cognition. *Psychological Review, 108*, 291-310.
Nisbett, R. E. & Ross, L. D. (1980). *Human inference: Strategies and shortcomings of social judgment.* Englewood Cliffs, NJ: Prentice-Hall.

Column

オーラル・ヒストリーと
世代間コミュニケーション

● 文字で記された歴史に対し、「語り継がれた歴史」、「語ってもらった歴史」。あるいは、語り手の記憶を、対人コミュニケーションを通して収集し、それを歴史として構成する方法や営み。それがオーラル・ヒストリーである。

● オーラル・ヒストリーの組織的な取り組みは、1940年代にアメリカ合衆国で始まった。まず政治史や政策研究の分野で活用され始めたオーラル・ヒストリーは、その後、1960年代に社会史や民衆史の研究が興隆すると、少数民族や女性、労働者など、長らく文書によって自らの歴史を記録してこなかった社会的マイノリティや大衆の生き様に迫りうる方法として、注目されるようになった。近年では、歴史学や社会学をはじめ、広汎な学問分野にまたがる学際的なアプローチとして発展している。

● オーラル・ヒストリーが盛んなアメリカ合衆国やイギリスでは、大学生や研究者のみならず、高校生や中学生、小学生までもがプロジェクトを組織し、豊かな人生経験をもつ、主として年配者の記憶を、共有の記録としてアーカイブス化する試みが各地で行われている。例えば、そうした取り組みの嚆矢となった米国ジョージア州の"Foxfire"プロジェクトでは、高校生が地域社会に住む祖父母世代の人びとにインタビューを敢行して、歴史や伝承あるいは経験談を収集し、それを素材に雑誌（the Foxfire magazine）を制作している。"Foxfire"とは、枯れ木に生える苔が発する燐光のことを意味し、プロジェクトの舞台である南部アパラチア地域では馴染みの現象である。"Foxfire"プロジェクトは1966年に発足していらい今日まで存続し続けており、これを模倣した類似の実践は、確認されているものだけでも米国内外に200以上存在する。

● "Foxfire"プロジェクトは、オーラル・ヒストリーを通した世代間コミュニケーションの実践であり、世代間交流の活性化に寄与している。実際、プロジェクトに参加したある高校生は、「"Foxfire"とは、異なる世代を繋ぐことなのです。"Foxfire"は、若者が年配の方と関わる機会を与えてくれます。生徒が記事にすることで、多くの人は、長年の生活を通して、自分が何かを成し遂げたことを実感するでしょう。私は自分の人生観が変わる契機となった、ある男性に関する記事を書きました。私は、他の生徒もこの種の経験に遭遇しているものと確信しています」、と記している。

● このように、オーラル・ヒストリーがもたらすのは、具体的でリアリティのある「他者」との邂逅であり、語り手と聞き手の深い相互理解である。であればこそ、それは同時に、双方が「自己」を再発見することにも繋がるのである。

（藤井大亮）

あとがき

　本書では、社会心理学がいかにして成立したかを考え、人々が当初、この研究分野に何を期待し、明らかにしようとしたのかを出発点とした。執筆者の多くが社会学を中心に研究してきた者たちであるが、その社会学がいかにして社会心理学と離れ、何が共通の研究課題で何が異なるのか考えることによって、社会心理学だけでなく、社会学を別の角度から考えるきっかけになった。また、本書は、社会心理学の研究手法や概念を学びつつ、その応用分野にも目を向け、さまざまなコミュニケーション過程を想定し、実生活の場面を社会心理学はどのように説明するのかについて考えたことも特徴といえるだろう。

　世の中は、少し前から出現するようになったキレる若者、キレるお年寄りだけでなく、教育現場ではモンスターペアレント、医療現場ではモンスターペイシェント、家庭での親殺し、子殺しのニュースが後を絶たない。そこでは、相手に気を遣いながらコミュニケーションをとっているようで、実は、自らが傷つかないように心を砕いているように思う。また、100年に一度といわれる経済危機の中、勝ち組、負け組、格差社会という言葉に敏感に反応するせいか、自らの行いが人を傷つけるかもしれないということに鈍感になった気がする。このような社会状況の中で、私たちは、相手を傷つけず、また、自分も傷つかずに生きていくには、ただ、独りよがりの生き方をするのではなく、社会心理学研究を行なった先人の教えから学び、自分自身のことも含めて人々のこころの動きを知ることでもっと賢く、自分を偽らず、誠実に生きていくことができるのではないだろうか。

　本書は、さまざまな方の支えがあって執筆・出版がかなった。第一には本書の執筆をご提案下さった弘文堂の中村憲生氏である。氏がこのような場を作って下さらなければ本書は誕生しなかった。執筆者一同、氏への気持ちは、感謝という言葉では言い表すことができないと思っている。また、執筆担当の方々には、タイトなスケジュールを設定しただけでなく、テキストとして使用するという目的のために、内容について細かく質問し、無理なお願いも

したかと思う。しかし、私にとっては、執筆者諸氏との話し合いそのものが社会心理学の楽しさを知ることにつながった。あらためて、謝意と敬意を表したい。最後に、初めて編者を務めることとなった私を励まし、また、幼なじみである文化心理学者、増田貴彦氏を紹介してくれた、夫、原信作にも感謝を述べたいと思う。

2009 年 2 月

佐藤　典子

索引

あ

愛情　171
愛－性－結婚　172
アイデンティティ　89
アダムズ　222
アッシュ，S. E.　101
アドルノ，テオドール・W.　61
アノミー　41
アリエス，P.　178
アルゴリズム　197
暗示　123
アンペイドワーク
　unpaid work　179
暗黙のパーソナリティ　94
暗黙のルール　235
イエ　170
いじめ　84
一般意志　29
一般化された他者
　（generalized other）
　　　　　　　　46, 74
イネブラー　190
EBM モデル　197
異文化　162
意味　72
色　172
印象操作　78, 99
インターネット告発　130
インポスター現象　120
ウェーバー　195
ヴェブレン　204
ヴェルトハイマー，マックス
　　　　　　　　　　51
ウォーム　92
うわさ　128
ヴント，ヴィルヘルム　44, 50
映像　147
S－O－R モデル　197
エスノメソドロジー　119
F 尺度　62
エリクソン，E. H.　89, 167, 187
大平健　92
岡田直之　126

か

男らしさ　174
オピニオン・リーダー　202
思い込み　82
オーラル・ヒストリー　255
女らしさ　174

か

快感原則　56
会議　225
階級　55
階級社会　55
会集　123
外集団 out-group　89
外集団均一性認知　84
外的帰属　80
外的情報探索　197
外発的動機づけ　222
科学技術創造立国　149
鏡に映った自己
　（looking glass self）
　　　　　　　　43, 71
核家族　168
学習　9
学習材　138
学習指導要領　137
拡大家族　168
学力　159
学力観　137
学力低下　149
家族　58
価値中立　161
学校教育基本法　136
学校教育法施行規則　136
学校図書館　136
学校図書館法　136
家庭的背景　159
過程理論　222
カテゴリー化　83, 180
過度の責任帰属　81
カーネマンとトヴェルスキー
　　　　　　　　　203
家父長制　169
下方比較　79
紙　135
カリキュラム　160
カルチャーショック　235
ガルブレイス　196

過労死　230
機械的連帯　41
危険社会　102
記号の消費　211
擬似求婚行動　115
基準　12
期待理論　222
北山忍　236
ギデンズ，A.　192
規範　224
基本的な帰属の誤り　80
究極因　10
共依存　189
教員養成　160
教材　138
教材基準　146
凝集性　206, 224
強迫神経症　189
ギリガン　185
近視眼的　199
近接因　10
近接学　115
口コミ（WOM：
　ward of mouth）　129, 201
グーテンベルク，ヨハネス　143
クーリー，チャールズ・H.
　　　　　　　　42, 71, 167
グールドナー，A. W.　208
群衆　37, 123
計画購買　200
経験の円錐
　（Corn of Experience）　146
経済学　217
刑務所実験　97
啓蒙思想　28
ゲシュタルト　51
ゲシュタルト心理学　51
ゲゼルシャフト　53, 89
血液型ステレオタイプ　82
決定方略　197
ゲマインシャフト　53, 89
ゲーム　46
ケリー，H. H.　191, 208
権威　58
権威主義的パーソナリティー
　　　　　　　　　58
原因帰属　57, 80
限界効用逓減の法則　217

現在志向バイアス	199	
現実原則	56	
言説	13	
行為者-観察者バイアス	80	
交換	208	
公衆	37, 125	
公正理論	222	
公的空間	116	
行動経済学	202	
購買	197	
購買意思決定	196	
購買後代案評価	197	
購買前代案評価	197	
公平世界仮設	81	
衡平理論	222	
効用	198, 200	
効率化	219	
コーエン, ドヴ	247	
互恵規範	208	
こころ	3, 195	
こころの病	86	
誇示的消費	204	
コーシャスシフト	102	
個人	53	
個人表象	39	
個体空間	116	
国家	54	
固定空間	115	
コード	210	
コピー機	144	
コーピング	228	
コミットメント	224	
コミュニケーション	188, 233	
コメニウス	144	
ゴルトン	48	
コールバーグ	186	
根拠	12, 175	
コント, オーギュスト	31	
コントロール幻想	80	

さ

差異化	117	
サイモン	198	
サド-マゾ的性格構造	59	
サムナー, W. G.	89	
産業革命	48	
サンクション	103	

三段階の法則	32	
ジェームズ, W.	42, 78	
ジェンダー	175	
ジェンダー・ステレオタイプ	181	
時間選好	203	
時間の非整合性	200	
シゲーレ, シーピオ	30	
自己開示	77	
自己開示の返報性	78	
自己向上動機	79	
自己肯定観	94	
自己高揚動機	79	
自己効力感	223	
自己提示	77, 98, 205, 214	
事実の否定	107	
自然	13	
自尊感情	78	
実験者効果	82	
実行方略	197	
実証主義	32	
嗜癖	189	
自民族中心主義 (エスノセントリズム)	89	
ジャイロスコープ(羅針盤)型人間	205	
社会化 (socialization)	74, 224	
社会学	3	
社会学的マキャベリズム	76	
社会空間	116	
社会契約	53	
社会進化論	32	
社会心理学	4	
社会的アイデンティティ	223	
社会的交換	188, 207	
社会的事実	39	
社会的浸透理論	95	
社会的相互作用	71	
社会的比較	78	
社会有機体論	32	
写真	147	
シャドウワーク	179	
シャルコー, ジャン=マルタン	34	
集合	224	
集合意識	41, 170	
集合表象	39	

集団	224	
集団浅慮	226	
集団分極化	102, 225	
重要な他者 significant oters	90	
主題統覚検査 (TAT)	183	
趣味	117	
準拠集団	202	
状況依存的	89	
状況サンプリング法	243	
状況の定義づけ	118	
条件付け	82	
常識	12	
象徴資本	212	
消費	195, 197	
消費行動	195	
『消費社会の神話と構造』	211	
消費者行動	196	
消費の社会化	211	
情報	128	
情報探索	197	
上方比較	79	
ショーター, E.	172	
人格形成	58	
身体的魅力	99	
人的資源管理	232	
心的準備状態	5	
ジンバルドー	97	
信憑性	101, 118	
進歩史観	13	
シンボリック相互作用論	45	
シンボル	73	
親友	90	
心理的財布	199	
『神話作用』	210	
垂直方向の分業	220	
水平方向の分業	219	
スキル	235	
ステークホルダー	200	
ステレオタイプ	63, 83, 94, 114, 181	
ステレオタイプ化	83	
ストレス	227	
ストレッサー	228	
ストレン	228	
スペンサー, ハーバート	31	
斉一化	224	
性規範	169, 176	

成功の回避 …………… 183
成功不安 ……………… 183
性差 …………………… 175
生産 …………………… 195
精神分析 ………………… 52
性同一性障害 ………… 183
性別 …………………… 175
性（別）役割 ………… 175
『世界図絵』 ………… 144
世代間コミュニケーション
　…………………… 255
摂食障害 ………………… 86
説得 …………………… 101
セリエ ………………… 228
セルフエスティーム（自尊心）
　…………………… 243
セルフサービングバイアス … 80
セルフハンディキャッピング
　……………………… 79
世話の倫理 …………… 185
専業主婦 ……………… 179
選好 …………………… 200
選択意志 ………………… 53
選択縁 ………………… 110
宣伝 ……………………… 57
総合的な学習の時間 … 139
相互協調的自己観 …… 240
相互独立的自己観 …… 240
相補性説 ……………… 173
ソーシャル・サポート … 231
損失忌避の傾向 ……… 203

た

第一次集団（primary group）
　………… 43, 71, 167, 205, 224
大衆 …………………… 126
大衆消費社会 ………… 204
対人葛藤 ……………… 226
対人関係 ……………… 188
対人的コミュニケーション … 124
対人魅力 ………… 99, 188
態度 ……………… 5, 195
態度の類似性 ………… 91
第二次集団 ………… 44, 224
第二の性 ……………… 174
多元的役割演技 ……… 110
他者指向型 …………… 206

達成動機説 …………… 221
ターナー, J. …………… 90
ダブルスタンダード …… 177
ダーリーとラタネ ……… 4
タルド, ガブリエル … 33, 125
チームワーク ………… 225
中毒 …………………… 189
著作権法 ……………… 163
チョドロウ …………… 187
ティボー, J. W. ……… 208
適応 …………………… 12, 71
デシ …………………… 223
テーヌ, イポリット …… 30
デマゴギー …………… 124
デューイ, ジョン ……… 44
デュルケム, エミール
　……………… 33, 178, 194
デール ………………… 145
テレビジョン（テレビ）放送
　…………………… 147
伝統指向型 …………… 205
店頭マーケティング … 201
テンニエス, フェルディナント
　……………………… 53
動機づけ ……………… 221
投射 ……………………… 64
同性愛 ………………… 183
同調行動 ……………… 101
同類配偶説 …………… 173
都市伝説 ……………… 131
図書館メディア ……… 142
トマス, W. I. ………… 118
トマスの公理 ………… 118
ドメスティックバイオレンス
　…………………… 190
トラウマ ………………… 52

な

内集団 …………… 88, 215
内集団びいき ………… 84
内的帰属 ………………… 80
内的情報探索 ………… 197
内発的動機づけ ……… 222
内部指向型 …………… 205
内容理論 ……………… 221
仲間集団（ピア・グループ
　peer group） ……… 88

なわばり意識 ………… 115
ニズベット, リチャード … 247
二分法 ………………… 64
日本ドラマ …………… 164
認知的不協和理論
　…………… 78, 105, 202
ネットロア …………… 132

は

ハイダー ……………… 104
パーソナリティー … 205, 207
バダンテール, E. …… 178
発見的簡便法 ………… 197
発明 …………………… 35
パニック ……………… 126
ハビトゥス …………… 210
パピルス（Papyrus） … 143
バランス理論 ………… 104
バルト, ロラン ……… 210
ハロー効果 …………… 99
ハワード＝シェス・モデル … 196
バーンアウト ………… 230
半固定空間 …………… 115
反射 ……………………… 9
ピアジェ ……………… 186
POP 広告 ……………… 201
ピグマリオン効果 …… 121
非計画購買 …………… 200
非言語コミュニケーション
　……………… 77, 113
ヒューリスティックス … 197
表示規則 ……………… 115
表象 ……………………… 38
ファシズム ……………… 60
フィルター説 ………… 173
フェスティンガー, L.
　…………… 78, 105, 202
フェヒナー …………… 202
フォア, E. B. ………… 208
フォア, U. G. ………… 208
複写機 ………………… 144
フーコー ……………… 172
普通 ……………………… 14
プラグマティズム ……… 44
プラシーボ（偽薬） …… 122
プラティック ………… 214
プラトニック ………… 172

フランクフルトの社会研究所
　　………………………… 60
ブランドロイヤルティ
　（銘柄忠誠度）…………… 198
ブルンヴァン，ジャン・
　　ハロルド ………………… 131
ブルジョワ ……………………… 55
ブルデュー，P. ………… 5, 116, 212
ブルーナー，ジェローム … 238
ブルーマー，ハーバート・G.
　　……………………………… 45
ブルーム ……………………… 222
フレーミング ………………… 203
フロイト，ジークムント
　　…………………………… 52, 186
プロクセミックス ………… 115
プロスペクト理論 ………… 203
プロセス・ロス …………… 224
プロパガンダ ………………… 57
フロム，E. …………… 58, 171, 205
プロレタリアート …………… 55
文化産業 ……………………… 61
文化的近似性 ……………… 164
平均 …………………………… 159
ベッカー，H. S.…………… 121
ベルネーム，イポリット … 34
偏見 …………………………… 99
変則空間 …………………… 115
傍観者効果 …………………… 4
ボーヴォワール …………… 174
母性 ……………………… 8, 177
ホーソン研究 ……………… 220
ポータルサイト …………… 135
ホット ………………………… 92
ホット・グループ ………… 233
ホッブズ，トマス ………… 53
ボードリヤール …………… 211
ホーナー ……………………… 183
ホール，E. ………………… 115
ホルクハイマー，マックス… 60
ボールドウィン，
　　ジェームズ・H. ………… 42
ホワイトカラー …………… 58
本質意志 ……………………… 53
本能 …………………………… 7

ま

マクドゥガル ………………… 15
マクレランド ………… 183, 221
マス広告 …………………… 201
マス・コミュニケーション… 125
マズロー …………………… 221
マッチング ………………… 173
マルクス，カール ……… 55, 196
マルクス主義 ………………… 55
マレー ……………………… 222
満足化の原理 ……………… 198
密接空間 …………………… 116
箕浦康子 …………………… 235
未来の教室 ………………… 150
無意識 ………………………… 52
メイヨー ……………… 89, 220
名誉の文化（カルチャー・
　　オブ・オナー）………… 248
メタ理論 ……………………… 11
メディア …………………… 134
メディア・コミュニケーション
　　…………………………… 124
メディアの分類 …………… 139
目標設定モデル …………… 223
モデレータ ………………… 228
模倣 …………………… 34, 125
モラン，エドガー ………… 131
モンテスキュー …………… 29

や

役割 ………………… 74, 96, 223
役割取得 ……………………… 74
やさしさ ……………………… 92
「野生児」の記録 ………… 69
有意味シンボル ……………… 45
『有閑階級の理論』……… 204
遊戯 …………………………… 46
有機的連帯 ………………… 41
友人 …………………………… 87
優生学 ……………………… 48
夢 …………………………… 52
余暇 …………………………… 61
抑圧 …………………………… 52
予言の自己成就 …………… 119
欲求階層モデル …………… 221

欲求認識 …………………… 197
世論 ………………………… 125
4P戦略 ……………………… 200

ら

ラベリング理論 …………… 121
乱集 ………………………… 123
リアリティ分離 …………… 119
理数離れ …………………… 149
リスキーシフト …………… 102
リースマン ………………… 205
リーダーシップ …………… 226
リップマン，W. …………… 83
リビドー ……………………… 52
流言 ………………………… 124
流行 ………………………… 99
両性具有 …………………… 174
臨床心理学 …………………… 4
ルービン，Z. ……………… 171
ル・ボン，ギュスターブ
　　…………………………… 30, 123
レヴィ＝ストロース ……… 207
レヴィン ……………………… 4
レスリスバーガー，F. J. … 220
レーダー人間 ……………… 206
レッテル ………………… 6, 206
恋愛 ………………………… 172
労災認定 …………………… 230
ロス …………………………… 15
ローゼンタール，R. ……… 121
ロック，ジョン ………… 28, 53
ロックとレイサム ………… 223
ロマンティック・ラブ …… 172

わ

われわれ意識 we-feeling… 88

e-learning ………………… 154
I ……………………………… 46
ICT
　（Information and Commu-
　nication Technology）
　　…………………………… 148
IT（Information
　Technology）…………… 147

me 46
Place 200
Price 200
Product 200
Promotion 200

【編者紹介】

佐藤典子　さとう・のりこ

千葉経済大学経済学部経営学科准教授、社会科学博士(お茶の水女子大学)。慶應義塾大学卒、お茶の水女子大学大学院人文科学研究科修了(人文科学修士)。日本学術振興会特別研究員(DC及びPD)在籍時にパリ社会科学高等研究院に留学。共著:『日仏社会学叢書第3巻ブルデュー社会学への挑戦』第2章「フランスにおける家族観と共生関係の変容」恒星社厚生閣など。単著:『看護職の社会学』専修大学出版局(2008年度日仏社会学会奨励賞受賞)。

【本文執筆者紹介】

池田祥英　いけだ・よしふさ

北海道教育大学教育学部函館校特任准教授。文学修士・博士(早稲田大学)。ボルドー第2大学でDEA(社会学)取得。早稲田大学大学院文学研究科博士後期課程単位取得退学。共著:『日仏社会学叢書第2巻:フランス社会学理論への挑戦』第6章「タルドとデュルケムの論争」恒星社厚生閣。単著:『タルド社会学への招待』学文社。翻訳:『模倣の法則』(ガブリエル・タルド著、共訳)河出書房新社。

楠　秀樹　くすのき・ひでき

東京理科大学ほか非常勤講師　博士(社会学)(東洋大学)。東洋大学卒、東洋大学大学院社会学研究科修了。共著:『象徴的支配の社会学』第7章「デクラッセとナチズム」恒星社厚生閣。単著:『ホルクハイマーの社会研究と初期ドイツ社会学』社会評論社。

春日清孝　かすが・きよたか

明治学院大学非常勤講師。明治学院大学大学院博士後期課程単位取得退学。専攻は、教育社会学、子ども論、ジェンダー論、地域教育論。共著:『ジェンダー化社会を超えて　教育・ライフコース・アイデンティティ』第4章「コミュニティとメディア—関係性の再構築のために」第5章「"自立・共生"を超えて—ジェンダー論的展開可能性の検討」学文社、『沖縄読谷村「自治」への挑戦　平和と福祉の地域づくり』第4章「子ども会活動にみる"地域づくり"の試み」彩流社。

平井尊士　ひらい・たかし

武庫川女子大学文学部准教授。高野山大学卒、筑波大学大学院博士後期課程単位取得満期退学。理化学研究所戎崎計算宇宙物理研究室客員研究員。専門は情報メディア・科学教育・教育工学などで神戸市・加古川市等地元の小中学校で実践研究を実施。また実家である真言宗宝珠寺の住職。

諸田裕子　もろた・ゆうこ

お茶の水女子大学大学院人間文化研究科満期退学。同大COE研究員、聖心女子大学他非常勤講師、東京大学産学官連携研究員などを経験。主著:「『学習遅滞』と『学習速進』はどこで起こってい

るか」苅谷剛彦他編『学力の社会学』(2004)、「教員評価制度によって『現場は混乱している』のか?」『Quality Education』、「教育改革に対する母親の意識とその規定要因」『SSJDA38 二次分析研究会 進路選択と教育戦略に関する実証研究リサーチペーパーシリーズ』(2008)。2009年2月逝去。

増田貴彦　ますだ・たかひこ

カナダ・アルバータ大学心理学部アシスタントプロフェッサー、心理学博士(ミシガン大学)。北海道大学卒、京都大学大学院修士。フルブライト奨学生として米国留学。現在アルバータ大学・大学院にて「文化と認知」研究プログラムを主催。主要論文: Masuda, T. & Nisbett, R. E.(2001). Attending holistically vs. analytically: Comparing the context sensitivity of Japanese and Americans. *Journal of Personality and Social Psychology, 81*, 922-934; Masuda, T., Ellsworth, P. C., Mesquita, B., Leu, J., Tanida, S., & van de Veerdonk, E.(2008). Placing the face in context: Cultural differences in the perception of facial emotion. *Journal of Personality and Social Psychology*, 94, 365-381.

【コラム執筆者紹介】

平井　葵　ひらい・あおい

元兵庫大学健康科学部看護学科専任講師。現クワンティ株式会社客員研究員。看護学修士(滋賀医科大学)。看護師・保健師。

皆吉淳平　みなよし・じゅんぺい

芝浦工業大学工学部ほか非常勤講師。慶應義塾大学大学院社会学研究科後期博士課程単位取得退学。専門:社会学と生命倫理(バイオエシックス)。論文:「『バイオエシックスの誕生』という物語をめぐって」(香川知晶・小松美彦編『生命倫理学の変革へ(仮)』NTT出版、2009年刊行予定)、「エドウィン・チャドウィック——都市空間と公衆衛生」(橋本和孝ほか編『世界の都市社会計画』東信堂、2008年)ほか。

Ioannis-Kosmas KONSTANTINIDIS(Yannis Constantinidès イアニス・コンスタンティニデス)

1972年レバノン出身パリ育ちのギリシャ人。パリ高等師範学校出身の哲学上級教授資格者、哲学博士。現在、パリ第11大学倫理学科で哲学史と哲学を教える。コシャン病院などで、医学部の入学前教育(倫理学)を担当。プラトン、アリストテレス、カント、ニーチェ他、東洋哲学にも関心を持ち、日本の仏教史なども研究。主著: *Nietzsche, anthologie de textes commentes*(2001)、*Nietzsche l'Éveillé*, collection《Le sens figuré》(2009)、*Accepter et aimer la realité avec Nietzsche*,《Vivre en philosophie》(2009).

土居洋平　どい・ようへい

跡見学園女子大学観光コミュニティ学部准教授。社会学修士(慶応義塾大学)。慶應義塾大学卒、同大学院社会学研究科後期博士課程単位取得退学。NPO法人地域交流センター理事を経て現

職。関東都市学会常任理事、日本村落研究学会ジャーナル編集委員。論文：「仕掛けられる地域活性化─地域活性化における「外部」と「内部」」『年報　村落社会研究41号　消費される農村　ポスト生産主義下の「新たな農村問題」』農山漁村文化協会、95-125頁。

小野賢太郎　おの・けんたろう

武庫川女子大学文学部教育学科准教授。大阪電気通信大学卒。仏教大学通信教育部教育学科小1免取得課程修了。兵庫教育大学大学院学校教育研究科教科領域教育専攻自然系コース数学修学（学校教育学修士）。専門は、教育工学・情報教育・算数教育など。元公立小学校教師。大学に転職後、女子大生への情報教育の指導を15年続けてきているが、ここ数年は算数教育、特に算数科指導法や教材開発に興味を持つ。

金　明華　きん・めいか

お茶の水女子大学大学院人間文化創成科学研究科博士後期課程退学。社会科学博士（お茶の水女子大学）。中国吉林省出身。2002年北京外国語大学大学院日本学研究センター修士課程卒業（社会コース）。2004年留学生として来日。研究テーマは中国の大衆文化、メディア。論文「中国における新女性像の受容をめぐって─李宇春ファンの活動を手がかりに」『人間文化創成科学論叢』第11巻（2009年）。

阪井裕一郎　さかい・ゆういちろう

慶應義塾大学大学院社会学研究科後期博士課程在籍、慶應義塾先導研究センター研究員（非常勤、2008～）。慶應義塾大学文学部卒、同大学大学院社会学研究科修士課程修了。『仲人の規範化と近代日本の結婚─結婚のモーレスの国家的編成』修士学位論文（2008）。「書評論文：デビッド・ノッター著『純潔の近代』」『慶應義塾大学大学院社会学研究科紀要第66号』（2008）。

太田　塁　おおた・るい

横浜市立大学国際総合科学部経営科学系准教授。Ph.D.（経済学、ジョンズ・ホプキンス大学）。慶應義塾大学商学部卒、同大学経済学研究科博士課程単位取得退学。国際通貨基金インターン、世界銀行コンサルタントを経て現職。専門は国際貿易論、実証産業組織論。学術論文は Journal of International Trade and Economic Development 誌、Small States and The Pillars of Economics Resilience（共著、第3章）に掲載。

熊迫真一　くまさこ・しんいち

国士舘大学政経学部准教授。横浜国立大学経営学部卒。早稲田大学大学院経済学研究科博士後期課程単位取得退学。共著：『チャイナ・シフトの人的資源管理』白桃書房。共訳：『内部労働市場とマンパワー分析』早稲田大学出版部。

周　炫宗　チュウ・ヒョンジョン

千葉経済大学経済学部経営学科准教授。博士学位（商学）取得（2006 年、慶應義塾大学）。韓国延世大学経営学科卒業。慶應義塾大学大学院商学研究科修士課程修了。慶應義塾大学大学院商学研究科博士課程単位取得退学。共著:『「組織力」の経営—日本のマネジメントは有効か』の第 8 章「組織学習の促進」担当、中央経済社。

藤井大亮　ふじい・だいすけ

東海大学課程資格教育センター専任講師。慶應義塾大学卒、筑波大学大学院人間総合科学研究科博士後期課程単位取得退学。筑波大学人間系特任助教を経て現職。専門は社会科教育学・歴史教育論。共著:『共生と希望の教育学』筑波大学出版会（2011）。論文:「オーラル・ヒストリーを導入した米国の歴史授業実践の分析— Foxfire アプローチの視点から」『中等社会科教育研究』第 28 号、1-15 頁（2009）。「米国ジョージア州の"Foxfire"誌におけるオーラル・ヒストリーの変貌」『日本オーラル・ヒストリー研究』第 6 号、145-168 頁（2010）。

現代人の社会とこころ──家族・メディア教育・文化

2009（平成21）年3月30日　初版1刷発行
2016（平成28）年4月30日　同　2刷発行

編　者　佐　藤　典　子
発行者　鯉　渕　友　南
発行所　株式会社　弘文堂　　101-0062　東京都千代田区神田駿河台1の7
　　　　　　　　　　　　　　TEL 03(3294)4801　　振替 00120-6-53909
　　　　　　　　　　　　　　　　http://www.koubundou.co.jp
装　丁　笠井亞子
印　刷　三美印刷
製　本　牧製本印刷

© 2009 Noriko Sato. Printed in Japan

Ⓡ　本書の全部または一部を無断で複写複製（コピー）することは、著作権法上での例外を除き、禁じられています。本書からの複写を希望される場合は、日本複写権センター（03-3401-2382）にご連絡ください。

ISBN978-4-335-65138-0

シリーズ 災害と社会
Man and Society in Disaster

災害は社会の仕組みを可視化する！

阪神・淡路大震災、津波、水害、火山の噴火、地球環境の変動に伴う諸災害、サリン事件や9.11などのテロ、原発事故、迫り来る首都直下地震など、さまざまな災害状況と向き合う、実践的な知としての災害社会科学。最新の研究成果を背景に、新たな視点を提示する画期的なシリーズ。実践の場からのコラム多数収載。A5判2色刷。

●既刊

❶ 災害社会学入門 大矢根淳・浦野正樹・田中淳・吉井博明＝編
災害は社会の仕組みを可視化する。実践的な学の、最新の研究領域を紹介。
定価（本体2600円＋税）

❷ 復興コミュニティ論入門 浦野正樹・大矢根淳・吉川忠寛＝編
地域を復元＝回復する原動力に着目した、新しい復興論の誕生。
定価（本体2600円＋税）

❸ 災害危機管理論入門
──防災危機管理担当者のための基礎講座　吉井博明・田中淳＝編
失敗事例をもとに、危急の場合に必要な対応策を具体的に解説。定価（本体3000円＋税）

❹ 減災政策論入門
──巨大災害リスクのガバナンスと市場経済　永松伸吾＝著
公共政策論に新しい領野を拓く、「災害の経済学」誕生。定価（本体2600円＋税）

❺ 災害ボランティア論入門 菅磨志保・山下祐介・渥美公秀＝編
ボランティア論の画期をなす実践的な論考、ついに登場。定価（本体2600円＋税）

❻ リスク・コミュニティ論──環境社会史序説　山下祐介＝著
コミュニティが消えてゆく。共同体はどのように変容してゆくのか。定価（本体2600円＋税）

❼ 災害情報論入門 田中淳・吉井博明＝編
災害から命を守るために、情報で何ができるか？　実践の場で試される情報論。
定価（本体2600円＋税）

❽ 社会調査でみる災害復興──帰島後4年間の調査が語る 三宅帰島民の現実
田中淳・サーベイリサーチセンター＝編
災害復興のプロセスや被災者の暮らしを、実地の調査で明らかにする。定価（本体2600円＋税）